巴利語佛典精選

水野弘元 著　　釋達和 譯

中華佛學研究所論叢 41

通　序

中華佛學研究所的前身是中國文化學院附設中華學術院的佛學研究所，自一九六八年起，發行《華岡佛學學報》，至一九七三年，先後出版了三期學報。一九七八年十月，本人應聘為該所所長；一九八〇年十月，發行第四期《華岡佛學學報》。至一九八五年十月，發行到第八期之後，即因學院已昇格為中國文化大學，政策改變，著令該所停止招生。於是，我假台北市郊新北投的中華佛教文化館，自創中華佛學研究所；一九八七年三月，以年刊方式，發行《中華佛學學報》，迄一九九四年秋，已出版至第七期。這兩種學報，在現代中國的佛學研究史上，對於學術的貢獻和它所代表的地位，包括中國大陸在內，應該是最有份量的期刊了。

本所自一九八一年秋季開始，招收研究生，同時聘請專職的研究人員。一九八六年三月，便委託原東初出版社出版了研究生的第一冊研究論集——惠敏法師的《中觀與瑜珈》；一九八七年三月，出版了研究生的第一冊畢業論文——果祥法師的《紫柏大師研究》；一九八九年五月，出版了研究生的第一冊佳作選《中華佛學研究所論叢》，接著於一九九〇年，出版了研究員的研究論著，曹仕邦博士的《中國佛教譯經史論集》及冉雲華教授的《中國佛教文化研究論集》。到目前為止，本所已出版的佛教學術論著，除了東初老人及我寫的不算之外，已達二十多種。

本所是教育機構，更是學術的研究機構；本所的教師群也都是研究人員，他們除了擔任授課工作，每年均有研究的撰著成果。本所的研究生中，每年也有幾篇具有相當水準的畢業論文，自從一九八九年以來，本所獎助國內各大學碩士及博士研究生的佛學論文，每年總有數篇很有內容的作品。同時，本所也接受了若干部大陸學者們的著作，給與補助。

這四種的佛學著作，在內容的性質上，包括了佛教史、佛教文獻、佛教藝術、佛教語文、佛學思想等各方面的論著。

由於教育、研究以及獎助的結果，便獲得了數量可觀的著作成品，那就必須提供出版的服務。經過多方多次的討論，決定將這些論著，陸續精選出版，總名爲「中華佛學研究所論叢」(Series of the Chung-Hwa Institute of Buddhist Studies，簡稱 SCHIBS)。凡本所研究人員的專題研究、研究生的碩士畢業論文、本所舉辦的博碩士徵文、大陸學者的徵文、特約邀稿，及國際學術會議論文集等，透過中華佛學研究所編審委員會嚴格的審查通過，交由法鼓文化事業(原東初出版社)以此論叢名義出版發行。本所希望經由嚴格的審核程序，從各種來源中得到好書、出版好書，俾爲佛教學術界提供好書。

出版「中華佛學研究所論叢」的目的，除了出版好的學術作品，更是鼓勵佛教研究風氣，希望由作者、讀者中能培養更多有志於佛教學術研究的人才。此外，更期望藉由本所與法鼓文化事業合作出版的學術論著，與國際各佛學研究機構的出版品相互交流，進而提高國內佛教研究的國際學術地位。

一九九四年七月三十日　釋聖嚴序於台北北投中華佛學研究所

原　序

在我國(日本)爲了學習巴利語，於五十年前高楠博士所著作的《巴利語佛教文學講本》(*A Pali Chrestomathy*, Tokyo 1900) 是唯一的。此講本大概網羅巴利文獻諸部門的文章，從大小而言也適用。尤其是附加《講本》用的「字典」，只要有這一本，即使沒有另外的大本巴利辭典，也大概可以閱讀，確實很方便。我國(日本)的巴利學生，恐怕無人不受其恩惠。

《講本》先由丙午出板社，後由明治書院出版，但都是銷售量不多，對於書店而言是不合算，所以戰後一直到現在任其絕版，甚至於舊書店也見不到。可能任何大學都是難以得到《講本》，忍受不自由而以種種辦法教授巴利語。其情況愈來愈困難。據說雖有希望再版的聲音，但因經濟上或其他理由，而陷於無論如何不能出版的狀態。

然後，爲了解決此不方便，作者於去年(1955)秋出《巴利語文法》之後，不久即著手編集《巴利語佛教讀本》，同樣委託山喜房〔佛書林〕，本來想於今年(1956)春季出版，但因種種狀況而延至今日(1956 年 11 月 28 日)。

本書所收錄內容，多少參照高楠先生的《講本》，但編集方針不同。《講本》，幾乎沒有收錄有關教理的，然而，本書大致有收入：五蘊、緣起、四諦、八正道，其他種種修行項目，及在家的戒與信等，原始佛教中重要的教理；又關於佛傳揭示《聖求經》，與《涅槃經》的精髓；以及原始佛教中有特色而簡短適宜的，或精選法句經、長老偈等偈頌中，認爲教誨上、教理上重要的。長的經典中，雖有很多殊勝的，但因限於篇幅的緣故不得不割愛。因此，有關教理方面的集錄，有不充分之感，也不得不放棄。以上都是巴利聖典的部分，其中特別是以經典爲主，都沒有從律與論採用。又從聖典後的註釋書類引用，更沒有餘地。只是從作爲註釋書的本生譚中揭出短篇故事十篇。這樣一來，也成爲比《講本》大得多。

曾經考慮依照《講本》附加字典，但是我國(日本)開始出版小辭典(雲井昭善 巴利小辭典)，又最近也可以較便宜價格買到適用的《巴英辭典》

(A. P. Buddhadatta: *Concise Pali-English Dictionary*, Colombo 1949)。此錫蘭辭典所收入字彙數也多，其內容也確實可信賴的。所以，想要在本書的附錄(I)的「字彙」中，收入錫蘭辭典所沒有的語句，以代替字典。如此則即使無高價並且龐大的 PTS 或 Childers 的辭典也可以應付。

此字彙中，不僅是難懂的語句，普通的辭典不列出的，或固有名詞，甚至於名詞及動詞的變化形，認爲初學者難解的，也爲了初學者的方便而列出來。關於此，希望讀者參照《巴利語文法》及其索引。

以上依 Buddhadatta 的《巴英辭典》與本書附錄的「字彙」，大概可以閱讀此書。然而在錫蘭辭典，雖然有舉出字彙，但譯語不適合用在本書語句的翻譯的情形也有。又當使用錫蘭辭典的時候，必需注意：(1)字彙的排列順序；(2)名詞形的語基的表示方式，與西洋或我國的辭典多少有些差異。所謂字彙的排列，普通係 -ṁy- -ṁv- -ṁs- -ṁh- 等，列於 -k- 之前，然而錫蘭本則有列於 -h- 之後的情形。又名詞形的語基與西洋不同點，則例如一般作爲 mātar (māṭā),bhavant (bhagavā), guṇavant (guṇavā) 的錫蘭辭典則依南方諸國的習慣，作爲 mātu, bhagavantu, guṇavantu。這些只要習慣了即可明白，但想爲初學者進一言。

本書於最後揭出「索引」作爲附錄(II)，此係認爲教理上或項目上重要的，爲了方便於檢索而附加的。筆者想如果可能的話，以後將本書翻譯爲日文；因爲本書，如前述，係集錄有關原始佛教的概要，希望即使不懂得巴利文的人也能閱讀。本「索引」也是關連於此而考慮的。

本書若多少有助益巴利語學生，則筆者滿足了。本書的出世有賴於山喜房佛書林主青木正雄氏的誠意，於此表達謝意。

昭和三十一年九月

著　者

譯　序

當水野弘元著作選集(三)《巴利論書研究》華譯出版之後，寫信向水野老師報告，並請示有否其他值得給介紹台灣佛教學界的書；那時，老師回信指示我翻譯《巴利語佛教讀本》。原先我覺得很驚訝，但仔細想想，到目前爲止，據我所知，在台灣佛教學界所譯有關巴利文佛典，從原文翻譯過來的甚少。例如巴宙所譯《南傳大般涅槃經》，由序文得知是從巴利聖典協會刊行的，即 PTS 版的羅馬字 Pali Text 迻譯過來的；又有了參法師所譯《南傳法句經》據其凡例說是從 PTS 版的羅馬字體本爲主並參考錫蘭字體版本迻譯過來的。然而，元亨寺所出版的《南傳大藏經》係由日譯《南傳大藏經》迻譯過來的；顧法嚴所譯《原始佛典選譯》是從華倫氏的英譯翻譯過來的。我所知有限，或許有遺漏，但是也不多吧！

水野老師曾經說：日譯《南傳大藏經》錯誤不少，而英譯則因爲西洋人的思維方式，與東方人的思維方式有所不同，所以翻譯時取義上難免有些差異。若要精確了解南傳佛教巴利經典，還是最好從第一手資料巴利語原文著手較爲妥當。要促進巴利語的研究，需要這方面的參考書多一些。水野老師可能有關心到這點，所以指示我翻譯《巴利語佛教讀本》。

《巴利語佛教讀本》，顧名思義可知是爲了教學用而編著的教科書。此書課文都是從巴利聖典精選的，內容包括經、律各層面的基本教義與教規；可說是初學巴利佛教原典者必讀的經、律概要。當我往日本駒澤大學留學時，水野老師已經不教授大學部的巴利文課程。東元教授都是選讀《本生譚》，因此沒有機會學習此書。大概是升學三年級的時候，有一天，很不可思議，竟然大膽地請求水野教授爲我講授《巴利語佛教讀本》，此非分的要求，慈悲的水野教授果真答應了；於是獨自享受一對一的授課，而得到學習《巴利語佛教讀本》的機會。後來因爲有人提醒我說：老師很忙，不該如此無知；所以，就向老師道歉而不敢再勞煩老師了。雖然學習不到三分之一，但得力良多。後來就參加老師爲數位愛好者講授巴利文《經集》的課。老師很忙偶爾會翹課，但我從來不翹課；另一方面，東元教授的巴利文課我也不缺席，爲的是一心要將巴利文帶回台灣。

關於學習巴利文的因緣，一直懷念難忘，在此若不提及，將成爲我下半輩子的遺憾；第一因緣是，東京大學文學博士、曾爲台大印度哲學系教授葉阿月女士，指示我將巴利文帶回台灣。當時我無知糊里糊塗地答應了，後來接觸巴利文才知難而曾經懊惱；但很幸運地，遇到種種善緣而沒有放棄。第二因緣是，剛入學之初，第一次上德文課時，就遇到甚優秀的同學矢島彥道，據說是我們那學年考生的榜首，當他知道我剛從台灣來，那時已是下學期，他就自動爲我補教上學期的德語文法。第二年級，當他知道我有意要將巴利文帶回台灣時，因爲他於一年級已經上過巴利文法，就去找來兩位一年級的同學鈴木龍太郎、井澤孝一，然後爲我們三人講解巴利文法。我一方面也選修東元教授的巴利文課《本生譚》，老師可能是見到我茫然不知的樣子吧，那年暑假，老師邀我到他的家裏補習《本生譚》，每星期一次上午九點到老師的家，吃了點心然後上課，還曾經因爲東元教授夫人誠意要供養，而接受一次午餐。在日本能受到如此禮遇，是何等地榮幸！之後一直到修完博士課程返台之前都去聽東元教授、水野教授的巴利文課。另一方面，從第三年級暑假就跟著矢島彥道、鈴木龍太郎、井澤孝一同學，去參加神奈川縣藤澤市小栗堂(寺院)住持後藤先生所舉辦的巴利文講習會，後來每年舉辦都去，一直到返台爲止。如上述種種善緣豈能放棄？好像有一不可思議因緣的線在牽著我走，只好隨緣勉力勤學。

當搞清楚巴利文法、懂得查辭典，而能夠翻譯經文時，一切苦勞與煩惱也就不再干擾我的心了。雖然有其他數種必修的學課，但幾乎每星期都爲巴利文花掉兩三天，查辭典、預習、上課。雖然辛苦，但當能解讀經文明瞭義理時，是非常欣喜而忘掉一切，甚至於覺得如在佛陀面前聞法那般地臨場感，這就是吸引我走向這條不歸路的原因。

原來南傳的巴利文經典，像普通講話那般親切易懂，即使是理論性的緣起道理，也是說得很淺白詳細容易了解，比起漢譯經文易懂得多。此書只是爲了初學巴利文者作爲參考，或非學巴利文而想一窺南傳經典者而翻譯，所以不作比較研究，而對於較異常難懂的用詞加以注釋而已。

此書的出版，最遺憾的就是沒有水野老師的序文。水野老師今年(2004)已經是 104 歲，我於今年二月十七日前往拜訪，老師坐在輪椅上迎接我，雖然已在信函往來時得知而有心理準備，但是一旦見面於情何堪？老師瘦弱而重聽，拿筆也都難，怎能叫人不傷心？怎能開口請老師寫序文？

爲了翻譯出版權的問題，由惠敏法師與原書出版社山喜房佛書林負責人淺地康平先生商談，得到淺地先生諒解原書編著者水野博士的現況，也透過惠敏法師的人格保證，相信我因水野博士指示翻譯此書，而無條件允許授權出版。謹此向淺地先生致崇高敬意，並祝禱山喜房佛書林昌盛。又承蒙惠敏法師協助，此書得於中華佛學研究所刊行，法鼓文化出版，銘感五內，又得常慶菩薩與何孟玲小姐協助排版，於此表達謝意。

中華民國九十三年二月底　達和序于台中佛教會館

巴利語佛典精選

目 次

巴利語佛典精選巴漢對譯

Namo Tassa Bhagavato Arahato Sammasmbuddhassa

1. Saraṇattaya[1]

Buddhaṁ saraṇaṁ gacchāmi
dhammaṁ saraṇaṁ gacchāmi
saṅghaṁ saraṇaṁ gacchāmi

Dutiyam pi buddhaṁ saraṇaṁ gacchāmi
dutiyam pi dhammaṁ saraṇaṁ gacchāmi
dutiyam pi saṅghaṁ saraṇaṁ gacchāmi

Tatiyam pi buddhaṁ saraṇaṁ gacchāmi
tatiyam pi dhammaṁ saraṇaṁ gacchāmi
tatiyam pi saṅghaṁ saraṇaṁ gacchāmi

---

[1] Khuddaka-pāṭha 1. 日譯南傳 23 p.1.

巴利語佛典精選巴漢對譯

皈依彼世尊應供
正等覺

1. 三皈依文

我皈依佛
我皈依法
我皈依僧

我第二次皈依佛
我第二次皈依法
我第二次皈依僧

我第三次皈依佛
我第三次皈依法
我第三次皈依僧

2. Dasa-sikkhāpada[1]

1. Pāṇâtipātā veramaṇī-sikkhāpadaṁ samādiyāmi.
2. Adinnâdānā veramaṇī-sikkhāpadaṁ samādiyāmi.
3. Abrahmacariyā veramaṇī-sikkhāpadaṁ samādiyāmi.
4. Musāvādā veramaṇī-sikkhāpadaṁ samādiyāmi.
5. Surā-meraya-majja-pamādaṭṭhānā veramaṇī-sikkhāpadaṁ samādiyāmi.
6. Vikālabhojanā veramaṇī-sikkhāpadaṁ samādiyāmi.
7. Nacca-gīta-vādita-visūka-dassnā veramaṇī-sikkhāpadaṁ samādiyāmi.
8. Mālā-gandha-vilepana-dhāraṇa-maṇḍana-vibhūsanaṭṭhānā veramaṇī-sikkhāpadaṁ samādiyāmi.
9. Uccāsayana-mahāsayanā veramaṇī-sikkhāpadaṁ samādiyāmi.
10. Jātarūpa-rajata-paṭiggahaṇā veramaṇī-sikkhāpadaṁ samādiyāmi.

---

[1] Khuddaka-pāṭha 11. 日譯南傳 23 p.1f.

2. 沙彌十戒

1. 我要受持遠離殺生的學處。
2. 我要受持遠離不與取的學處。
3. 我要受持遠離非梵行的學處。
4. 我要受持遠離妄語的學處。
5. 我要受持遠離使人迷醉、放逸之原因的穀酒、果酒的學處。
6. 我要受持遠離非時食的學處。
7. 我要受持遠離觀賞跳舞、唱歌、奏樂、演藝的學處。
8. 我要受持遠離裝飾之原因的華鬘、香料、塗油、佩帶物、裝飾品的學處。
9. 我要受持遠離高大床座的學處。
10. 我要受持遠離受納金銀的學處。

3. Dvattiṁsâkāra[1]

Atthi imasmiṁ kāye: kesā lomā nakhā dantā taco, maṁsaṁ nahāru aṭṭhi aṭṭhimiñjā vakkaṁ, hadayaṁ yakanaṁ kilomakaṁ pihakaṁ papphāsaṁ, antaṁ antaguṇaṁ udariyaṁ karīsaṁ pittaṁ, semhaṁ pubbo lohitaṁ sedo, assu vasā kheḷo siṅghāṇikā lasikā, muttaṁ matthake matthluṅgaṁ.

---

[1] Khuddaka-pāṭha III. 日譯南傳 23 p.2.

3. 三十二身分

此身體有：髮、毛、爪、齒、皮，肉、筋、骨、骨髓、腎、心臟、肝、肋膜、脾、肺，腸、腸間膜、胃、糞、膽、痰、膿、血、汗、脂肪，淚、膏、唾、鼻涕、關節滑液，尿、腦、腦髓。

4. Kumāra-pañha[1]

Eka nāma kiṁ? Sabbe sattā āhāraṭṭhitikā.

Dve nāma kiṁ? Nāmañ ca rūpañ ca

Tīṇi nāma kiṁ? Tisso vedanā.

Cattāri nāma kiṁ? Cattāri ariya-saccāni.

Pañca nāma kiṁ? Pañc' upādānakkhandhā.

Cha nāma kiṁ? Cha ajjhattikāni āyatanāni.

Satta nāma kiṁ? Satta bhojjhaṅgā.

Aṭṭha nāma kiṁ? Ariyo aṭṭhaṅgiko maggo.

Nava nāma kiṁ? Nava sttâvāsā.

Dasa nāma kiṁ? Dasah' aṅgehi samannāgato arahā ti vuccati.

---

[1] Khuddaka-pāṭha IV. 日譯南傳 23 p.2f.

4. 問沙彌文

一是甚麼？ 一切眾生依賴食。

二是甚麼？ 名與色。

三是甚麼？ 三受。

四是甚麼？ 四聖諦。

五是甚麼？ 五取蘊。

六是甚麼？ 六內處。

七是甚麼？ 七菩提分。

八是甚麼？ 八支聖道。

九是甚麼？ 九有情居。

十是甚麼？ 謂十支具足的阿羅漢。

5. Yad aniccaṁ[1]

Rūpaṁ bhikkhave aniccaṁ, yad aniccaṁ taṁ dukkhaṁ,yaṁ dukkhaṁ tad anattā, yad anattā taṁ n'etam mama, n'eso 'ham asmi, na m'eso attā ti. Evam etaṁ yathābhūtaṁ sammappaññāya daṭṭhabbaṁ. [1]

vedanā aniccā, yad aniccaṁ taṁ dukkhaṁ,yaṁ dukkhaṁ tad anattā, yad anattā taṁ n'etam mama, n'eso 'ham asmi, na m'eso attā ti. Evam etaṁ yathābhūtaṁ sammappaññāya daṭṭhabbaṁ. [2]

Saññā aniccā…… [3]

Saṅkhārā aniccā…… [4]

Viññāṇaṁ aniccaṁ, yad aniccaṁ taṁ dukkhaṁ, yaṁ dukkhaṁ tad anattā, yad anattā taṁ n'etam mama, n'eso 'ham asmi, na m'eso attā ti. Evam etaṁ yathābhūtaṁ sammappaññāya daṭṭhabbaṁ. [5]

Evam passaṁ bhikkhave sutavā ariya-sāvako rūpasmim pi nibbindati, vedanāya pi nibbindati, saññāya pi nibbindati, saṅkhāresu pi nibbindati,viññāṇasmim pi nibbindati, nibbindaṁ virajjati, virāgā vimuccati,vimuttasmiṁ vimuttam iti ñāṇaṁ hoti. Khiṇā jāti,vusitaṁ brahmacariyaṁ, kataṁ karaṇīyaṁ, nâparam itthattāyâ ti pajānātî ti. [6]

---

[1] Saṁyutta XXII-15, vol.iii p.22. 日譯南傳 14 p.33f.

5. 無常苦無我

諸比丘！色是無常，凡是無常的，它就是苦的；凡是苦的，它就是無「我」，它就不是我的，它不是我，它不是我的「我」。如此，此事應該以正慧如實地觀察。 [1]

受是無常，凡是無常的，它就是苦的；凡是苦的，它就是無「我」，它就不是我的，它不是我，它不是我的「我」。如此，此事應該以正慧如實地觀察。 [2]

想是無常 [3]

諸行是無常…… [4]

識是無常，凡是無常的，它就是苦的；凡是苦的，它就是無「我」，它就不是我的，它不是我，它不是我的「我」。如此，此事應該以正慧如實地觀察。 [5]

諸比丘！正在做如此觀察的多聞聖弟子，就會對於色厭離，對於受也厭離，對於想也厭離，對於諸行也厭離，對於識也厭離；正在厭離者就會離貪，由於離貪而解脫。已解脫時，即有所謂「解脫」的智慧。而了知：「生已盡，梵行已立，該作已作，不再有此〔輪迴〕狀態」。 [6]

6. Pañca[1]

Tatra kho bhagavā pañcavaggiye bhikkhū āmantesi…la…etad avoca:

"rūpaṁ bhikkhave anattā, rūpaṁ ca bhikkhave attā abhavissa na-y-idaṁ rūpaṁ ābādhāya saṁvatteyya, labbhetha ca rūpe 'evaṁ me rūpaṁ hotu evaṁ me rūpaṁ mā ahosî ' ti. [1]

Yasmā ca kho bhikkhave rūpaṁ anattā, tasmā rūpaṁ ābādhāya saṁvattati, na ca labbhati rūpe 'evaṁ me rūpaṁ hotu evaṁ me rūpaṁ mā ahosî ' ti. [2]

"Vedanā anattā, vedanā ca h'idam bhikkhave attā abhavissa na-y-idaṁ vedanā ābādhāya saṁvatteyya, labbhetha ca vedanāya 'evaṁ me vedanā hotu evaṁ me vedanā mā ahosî " ti. [3]

Yasmā ca kho bhikkhave vedanā anattā, tasmā vedanā ābādhāya saṁvattati, na ca labbhati vedanāya 'evaṁ me vedanā hotu evaṁ me vedanā mā ahosî ' ti. [4]

Saññā anattā…… [5-6]

---

1 Saṁyutta XXII-59, vol.iii pp.66-68. 日譯南傳 14 pp.104—107; cf. Vinaya vol.i pp.13-14. 日譯南傳 3 pp.23-26.

6. 無我相經

那時，世尊叫住五群比丘……中略……說了如下面的話：「諸比丘！色是非〔主體〕我[2]，諸比丘！若色是〔主體〕我，則此色不致於生病，即得以對此色〔要求〕：『我的色該是如此！我的色不該是如此！』。 [1]

「諸比丘！因為凡是色都是非〔主體〕我，所以色會生病，對於色也不得以〔要求〕：『我的色該是如此！我的色不該是如此！』。 [2]

「受是非〔主體〕我，諸比丘！因為，如果此受是〔主體〕我，則此受不致於生病，也得以對此受〔要求〕：『我的受該是如此！我的受不該是如此！』。 [3]

「諸比丘！因為，凡是受都是非〔主體〕我，所以受會生病，對於受也不得以〔要求〕：『我的受該是如此！我的受不該是如此！』。 [4]

「想是非〔主體〕我……。 [5-6]

---

2 非主體我 原語是 anattan=an+attan 漢譯大多數譯作「無我」、「非我」、「自性」等，指無獨立永存的主體。

Saṅkhārā anattā, saṅkhārā ca h'idam bhikkhave attā abhavissaṁsu, na-y-idaṁ saṅkhārā ābādhāya saṁvatteyyuṁ, labbhetha ca saṅkhāresu 'evaṁ me saṅkhārā hontu evaṁ me saṅkhārā mā ahesun' ti. [7]

Yasmā ca kho bhikkhave saṅkhārā anattā, tasmā saṅkhārā ābādhāya saṁvattati, na ca labbhati saṅkhāresu 'evaṁ me saṅkhārā hontu evaṁ me saṅkhārā mā ahesun' ti. [8]

Viññāṇam anattā, viññāṇaṁ ca h'idam bhikkhave attā abhavissa na-y-idaṁ viññāṇaṁ ābādhāya saṁvatteyya, labbhetha ca viññāṇe ' evaṁ me viññāṇaṁ hotu evaṁ me viññāṇaṁ mā ahosî ' ti. [9]

Yasmā ca kho bhikkhave viññāṇaṁ anattā, tasmā viññāṇaṁ ābādhāya saṁvattati, na ca labbhati viññāṇe ' evaṁ me viññāṇaṁ hotu evaṁ me viññāṇaṁ mā ahosî ' ti. [10]

"Taṁ kiṁ maññatha bhikkhave rūpaṁ niccaṁ vā aniccaṁ vā？" ti. "aniccam bhante" .

"Yam panâniccaṁ dukkhaṁ vā taṁ sukhaṁ vā？" ti. "Dukkham bhante" . "Yam panâniccaṁ dukkhaṁ vipariṇāma-dhammaṁ kallaṁ nu taṁ samanupassituṁ ' etam mama eso 'ham asmi eso me attā' ti？" "No h'etam bhante" .[11]

Vedanā. Saññā. Saṅkhārā……[12-14]

「諸行是非〔主體〕我，諸比丘！因爲，如果此諸行是〔主體〕我，則此諸行不致於生病，也得以對此諸行〔要求〕:『我的諸行該是如此！我的諸行不該是如此！』。 [7]

「諸比丘！因爲，凡是諸行都是非〔主體〕我，所以諸行會生病，對於諸行也不得以〔要求〕:『我的諸行該是如此！我的諸行不該是如此！』。 [8]

「識是非〔主體〕我，諸比丘！因爲，如果此識是〔主體〕我，則此識不致於生病，對於此識也得以〔要求〕:『我的識該是如此！我的識不該是如此！』。 [9]

「諸比丘！因爲，凡是識都是非〔主體〕我，所以識會生病，對於識也不得以〔要求〕:『我的識該是如此！我的識不該是如此！』。 [10]

「諸比丘！對於此，如何思維？色是常或是無常？」「是無常，世尊！」，

「然而，凡是無常的，那是苦還是樂？」「是苦，世尊！」「又，凡是無常、苦、變異的法，對於此認爲:『此是我的，它就是我，它就是我的〔主體〕我。』究竟適當否？」「此確實不適當，世尊！」。 [11]

受。想。諸行……[12-14]

“Viññāṇaṁ niccaṁ vā aniccaṁ vā ? ” ti. “aniccam bhante” “Yam panâniccaṁ dukkhaṁ vā taṁ sukhaṁ vā ? ” ti. “Dukkham bhante” “Yam panâniccaṁ dukkhaṁ vipariṇāma-dhammaṁ kallaṁ nu taṁ samanupassituṁ ‘ Etam mama eso ‘ham asmi eso me attā’ ti ? ” “No h’etam bhante” [15]

Tasmā-t-iha bhikkhave yaṁ kiñci rūpaṁ atītâāgata-paccupannam ajjhattaṁ vā bahiddhā vā oḷārikaṁ vā sukhumaṁ vā hīaṁ vā paṇītaṁ vā, yaṁ dūde santike vā, sabbaṁ rūpaṁ n’etam mama n’eso ’ham asmi na m’eso attā ti evaṁ yathābhūtaṁ sammappaññāya daṭṭhabbaṁ. [16]

“Yā kāci vedanā. Yā kāci saññā. Ye keci saṅkhārā……[17-19]

“Yaṁ kiñci viññāṇaṁ atītânāgata-paccupannam ajjhattaṁ vā bahiddhā vā oḷārikaṁ vā sukhumaṁ vā hīnaṁ vā paṇītaṁ vā, yaṁ dūde santike vā, sabbaṁ viññāṇaṁ n’etam mama n’eso ’ham asmi na m’eso attā ti evaṁ yathābhūtaṁ sammappaññāya daṭṭhabbaṁ. [20]

“Evam passam bhikkhave sutavā ariya-sāvako rūpasmiṁ nibbindati , vedanāya , nibbindati, saññāya , saṅkhāresu, viññāṇasmiṁ nibbindati. Nibbindaṁ virajjati, virāgā vimuccati, vimuttasmiṁ vimuttam iti ñāṇaṁ hoti. Khiṇā jāti, vusitaṁ brahmacariyaṁ kataṁ karaṇīyaṁ nāparam itthattāyā ti pajānātî ” ti. [21]

「識是常或是無常？」「是無常，世尊！」,「然而，凡是無常的，那是苦還是樂？」「是苦，世尊！」,「然而，凡是無常、苦、變異的法，對於此認爲:『此是我的，它就是我，它就是我的〔主體〕我。』究竟適當否？」「此確實不適當，世尊！」。〔15〕

「所以，在此，諸比丘！凡是任何色，是過去、未來、現在、內或外、粗或細、劣或勝的，凡是遠或近的一切色，都應該以『此不是我的，它不就是我，它不是我的〔主體〕我。』如此，如實地以正慧觀察。 [16]

「凡是任何受。凡是任何想。凡是任何行……[17-19]

「凡是任何識，是過去、未來、現在、內或外、粗或細、劣或勝的，凡是於遠或近的一切色，都應該以『此不是我的，它不就是我，它不是我的〔主體〕我。』如此，如實地以正慧觀察。 [20]

「諸比丘！正在做如此觀察的多聞聖弟子，就會對於色厭離，對於受厭離，對於想，對於諸行，對於識厭離；正在厭離者就會離貪，由於離貪而解脫。已解脫時，即有所謂「解脫」的智慧。而了知「生已盡，梵行已立，該作已作，不再有此〔輪迴〕狀態」。 [21]

Idam avoca Bhagavā, attamanā pañcavaggiyā bhikkhū Bhagavato bhāsitam abhinanduṁ. Imasmiñ ca pana veyyākaraṇasmiṁ bhaññamāne pañcavaggiyānaṁ bhikkhūnam anupādāya āsavehi cittāni vimucciṁsû ti. [22]

世尊說完以上的話之後，悅意的五群比丘，對於世尊所說非常歡喜。而且當正在作此解說時，五群比丘的心，無執著而從諸煩惱解脫。」 [22]

7. Sattaṭṭhāna[1]

Sattaṭṭhāna-kusalo bhikkhve bhikkhu tividhūpaparikkhī imasmiṁ dhamma-vinaye kevalī vusitavā uttama-puriso ti vuccati. [1]

Kathaṁ ca bhikkhave bhikkhu sattaṭṭhāna-kusalo hoti？ Idha bhikkhave bhikkhu rūpam pajānāti, rūpa-samudayam pajānāti, rūpa-nirodham pajānāti, rūpa-nirodha-gāminim paṭipadam pajānāti, rūpassa assādam pajānāti, rūpassa ādīnavam pajānāti, rūpassa nissaraṇam pajānāti. Vedanam pajānāt. Saññaṁ. Saṅkhāre. Viññāṇam pajānāti, viññāṇa-samudayam pajānāti, viññāṇa-nirodham pajānāti, viññāṇa-nirodha-gāminim paṭipadam pajānāti, viññāṇassa assādam pajānāti, viññāṇassa ādīnavam pajānāti, viññāṇassa nissaraṇam pajānāti. [2]

Kathaṁ ca bhikkhave rūpaṁ？ Cattāro ca mahābhūtā catunnñ ca mahābhūtānam upādāya rūpaṁ, idam vuccati bhikkhave rūpaṁ. Āhāra-samudayā rūpa-samudayo, āhāra-nirodhā rūpa-nirodho. Ayam eva ariyo aṭṭhaṅgiko maggo rūpa-nirodhagāminī paṭipadā, seyythîdaṁ sammā-diṭṭhi...pe...sammā-samādhi. [3]

---

[1] Saṁyutta XXII-57, vol.iii pp.61-65. 日譯南傳 14 pp.96-101.

7. 七處三觀經

諸比丘！七處善巧的比丘，是具三種觀察者，可稱爲於此法、律中，是完全的人、修行完成的人、最上的人。 [1]

諸比丘！那麼，比丘如何是具有七處善巧？諸比丘！在此，比丘知色、知色集、知色滅、知導致色滅之道跡、知色之味、知色之禍根、知色之遠離。知受……想……諸行……。知識、知識集、知識滅、知導致識滅之道跡、知識之味、知識之禍根、知識之遠離。 [2]

諸比丘！又什麼是色？諸比丘！四大種與四大種所造色，此即稱爲色。由於食的集聚而有色集，由於食的滅盡而色滅。此八聖道正是導致色滅的道跡，即：正見……中略……正定。 [3]

Yaṁ rūpam paṭicca uppajjati sukhaṁ somanassaṁ, ayaṁ rūpassa assādo. Yaṁ rūpaṁ aniccaṁ dukkhaṁ vipariṇāma-dhammaṁ, ayaṁ rūpassa ādīnavo Yo rūpasmiṁ chanda-rāga-vinayo chandarāga-pahānaṁ idaṁ rūpassa nissaraṇaṁ. [4]

Ye hi keci bhikkhave samaṇā vā brāhmaṇā vā evaṁ rūpaṁ abhiññāya evaṁ rūpa-samudayam abhiññāya evaṁ rūpa-nirodham abhiññāya evaṁ rūpa-nirodha-gāminim paṭipadm abhiññāya evaṁ rūpassa assādam abhiññāya evaṁ rūpassa ādīnavam abhiññāya evaṁ rūpassa nissaraṇaṁ abhiññāya, rūpassa nibbidāya virāgāya nirodhāya paṭipannā te su- paṭipannā. Ye supaṭipannā te imasmiṁ dhamma-vinaye gādhanti. [5]

Ye ca kho keci bhikkhave samaṇā vā brāhmaṇā vā evaṁ rūpaṁ abhiññāya evaṁ rūpa-samudayam abhiññāya evaṁ rūpa-nirodham abhiññāya evaṁ rūpa-nirodha-gāminim paṭipadm abhiññāya, evaṁ rūpassa assādam abhiññāya evaṁ rūpassa ādīnavam abhiññāya evaṁ rūpassa nissaraṇaṁ abhiññāya, rūpassa nibbidā virāgā nirodhā anupādā vimuttā te suvimuttā. Ye suvimuttā te kevalino.Ye kevalino vaṭṭaṁ tesaṁ natthi paññāpanāya. [6]

Katamā ca bhikkhave vedanā ? Cha-y-ime vedanā-kāyā ; cakkhu-samphassajā vedanā…la…mano-samphassajā vedanā, ayaṁ vuccati bhikkhave vedanā. Phassa-samudayā vedanā-samudayo, phassa-nirodhā vedanā-nirodho, ayam eva ariyo aṭṭhaṅgiko maggo vedanā-nirodha-gāminī paṭipadā, seyyathîdaṁ sammādiṭṭhi…pe…sammā-samādhi. [7]

凡是由於色而生起的樂、喜，此是色之味；凡是色是無常、苦、變異之法，此是色之禍根；若是對於色，調伏欲貪、捨斷欲貪，此是色之遠離。［4］

諸比丘！凡是任何沙門或婆羅門，證知如此色、證知如此色集、證知如此色滅、證知如此導致色滅之道跡、證知如此色之味、證知如此色之禍根、證知如此色之遠離，然後爲了厭離、離貪、滅去色而行道者，他們都是善於行道者。若是善於行道者，他們都是堅固地站立於法、律中者。［5］

諸比丘！凡是任何沙門或婆羅門，證知如此色、證知如此色集、證知如此色滅、證知如此導致色滅之道跡、證知如此色之味、證知如此色之禍根、證知如此色之遠離，然後由於厭離、離貪、滅去色，而無執著地解脫者，他們都是善於解脫者；凡是善於解脫者，他們都是完全的人；凡是完全的人，輪迴不爲他們而設施。［6］

諸比丘！又什麼是受？此等六受身，即：眼觸所生之受……乃至……意觸所生之受，諸比丘！此稱爲受。由於觸集而受集，由於觸滅而受滅，此八聖道正是導致受滅的道跡，即：正見……乃至……正定。［7］

Yaṁ vedanam paṭicca uppajjati sukhaṁ somanassaṁ, ayaṁ vedanāya assādo. Yā vedanā aniccā dukkhā vipariṇāma-dhammā, ayaṁ vedanāya ādīnavo. Yo vedanāya chandarāga-vinayo chandarāga-pahānaṁ, idaṁ vedanāya nissaraṇaṁ. [8]

Ye hi keci bhikkhave samaṇā vā brāhmaṇā vā evaṁ vedanam abhiññāya, evaṁ vedanā-samudayam abhiññāya, evaṁ vedanā-nirodham abhiññāya, evaṁ vedanā-nirodha-gāminim paṭipadm abhiññāya, evaṁ vedanāya assādam abhiññāya, evaṁ vedanāya ādīnavam abhiññāya, evaṁ vedanāya nissaraṇaṁ abhiññāya, vedanāya nibbidāya virāgāya nirodhāya paṭipannā te su-paṭipannā. Ye supaṭipannā te imasmiṁ dhamma-vinaye gādhanti. [9]

Ye ca kho keci bhikkhave samaṇā vā brāhmaṇā vā evaṁ vedanam abhiññāya ...la...vaṭṭaṁ tesaṁ natthi paññāpanāya. [10]

Katamā ca bhikkhave saññā？ Cha-y-ime bhikkhave saññā-kāyā； rūpa-saññā sadda-saññā gandha-saññā rasa-saññā phoṭṭhabba-saññā dhamma-saññā, ayaṁ vuccati bhikkhave saññā...pe...vaṭṭaṁ tesaṁ natthi paññāpanāya. [11-14]

Katame ca bhikkhave saṅkhārā？ Cha-y-ime bhikkhave cetanā-kāyā； rūpa-sañcetanā...pe...dhamma- sañcetanā, ime vuccanti bhikkhave saṅkhārā. Phassa-samudayā saṅkhāra-samudayo, phassa-nirodhā saṅkhāra-nirodho, ayam eva ariyo aṭṭhaṅgiko maggo saṅkhāra-nirodha-gāminī paṭipadā, seyyathîdaṁ sammā-diṭṭhi... pe...sammā-samādhi. [15]

若是由於受生起的樂、喜，此是受之味；若受是無常、苦、變異之法，此是受之禍根；若是對於受，調伏欲貪、捨斷欲貪，此是受之遠離。 [8]

諸比丘！凡是任何沙門或婆羅門，證知如此受、證知如此受集、證知如此受滅、證知如此導致受滅之道跡、證知如此受之味、證知如此受之禍根、證知如此受之遠離，然後爲了厭離、離貪、滅去受而行道者，他們都是善於行道者。若是善於行道者，他們都是堅固地站立於法、律中者。 [9]

諸比丘！凡是任何沙門或婆羅門，證知如此受……中略……輪迴不爲他們而設施。 [10]

諸比丘！又什麼是想？諸比丘！此等六想身，即：色想、聲想、香想、味想、觸想、法想。諸比丘！此稱爲想。……中略……輪迴不爲他們而設施。 [11-14]

諸比丘！又什麼是諸行？諸比丘！此等六思身，即：色思……乃至……法思。諸比丘！此等稱爲諸行。由於觸集而諸行集，由於觸滅而諸行滅，此八聖道正是導致諸行滅的道跡，即：正見……乃至……正定。 [15]

Yaṁ saṅkhāre paṭicca uppajjati sukhaṁ somanassaṁ, ayaṁ saṅkhārānam assādo. Ye saṅkhārā aniccā dukkhā vipariṇāma-dhammā, ayaṁ saṅkhārānam ādīnavo. Yo saṅkhāresu chanda-rāga-vinayo chandarāga-pahānaṁ, idaṁ saṅkhārānaṁ nissaraṇaṁ. [16]

Ye hi keci bhikkhave samaṇā vā brāhmaṇā vā evaṁ saṅkhāre abhiññāya evaṁ saṅkhāra-samudayam abhiññāya evaṁ saṅkhāra-nirodham abhiññāya evaṁ saṅkhāra-nirodha-gāminim paṭipadam abhiññāya evaṁ saṅkhārānam assādam abhiññāya evaṁ saṅkhārānam ādīnavam abhiññāya evaṁ saṅkhārānam nissaraṇaṁ abhiññāya saṅkhārānaṁ nibbidāya virāgāya nirodhāya paṭipannā te supaṭipannā. Ye supaṭipannā te imasmiṁ dhamma-vinaye gādhanti....la...vaṭṭaṁ tesaṁ natthi paññāpanāya. [17-18]

Katamaṁ ca bhikkhave viññāṇaṁ？ Cha-y-ime bhikkhave viññāṇa-kāyā ； cakkhu-viññāṇaṁ sota-viññāṇaṁ ghāna-viññāṇaṁ jivhā-viññāṇaṁ kāya-viññāṇaṁ mano-viññāṇaṁ, idaṁ vuccati bhikkhave viññāṇaṁ. Nāmarūpa-samudayā viññāṇa-samudayo, nāmarūpa-nirodhā viññāṇa-nirodho, ayam eva ariyo aṭṭhaṅgiko maggo viññāṇa-nirodha-gāminī paṭipadā, seyyathîdaṁ sammā-diṭṭhi...pe...sammā-samādhi. [19]

Yaṁ viññāṇam paṭicca uppajjati sukhaṁ somanassaṁ, ayaṁ viññāṇassa assādo Yaṁ viññāṇam aniccaṁ dukkhaṁ vipariṇāma-dhammaṁ, ayaṁ viññāṇassa ādīnavo. Yo viññāṇasmiṁ chandarāga-vinayo chandarāga-pahānaṁ, idaṁ viññāṇassa nissaraṇaṁ. [20]

若是由於諸行生起的樂、喜，此是諸行之味；若諸行是無常、苦、變異之法，此是諸行之惑根；若是對於諸行，調伏欲貪、捨斷欲貪，此是諸行之遠離。 [16]

諸比丘！凡是任何沙門或婆羅門，證知如此諸行、證知如此諸行集、證知如此諸行滅、證知如此導致諸行滅之道行、證知如此諸行之味、證知如此諸行之禍根、證知如此諸行之遠離，然後爲了厭離、離貪、滅去諸行而行道者，他們都是善於行道者。若是善於行道者，他們都是堅固地站立於法、律中者。……中略……輪迴不爲他們而設施。 [17-18]

諸比丘！又什麼是識？諸比丘！此等六識身，即：眼識、耳識、鼻識、舌識、身識、意識，諸比丘！此稱爲識。由於名色集而識集，由於名色滅而識滅，此八聖道正是導致諸行滅的道跡，即：正見……乃至……正定。[19]

若是由於識生起的樂、喜，此是識之味；若識無常、苦、變異之法，此是識之禍根；若是對於識，調伏欲貪、捨斷欲貪，此是識之遠離。[20]

Ye hi keci bhikkhave samaṇā vā brāhmaṇā vā evaṁ viññāṇam abhiññāya evaṁ viññāṇa-samudayam abhiññāya evaṁ viññāṇa-nirodham abhiññāya evaṁ viññāṇa-nirodha-gāminim paṭipadam abhiññāya evaṁ viññāṇassa assādam abhiññāya evaṁ viññāṇassa ādīnavam abhiññāya evaṁ viññāṇassa nissaraṇam abhiññāya viññāṇassa nibbidāya virāgāya nirodhāya paṭipannā te supaṭipannā. Ye supaṭipannā te imasmiṁ dhamma-vinaye gādhanti. [21]

Ye ca kho keci bhikkhave samaṇā vā brāhmaṇā vā evaṁ viññāṇam abhiññāya evaṁ viññāṇa-samudayam abhiññāya evaṁ viññāṇa-nirodham abhiññāya evaṁ viññāṇa-nirodha-gāminim paṭipadam abhiññāya evaṁ viññāṇassa assādam abhiññāya evaṁ viññāṇassa ādīnavam abhiññāya evaṁ viññāṇassa nissaraṇam abhiññāya viññāṇassa nibbidā virāgā nirodhā anupādā vimuttā te suvimuttā. Ye suvimuttā te kevalino. Ye kevalino vaṭṭaṁ tesaṁ natthi paññāpanāya. [22]

Evaṁ kho bhikkhave bhikkhu sattaṭṭhāna-kusalo hoti. [23]

Kathañ ca bhikkhave bhikkhu tividhūpaparikkhī hoti？ Idha bhikkhave bhikkhu. dhātuso upaparikkhati, āyatanaso upaparikkhati, paṭiccasamuppādaso upaparikkhati. Evaṁ kho bhikkhave bhikkhu tividhūpaparikkhī hoti. [24]

Sattaṭṭhāna-kusalo bhikkhave bhikkhu tividhūpaparikkhī imasmiṁ dhamma-vinaye kevalī vusitavā uttama-puriso ti vuccatî ti. [25]

諸比丘！凡是任何沙門或婆羅門，證知如此識、證知如此識集、證知如此識滅、證知如此導致識滅之道跡、證知如此識之味、證知如此識之禍根、證知如此識之遠離，然後為了厭離、離貪、滅去識而行道者，他們都是善於行道者。若是善於行道者，他們都是堅固地站立於法、律中者。 [21]

諸比丘！凡是任何沙門或婆羅門，證知如此識、證知如此識集、證知如此識滅、證知如此導致識滅之道行、證知如此識之味、證知如此識之禍根、證知如此識之遠離，然後由於厭離、離貪、滅去識，而無執著地解脫者，他們都是善於解脫者；凡是善於解脫者，他們都是完全的人；凡是完全的人，輪迴不為他們而設施。 [22]

諸比丘！如此，比丘是具有七善巧者。[23]

諸比丘！如何比丘是具有三種觀察者？諸比丘！在此，比丘是觀察界、觀察處、觀察緣起。諸比丘！如此，比丘是具有三種觀察者。 [24]

諸比丘！七處善巧的比丘具有三種觀察者，可稱為於此法與律中，是完全的人、修行完成的人、最上的人。 [25]

8. Desana[1]

Evaṁ me sutam, ekaṁ samayaṁ Bhagavā Sāvatthiyaṁ viharati Jetavane Anātha-piṇḍikassa ārāme. Tatra kho Bhagavā bhikkhū āmantesi. “Bhikkhavo” ti. “Bhadante” ti te bhikkhū Bhagavto paccasosuṁ. Bhagavā etad avoca：“Paṭicca-samuppādaṁ vo bhikkhave desissāmi, taṁ suṇātha sādhukaṁ manasikarotha, bhāsissāmî” ti. “Evaṁ bhante” ti kho te bhikkhū Bhagavto paccasosuṁ. [1]

Bhagavā etad avoca：“Katamo ca bhikkhave paṭicca-samuppādo？Avijjā-paccayā bhikkhave saṅkhārā, saṅkhāra-paccayā viññāṇaṁ, viññāṇa-paccayā nāmarūpaṁ, nāmarūpa-paccayā saḷāyatanaṁ, saḷāyatana-paccayā phasso, phassa-paccayā vedanā, vedanā-paccayā taṇhā, taṇhā-paccayā upādānaṁ, upādāna-paccayā bhavo, bhava-paccayā jāti, jāti-paccayā jarā-maraṇaṁ soka-parideva-dukkha-domanass’ upāyāsā sambhavanti. Evam etassa kevalassa dukkhakkhandhassa samudayo hoti. Ayaṁ vuccati bhikkhave samuppādo. [2]

---

[1] Saṁyutta XII-1, vol.ii pp.1-2. 日譯南傳 13 pp.1-2.

8. 十二因緣

如是我聞：一時，世尊住在舍衛城的祇陀林給孤獨園。在那裏，世尊對諸比丘招呼：「諸比丘！」。彼等諸比丘對世尊如此回答：「尊師！」。世尊如此說：「諸比丘！我將爲你們開示緣起，你們當好好地注意聽此〔緣起法〕吧！我就要說喔！」，「如是，世尊！」諸比丘如此回答世尊。 [1]

世尊如此說：「諸比丘！什麼是緣起？諸比丘！由於無明而有諸行，由於諸行而有識，由於識而有名色，由於名色而有六處，由於六處而有觸，由於觸而有受，由於受而有愛，由於愛而有取，由於取而有有，由於有而有生，由於生而有老、死、憂、悲、苦、惱、悶生起。如此，其全部的苦蘊集起。諸比丘！此即稱爲緣起。 [2]

“ Avijjāya tv eva asesa-virāga-nirodhā saṅkhāra-nirodho, saṅkhāra-nirodhā viññāṇa-nirodho, viññāṇa-nirodhā nāmarūpa-nirodho, nāmarūpa-nirodhā saḷāyatana-nirodho, saḷāyatana-nirodhā phassa-nirodho, phassa-nirodhā vedanā-nirodho, vedanā-nirodhā taṇhā-nirodho, taṇhā-nirodhā upādāna-nirodho, upādāna-nirodhā bhava-nirodho, bhava-nirodhā jāti-nirodho, jāti-nirodhā jarā-maraṇaṁ soka-parideva-dukkha-domanass’upāyāsā nirujjhanti. Evam etassa kevalassa dukkhakkhandhassa nirodho hotî ti” . [3]

Idam avoca Bhagavā, attamanā te bhikkhū Bhagavato bhāsitam abhinandun ti. [4]

「由於無明完全遠離寂滅，則諸行滅；由於諸行滅，則識滅；由於識滅，則名色滅；由於名色滅，則六處滅；由於六處滅，則觸滅；由於觸滅，則受滅；由於受滅，則愛滅；由於愛滅，則取滅；由於取滅，則有滅；由於有滅，則生滅；由於生滅，則老、死、憂、悲、苦、惱、悶滅。如此，其全部苦蘊寂滅。」 [3]

世尊說了此〔緣起〕之後，彼等諸比丘，對於世尊所說，適意而大歡喜。 [4]

9. Vibhaṅga[1]

Sāvatthiyaṁ viharati,…la… [1]

" Paṭicca-samuppādaṁ vo bhikkhave desissāmi vibhajissāmi, taṁ suṇātha sādhukaṁ manasikarotha, bhāsissāmî " ti. "Evam bhante" ti kho te bhikkhū bhagavato paccassosuṁ [2]

Bhagavā etad avoca：" Katamo ca bhikkhave paṭicca-samuppādo？Avijjā-paccayā bhikkhave saṅkhārā, saṅkhāra-paccayā viññāṇaṁ, viññāṇa-paccayā [2] nāma-rūpaṁ, nāma-rūpa-paccayā saḷāyatanaṁ, saḷāyatana-paccayā phasso, phassa-paccayā vedanā, vedanā-paccayā taṇhā, taṇhā-paccayā upādānaṁ, upādāna-paccayā bhavo, bhava-paccayā jāti, jāti-paccayā jarā-maraṇaṁ soka-parideva-dukkha-domanassupāyāsā sambhavanti. Evam etassa kevalassa dukkhakkhandhassa samudayo hoti. [3]

"Katamañ ca bhikkhave jarā-maraṇaṁ？ Yā tesaṁ tesaṁ sattānaṁ tamhi tamhi satta-nikāye jarā jīraṇatā khaṇḍiccaṁ pāliccaṁ valittacatā āyuno saṁhāni indriyānaṁ paripāko, ayaṁ vuccati jarā. Yaṁ tesaṁ tesaṁ sattānaṁ tamhā tamhā satta-nikāyā juti cavanatā bhedo antaradhānam maccu maraṇaṁ kālakiriyā khandhānaṁ bhedo kaḷebarassa nikkhepo, idaṁ vuccati bhikkhave maraṇaṁ. Iti ayañ ca jarā idañ ca maraṇaṁ, idaṁ vuccati bhikkhave jarāmaraṇaṁ. [4]

---

[1] Saṁyutta XII-2, vol.ii pp.2-4. 日譯南傳 13 pp.3-5.

[2] 依 PTS 版補充 viññāṇaṁ, viññāṇa-paccayā.

9. 緣起解說

[世尊]住在舍衛城……中略……[1]

「諸比丘！我當為你們開示、分別緣起，要好好地注意聽此〔緣起的道理〕，即將要說喔！」。「如是，世尊！」彼等諸比丘，對世尊回答。 [2]

世尊說如下：「諸比丘！什麼是緣起？諸比丘！由於無明而有諸行，由於諸行而有識，由於識而有名色，由於名色而有六處，由於六處而有觸，由於觸而有受，由於受而有愛，由於愛而有取，由於取而有有，由於有而有生，由於生而有老、死、憂、悲、苦、惱、悶。如此，有此全部苦蘊的集起。 [3]

「諸比丘！什麼是老、死？凡是在各各眾生部類之各各眾生的老、衰頹、壞朽、白髮、皺皮、壽減、諸根頹壞，此即稱為老。凡是各各眾生之從各各眾生部類沒滅、死亡、毀壞、隱沒、死、亡、命終、諸蘊的破壞、屍體的捨棄，此即稱為死。如上，此是老和彼是死，諸比丘！這就是所謂老死。 [4]

"Katamā ca bhikkhave jāti？ Yā tesaṁ tesaṁ sattānaṁ tamhi tamhi satta-nikāye jāti sañjāti [3] okkanti abhinibbatti khandhānaṁ pātubhāvo āyatanānaṁ paṭilābho. Ayaṁ vuccati bhikkhave jāti.. [5]

"Katamo ca bhikkhave bhavo？Tayo 'me bhikkhave bhavā；kāma-bhavo rūpa-bhavo arūpa-bhavo. Ayaṁ vuccati bhikkhave bhavo. [6]

" Katamañ ca bhikkhave upādānaṁ？ Cattār' imāni bhikkhave upādānāni ； kāmupādānaṁ diṭṭhupādānaṁ sīlabbatupādānaṁ attavādupādānaṁ. Idaṁ vuccati bhikkhave upādānaṁ. [7]

"Katamā ca bhikkhave taṇhā？ Cha-y-ime taṇhā-kāyā；rūpa-taṇhā sadda-taṇhā gandha-taṇhā rasa-taṇhā phoṭṭhabba-taṇhā dhamma-taṇhā. Ayaṁ vuccati bhikkhave taṇhā. [8]

"Katamā ca bhikkhave vedanā？Cha-y-ime bhikkhave vedanā-kāyā； cakkhu-samphassajā vedanā, sota-samphassajā vedanā, ghāna-samphassajā vedanā, jivhā-samphassajā vedanā, kāya-samphassajā vedanā, mano-samphassajā vedanā. Ayaṁ vuccati bhikkhave vedanā. [9]

"Katamo ca bhikkhave phasso？Cha-y-ime bhikkhave phassa-kāyā; cakkhu-samphasso sota-samphasso ghāna-samphasso jivhā-samphasso kāya –samphasso mano-samphasso. Ayaṁ vuccati bhikkhave phasso. [10]

---

[3] 依 PTS 版補充 sañjāti.

「諸比丘！什麼是生？凡是在各各眾生部類之各各眾生的生、出生、出現、生起、諸蘊的顯現、處之獲得，這就是所謂生。 [5]

「諸比丘！什麼是有？諸比丘！這些三有：欲有、色有、無色有。諸比丘！這就是所謂有。 [6]

「諸比丘！什麼是取？這些四取：欲取、見取、戒禁取、我語取。諸比丘！這就是所謂取。 [7]

「諸比丘！什麼是愛？這些六愛身：色愛、聲愛、香愛、味愛、觸愛、法愛。諸比丘！這就是所謂愛。 [8]

「諸比丘！什麼是受？諸比丘！這些六受身：眼觸所生的受、耳觸所生的受、鼻觸所生的受、舌觸所生的受、身觸所生的受、意觸所生的受。諸比丘！這就是所謂受。 [9]

「諸比丘！什麼是觸？諸比丘！這些六觸身：眼觸、耳觸、鼻觸、舌觸、身觸、意觸。諸比丘！這就是所謂觸。 [10]

“Katamañ ca bhikkhave saḷāyatanaṁ ? Cakkhâyatanaṁ sotâyatanaṁ ghānâya-tanaṁ jivhâyatanaṁ kāyâyatanaṁ manâyatanaṁ. Idaṁ vuccati bhikkhave saḷāyata-naṁ. [11]

“Katamañ ca bhikkhave nāma-rūpaṁ ? Vedanā saññā cetanā phasso manasikāro, idaṁ vuccati nāmaṁ. Cattāro ca mahābhūtā catunnañ ca mahābhūtānam upādāya rū-paṁ idaṁ vuccati rūpaṁ. Iti idañ ca nāmam idañ ca rūpaṁ , idaṁ vuccati bhikkhave nāma-rūpaṁ. [12]

“ Katamañ ca bhikkhave viññāṇaṁ ? Cha-y-ime bhikkhave viññāṇa-kāyā; cakkhu-viññāṇaṁ sota-viññāṇaṁ ghāna-viññāṇaṁ jivhā-viññāṇaṁ kāya-viññāṇaṁ mano-viññāṇaṁ. idaṁ vuccati bhikkhave viññāṇaṁ. [13]

“Katame ca bhikkhave saṅkhārā ? Tayo ’me bhikkhave saṅkhārā, kāya-saṅkhāro vacī-saṅkhāro citta-saṅkhāro. Ime vuccanti bhikkhave saṅkhārā. [14]

“Katamā ca bhikkhave avijjā ? Yaṁ kho bhikkhave dukkhe aññāṇaṁ dukkha-samudaye aññāṇaṁ dukkha-nirodhe aññāṇaṁ dukkha-nirodha-gāminiyā paṭipadāya aññāṇaṁ. Ayaṁ vuccati bhikkhave avijjā. [15]

「諸比丘！什麼是六處？眼處、耳處、鼻處、舌處、身處、意處，諸比丘！這就是所謂六處。 [11]

「諸比丘！什麼是名色？受、想、思、觸、作意，這稱爲名。又四大種，和四大種所造色，這稱爲色。如上，此名和此色，諸比丘！這就是所謂名色。 [12]

「諸比丘！什麼是識？諸比丘！這些六識身：眼識、耳識、鼻識、舌識、身識、意識。諸比丘！這就是所謂識。 [13]

「諸比丘！什麼是諸行？諸比丘！這些三行：身行、語行、心行。諸比丘！這些就是所謂諸行。 [14]

「諸比丘！什麼是無明？諸比丘！凡是對於苦無智、對於苦集無智、對於苦滅無智、對於導致苦滅之道無智。諸比丘！這就是所謂無明。 [15]

Iti kho bhikkhave avijjā-paccayā saṅkhārā, saṅkhāra-paccayā viññāṇaṁ... pe...Evaṁ etassa kevalassa dukkhakkhandhassa samudayo hoti. Avijjāya tv eva asesa-virāga-nirodhā saṅkhāra-nirodho, saṅkhāra-nirodhā viññāṇa-nirodho... pe...Evam etassa kevalassa dukkhakkhandhassa nirodho hotī" ti. [16]

「諸比丘！如上，由於無明有諸行，由於諸行有識……中略……如此，有這全部苦蘊的集起。然而，由於無明的無餘遠離、滅盡，而行滅；由於行滅而識滅……中略……如此，有這全部苦蘊的滅。」 [16]

10. Loka[1]

Lokassa bbhikkhave samudayañ ca atthaṅgamañ ca desissāmi, taṁ suṇātha. Katamo ca bhikkhave lokassa samudayo？ [1]

Cakkhuñ ca paṭicca rūpe ca uppajjati cakkhu-viññāṇaṁ, tiṇṇaṁ saṅgati phassso phassa-paccayā vedanā, vedanā-paccayā taṇhā, taṇhā-paccayā upādānaṁ, upādāna-paccayā bhavo, bhava-paccayā jāti, jāti-paccayā jarā-maraṇaṁ soka-parideva-dukkha-domanassupāyāsā sambhavanti. Ayaṁ lokassa samudayo. [2]

Sotañ ca paṭicca...Ghānañ ca paṭicca... Jivhañ ca paṭicca...Kāyañ ca paṭicca... Manañ ca paṭicca dhamme ca uppajjati mano viññāṇaṁ, tiṇṇaṁ saṅgati phasso, phassa-paccayā vedanā, vedanā-paccayā taṇhā, taṇhā-paccayā upādānaṁ, upādāna-paccayā bhavo, bhava-paccayā jāti, jāti-paccayā jarā-maraṇaṁ soka-parideva-dukkha-domanassupāyāsā sambhavanti. Ayaṁ kho bhikkhave lokassa samudayo. [3]

Katamo ca bhikkhave lokassa atthaṅgamo？ Cakkhuñ ca paṭicca rūpe ca uppajjati cakkhu-viññāṇaṁ, tiṇṇaṁ saṅgati phassso phassa-paccayā vedanā, vedanā-paccayā taṇhā, tassā yeva taṇhāya asesa-virāga-nirodhā upādāna-nirodho...pe...Evam etassa kevalassa dukkhakkhandhassa nirodho hoti. Ayaṁ kho bhikkhave lokassa atthaṅgamo ti. [4]

---

[1] Saṁyutta XXXV-107, vol.iv pp.87. 日譯南傳 15 p.141f.

10. 由三和合的緣起

「諸比丘！當爲你們開示世間的集起與滅亡，聽吧！諸比丘！什麼是世間的集起？ [1]

眼與諸色爲緣，而生起眼識，三之和合爲觸，由於觸而有受，由於受而有愛，由於愛而有取，由於取而有有，由於有而有生，由於生而有老、死、憂、悲、苦、惱、悶。此是世間的集起。 [2]

以耳爲緣……鼻爲緣……舌爲緣……身爲緣……意爲緣而生起意識，三之和合爲觸，由於觸而有受，由於受而有愛，由於愛而有取，由於取而有有，由於有而有生，由於生而有老、死、憂、悲、苦、惱、悶。此是世間的生起。 [3]

「諸比丘！什麼是世間的滅亡？眼與諸色爲緣，而生起眼識，三之和合爲觸，由於觸而有受，由於受而有愛，唯有由於此愛之全部的遠離、滅盡，才有取的滅盡，……中略……如此，則有其全部之苦蘊的滅盡。諸比丘！這就是世間的滅亡。 [4]

11. Na tumhā[1]

Sāvtthiyaṁ viharati. [1]

"Nāyam bhikkhave kāyo tumhākaṁ na pi aññesaṁ. Purāṇam idam bhikkhave kammam abhisaṅkhatam abhisañcetayitaṁ vedayitaṁ daṭṭhabbaṁ. [2]

"Tatra kho bhikkhave sutavā ariy-sāvako paṭicca-samuppādaññ eva sādhukaṁ yoniso manasikaroti. Iti imasmiṁ sati idaṁ hoti, imass' uppādā idam uppajjati, imasmim asati idaṁ na hoti, imassa nirodhā idaṁ nirujjhati. Yad idam avijjā-paccayā saṅkhārā, saṅkhāra-paccayā viññāṇaṁ...pe...Evam etassa kevalassa dukkhakkhandhassa samudayo hoti. Avijjāya tveva asesa-virāga-nirodhā saṅkhāra-nirodho, saṅkhāra-nirodhā viññāṇa-nirodho...pe...Evam etassa kevalassa dukkhakkhandhassa nirodho hotî ti...pe... [3-4]

[1] Saṁyutta XII-37, vol.ii pp.64-65. 日譯南傳 13 pp.95-96.

11. 緣起與業

〔世尊〕住在舍衛城時。[1]

「諸比丘！此身，不是你們的，也不是他人的。諸比丘！此應視爲是以前之業所造、所思、所感受的。 [2]

「於是，諸比丘！多聞的聖弟子，對於緣起，要好好地如理思維。即：此有故彼有，此生故彼生；此無故彼無，此滅故彼滅。此即凡是：由於無明而有諸行， 由於諸行而有識……中略……如此，而有這全部苦蘊的集起。然而，由於無明的無餘遠離、滅盡，而有諸行滅，由於行滅，而有識滅……中略……如此，則有其全部之苦蘊的滅盡。……中略…… [3-4]

12. Aññatara[1]

Sāvatthiyaṁ viharati. [1]

Atha kho aññataro brāhmaṇo yena Bhagavā ten'upasaṅkami, upasaṅkamitvā Bhagavatā saddhiṁ sammodi, sammodanīyaṁ kathaṁ sārāṇīyaṁ vītisāretvā eka-m-antaṁ nisīdi. Eka-m-antaṁ nisinno kho so brāhmaṇo Bhagavantm etad avoca. [2]

"Kiṁ nu kho bho Gotama so karoti so paṭisaṁvediyatî？" ti.

"So karoti so paṭisaṁvediyatî ti kho brāhmaṇa, ayam eko anto."

"Kim pana bho Gotama añño karoti añño paṭisaṁvediyatî？" ti.

"Añño karoti añño paṭisaṁvediyatî ti kho brāhmaṇa, ayam dutiyo anto. Ete te brāhmaṇa ubho ante anupagamma majjhena Tathāgato dhammaṁ deseti. [3]

" Avijjā-paccayā saṅkhārā, saṅkhāra-paccayā viññāṇaṁ...pe...Evam etassa kevalassa dukkhakkhandhassa samudayo hoti. [4]

" Avijjāya tveva asesa-virāga-nirodhā saṅkhāra-nirodho, saṅkhāra-nirodhā viññāṇa-nirodho,...pe...Evam etassa kevalassa dukkhakkhandhassa nirodho hotî" ti. [5]

---

[1] Saṁyutta XII-46, vol.ii pp.75-76. 日譯南傳 13 pp.111-112.

12. 緣起中道 (I)

〔世尊〕住在舍衛城時。 [1]

那時，某一婆羅門，來到世尊所在的地方，到了之後，與世尊問候，互相交換可慶喜、可憶念的話之後，坐在一邊。那坐在一邊的婆羅門，對世尊說了此〔以下的話〕。 [2]

「朋友瞿曇！彼作彼受，究竟爲何？

「婆羅門！所謂『彼作彼受』實在地，這是一個極端。」

「朋友瞿曇！他人作他人受，又是如何？」

「婆羅門！所謂『他人作他人受』實在地， 這是第二個極端。婆羅門！如來不接近彼等兩極端，而依中道說法。」 [3]

「由於無明而有諸行，由於行而有識……中略……如此，有其全部之苦蘊的集起。 [4]

「然而，由於無明的無餘遠離、滅盡，而有行滅，由於行滅而有識滅……中略……如此，有其全部之苦蘊的滅。」 [5]

Evaṁ vutte so brāhmaṇo Bhagavantm etad avoca： “Abhikkantaṁ bho Gotama ! Abhikkantaṁ bho Gotama ! Seyyathā pi bho Ghotama nikkujjitaṁ vā ukkujjeyya, paṭicchannaṁ vā vivareyya, mūḷhassa vā maggaṁ ācikkheyya, andhakāre vā telapajjotaṁ dhāreyya ‘cakkhumanto rūpāni dakkhintî ’ ti ; evam eva bhotā Gotamena aneka-pariyāyena dhammo pakāsito .Es’âhaṁ bhavantṁ Gotamaṁ saraṇaṁ gacchāmi dhammañ ca bhikkhu-saṅghañ ca, upāsakaṁ maṁ bhavaṁ Gotamo dhāretu ajja-t-agge pāṇupetaṁ saraṇaṁ gatan” ti. [6]

如上，說完時，彼婆羅門對世尊說了這〔以下的話〕:「奇哉！朋友瞿曇！奇哉！朋友瞿曇！朋友瞿曇！好比，把顛倒的扶直，或使覆藏的顯現，或爲迷途者指路，或在黑暗中持著油燈〔希望〕「諸有眼者都能見到諸物現象」；如此，多種法門被朋友瞿曇所解明。我祈求皈依尊者瞿曇，也〔皈依〕法與比丘僧；請尊者瞿曇攝受我爲從今日以後終生皈依的優婆塞。」[6]

13. Kaccāyanagotta[1]

Sāvatthiyaṁ viharati. [1]

Atha kho āyasmā Kaccāyanagotto yena Bhagavā ten'upasaṅkami, upasaṅkamitvā Bhagavantam abhivādetvā eka-m-antaṁ nisīdi. eka-m-antaṁ nisinno kho āyasmā Kaccāyanagotto bhagavantam etad avoca. [2]

"Sammā-diṭṭhi sammā-diṭṭhî ti bhante vuccati , kittāvatā nu kho bhante sammā-diṭṭhi hotî ? " ti. [3]

"Dvaya-nissito khvâyaṁ Kaccāyana loko yebhuyyena, atthitañ c'eva natthitañ ca. Loka-samudayaṁ kho Kaccāyana yathābhūtaṁ sammappaññāya passato yā loke natthitā sā na hoti. Loka-nirodhaṁ kho Kaccāyana yathābhūtaṁ sammappaññāya passato yā loke atthitā sā na hoti. [4]

" Upāyupādānâbhinivesa-vinibandho khvâyaṁ Kaccāyana loko yebhuyyena, tañ câyaṁ upāyupādānaṁ cetaso adhiṭṭhānam abhinivesânusayaṁ na upeti na upādiyati nādhiṭṭhāti 'attā me' ti. Dukkham eva uppajjamānam uppajjati dukkhaṁ nirujjhamānaṁ nirujjhatî ti na kaṅkhati na vicikicchati apara-paccayā ñāṇaṁ ev'assa ettha hoti. Ettāvatā kho Kaccāyana sammā-diṭṭhi hoti. [5]

---

[1] Saṁyutta XII-15, vol.ii pp.16-17. 日譯南傳 13 pp.23-25.

13. 緣起中道 (II)

〔世尊〕住在舍衛城時。 [1]

那時，尊者迦旃延氏，來到世尊所在的地方，到了之後，禮拜世尊，然後坐在一邊。坐在一邊的尊者迦旃延氏，對世尊說了這〔以下的話〕。 [2]

「世尊說『正見、正見』 世尊！究竟如何才是正見呢？」 [3]

「迦旃延！的確這世間幾乎都是，依止於有存在性與無存在性的二〔極端〕。迦旃延！對於，以正慧如實觀察世間之集起的人而言，沒有『所謂世間無存在性』這回事。迦旃延！對於以正慧如實觀察世間之滅亡的人而言，沒有『所謂世間有存在性』這回事。 [4]

「迦旃延！的確這世間幾乎都是，因方便[2]取著、貪戀，而被束縛。然而，對於此心之依處的方便取著、貪戀煩惱，若不接近、不執著、不堅持『是我的〔主體〕我』。苦正在生起時，〔知〕生起；苦正在滅時，〔知〕滅，而不惑、不疑、不依它故，於此，他的智生長。迦旃延！以上就是正見。 [5]

---

[2] 方便(upāya)有愛、見二種，愛、見，因我與我所等相而生執著。(SA.II, p.33)

"Sabbam atthî ti kho Kaccāyana ayam eko anto, sabbaṁ natthî ti ayaṁ dutiyo anto. Ete te Kaccāyana ubho ante anupagamm majjhena Tathāgato dhammaṁ deseti. [6]

" Avijjā-paccayā saṅkhārā, saṅkhāra-paccayā viññāṇaṁ…pe…Evam etassa kevalassa dukkhakkhndhassa samudayo hoti. [7]

" Avijjāya tveva asesa-virāga-nirodhā saṅkhāra nirodho, saṅkhāra-nirodhā viññāṇa-nirodho…pe…Evam etassa kevalassa dukkhakkhndhassa nirodho hotî ti. [8]

「迦旃延！說『一切有』，此是一個極端。說『一切無』，此是第二個極端。迦旃延！如來離此等兩極端而爲你們開示。 [6]

「由於無明而有諸行，由於行而有識……中略……如此，有其全部之苦蘊的集起。 [7]

「然而，由於無明的全部遠離、滅盡，而有行滅，由於行滅而有識滅……中略……如此，有其全部之苦蘊的滅。」 [8]

14. Channa[1]

Ekaṁ samayaṁ sambahulā therā bhikkhū Bārāṇasiyaṁviharanti Isipatane Migadāye. Atha kho āyasmā Channo sāyaṇha-samayaṁ paṭisallānā vuṭṭhito avāpuraṇm ādāya vihārena vihāram upasaṅkamitvā there bhikkhū etad avoca.

"Ovadantu mam āyasmanto therā, anusāsantu mam āyasmanto therā, karontu me āyasmanto therā dhammiṁ kathaṁ yathâhaṁ dhammam passeyyan" ti. [1]

Evaṁ vutte therā bhikkhū āyasmantaṁ Channam etad avocuṁ. "Rūpaṁ kho āvuso Channa aniccaṁ, vedanā aniccā, saññā aniccā, saṅkhārā aniccā, viññāṇṁ aniccaṁ. Rūpam anattā, vedanā saññā saṅkhārā viññāṇaṁ anattā. Sabbe saṅkhārā aniccā, sabbe dhammā anattā" ti. [2]

Atha kho āyasmato Channassa etad ahosi, "mayham pi kho etam evaṁ hoti : Rūpam aniccaṁ, vedanā saññā saṅkhārā viññāṇṁ aniccā. Rūpam anattā, vedanā saññā saṅkhārā viññāṇaṁ anattā. Sabbe saṅkhārā aniccā, sabbe dhammā anattā ti. Atha ca pana me sabbasaṅkhāra-samathe sabbūpadhi-paṭinissagge taṇhakkhaye virāge nirodhe nibbāne cittaṁ na pakkhandati na ppasīdati na santiṭṭhati na vimuccati. Paritassanā. upādānam uppajjati paccudāvattati mānasaṁ, atha kho carahi me attā ti na kho pan'etaṁ dhammam passato hoti. Ko nu kho me tathā dhammaṁ deseyya yathâhaṁ dhammam passeyyan？" ti. [3]

---

[1] Saṁyutta XXII-90, vol.iii pp.132-135. 日譯南傳 14 pp.207-212.

14. 緣起中道 (III)

一時，眾多長老比丘，住在波羅奈國仙人墮處鹿野苑。那時，尊者闡陀，於傍晚時，從禪坐起來之後拿了鑰匙，由精舍至精舍，對諸長老比丘說：

「請教導我，諸位尊者長老！請訓誡我，諸位尊者長老！請為我說法，諸位尊者長老！希望如我能見到法那樣地說法。」 [1]

如此，諸尊者長老，被請求而對尊者闡陀說了此〔以下的話〕：「朋友闡陀！切實，色是無常，受是無常，想是無常，諸行是無常，識是無常；色是無我，受、想、諸行、識是無我。一切諸行是無常，一切法是無我。」[2]

然後，尊者闡陀有此〔想法〕：「我也是如此思維『色是無常，受、想、諸行、識是無常；色是無我，受、想、諸行、識是無我。一切諸行是無常，一切法是無我。』然而，我的心對於一切行的寂止、一切所依的捨棄、愛的滅盡、離貪、滅盡、涅槃，不進入、不淨化、不安住、不解脫。恐怖、取著生起，意志退轉， 那麼〔以什麼作為〕我的主體？然而，已見法的人就無此〔想法〕。究竟誰能為我開示法，如我能見法那樣地〔說法〕？」[3]

Atha kho āyasmato Channassa etad ahosi：“Ayaṁ kho āyasmā Ānando Kosambiyaṁ viharati Ghositârāme, satthu c’eva saṁvaṇṇito sambhāvito ca viññūnaṁ sabrahmacārīnaṁ, pahoti ca me āyasmā Ānando tathā dhammaṁ desetuṁ yathâhaṁ dhammam passeyyaṁ. Atthi ca me āyasmante Ānande tāvatikā visaṭṭhi. Yaṁ nūnâhaṁ yen’ āyasmā Ānando ten’ upasaṅkameyyan” ti. [4]

Atha kho āyasmā Channo senāsanaṁ saṁsāmetvā pattacīvaram ādāya yena Kosambi-Ghositârāmo yen’ āyasmā Ānando ten’upasaṅkami. Upasaṅkamitvā Āyasmatā Ānandena saddhiṁ sammodi…pe…[5]

Eka-m-antaṁ nisinno kho āyasmā Channo āyasmantam Ānandam etad avoca：“Ekam idâham āvuso Ānanda samayaṁ Bārāṇasiyaṁ viharāmi Isipatane Migadāye. Atha khvāhaṁ āvuso sāyaṇha-samayaṁ paṭisallānā vuṭṭhito avāpuraṇm ādāya vihārena vihāram upasaṅkamitvā there bhikkhū etad avocaṁ：‘Ovadantu mam āyasmanto therā dhammiṁ kathaṁ yathâhaṁ dhammam passeyyan’ ti. Evaṁ vutte mam āvuso therā bhikkhū etad avocuṁ ‘Rūpaṁ kho āvuso Channa aniccaṁ, vedanā saññā saṅkhārā viññāṇāṁ aniccaṁ. Rūpaṁ anattā…la…viññāṇāṁ anattā’ ti. Tassa mayham pi āvuso etad ahosi：‘Mayham pi kho etam evaṁ hoti：Rūpam aniccaṁ……pe……viññāṇāṁ aniccaṁ. Rūpaṁ anattā vedanā saññā saṅkhārā viññāṇāṁ anattā. Sabbe saṅkhārā aniccā, sabbe dhammā anattā’ ti. [6]

那時，尊者闡陀有此〔想法〕:「彼尊者阿難，住在憍賞彌國瞿師羅園，被教主【即指世尊】與有智者、同梵行者所讚賞、尊敬，尊者阿難，能夠如我能見法那樣地為我說法。我是如此地信賴尊者阿難，我就去尊者阿難所在的地方吧！」 [4]

然後，尊者闡陀收拾坐臥具之後，持缽帶衣往憍賞彌國瞿師羅園，尊者阿難所在的地方。到了尊者阿難所在的地方，和尊者阿難問候……中略……[5]

那時，坐在一邊的尊者闡陀，對尊者阿難說了此〔以下的〕話:「尊者阿難！一時，我住在波羅奈國仙人墮處鹿野苑。那時，我於傍晚時，從禪坐起來之後拿了鑰匙，由精舍至精舍，對諸長老比丘說:『請教導我，諸位尊者長老！希望如我能見法那樣地說法！』尊者！我如此說時，諸長老比丘對我說了此〔以下的話〕:『朋友闡陀！色是無常，受、想、諸行、識是無常；色是無我……乃至……識是無我。』那時的我有如此〔想法：〕『對於我而言，也是有此〔想法：〕色是無常……乃至……識是無常；色是無我，受、想、諸行、識是無我。一切諸行是無常，一切法是無我。』 [6]

"Atha ca pana me sabbasaṅkhāra-samathe sabbūpadhi-paṭinissagge taṇhakkhaye virāge nirodhe nibbāne cittaṁ na pakkhandati na ppasīdati na santiṭṭhati na vimuccati paritassanā. Upādānam uppajjati paccudāvattati mānasaṁ, atha kho carahi me attā ti, na kho pan' etaṁ dhammam passato hoti. Ko nu kho me tathā dhammaṁ deseyya yathâhaṁ dhammam passeyyan？" ti. [7]

"Tassa mayham āvuso etad ahosi： 'Ayaṁ kho āyasmā Ānando Kosambiyaṁ viharati Ghositârāme, satthu c'eva saṁvaṇṇito sambhāvito ca viññūnaṁ sabrahmacā-rīnaṁ. Pahoti ca me āyasmā Ānando tathā dhammaṁ desetuṁ yathâhaṁ dhammam passeyyaṁ. Atthi ca me āyasmante Ānande tāvatikā visaṭṭhi. Yaṁ nūnâhaṁ yen' āyasmā Ānando ten'upasaṅkameyyan' ti. Ovadatu mam āyasmā Ānando, anusāsatu mam āyasmā Ānando, karotu me āyasmā Ānando dhammiṁ kathaṁ yathâhaṁ dhammam passeyyan" ti. [8]

"Ettakena pi mayam āyasmato channassa attamanā, api nāma tam āyasmā Channo āvi akāsi, khilam pabhindi. Odahâvuso Channa sotaṁ, bhabbo 'si dhammaṁ viññātun" ti. [9]

Atha kho āyasmato Channassa tāvatakena uḷāram pīti-pāmujjam uppajji. 'Bhabbo kir'asmi dhammaṁ viññātun' ti. [10]

「然而，我的心對於一切行的寂止、一切所依的捨棄、愛的滅盡、離貪、滅盡、涅槃，不進入、不淨化、不安住、不解脫。恐怖、取著生起，意志退轉，〔我想：〕那麼以什麼爲我的主體[2]？然而，已見法的人就無此〔想法〕。究竟誰能爲我說法，如我能見法那樣地說法？ [7]

「尊者！那時的我有此〔想法〕：『彼尊者阿難，住在憍賞彌國瞿師羅園，被教主【佛】與有智者、同梵行者所讚賞，尊者阿難，能夠如我能見法那樣地爲我說法。我是如此地信賴尊者阿難，我就去尊者阿難所在的地方吧！』請教導我，尊者阿難！請教訓我，尊者阿難！請爲我說法，尊者阿難！希望如我能見到法那樣地爲我說法。」 [8]

「我對於尊者闡陀而言，是這般地喜悅，或許尊者闡陀已明瞭、已打破那障礙。尊者闡陀！請傾聽！你有可能了解法。」 [9]

那時，尊者闡陀生起了非常大的喜悅。「據說，我有可能了解法。」 [10]

---

[2] 主體(attā) 在此，闡陀視 attan 爲心所依住的主體，故作此譯。

"Sammukhā me taṁ āvuso Channa Bhagavato sutaṁ, sammukhā ca paṭiggahitaṁ Kaccāṇāgottam bhikkhum ovadantassa. 'Dvaya-nissito khvâyaṁ Kaccāna loko yebhuyyena atthitañ c' eva natthitañ ca. Loka-samudayaṁ kho Kaccāna yathābhūtaṁ sammappaññāya passato yā loke natthitā sā na hoti. Loka-nirodhaṁ kho Kaccāna yathābhūtaṁ sammappaññāya passato yā loke atthitā sā na hoti. Upāyupādānâbhi-nivesa-vinibandho khvâyaṁ Kaccāna loko yebhuyyena, tañ câyam upāyupādānaṁ adhiṭṭhānâbhinivesânusayaṁ na upeti na upādiyati nâdhiṭṭhāti attā me ti. Dukkham eva uppajjamānam uppajjati, dukkhaṁ nirodhamānaṁ nirujjhatî ti na kaṅkhati na vicikicchati apara-paccayā ñāṇam ev' assa ettha hoti. Ettāvatā kho Kaccāna sammā-diṭṭhi hoti. [11]

'Sabbam atthî ti kho Kaccāna ayam eko anto, sabbaṁ natthî ti ayaṁ dutiyo anto. Ete te Kaccāna ubho ante anupagamma majjhena Tathāgato dhammaṁ deseti. Avijjā-paccayā saṅkhārā, saṅkhāra-paccayā viññāṇaṁ...pe...Evam etassa kevalassa dukkhakkhndhassa samudayo hoti. Avijjāya tveva asesa-virāga-nirodhā saṅkhāra-nirodho...pe...Evam etassa kevalassa dukkhakkhndhassa nirodho hoti' ." [12]

" Evam etam āvuso Ānanda hoti yesam āyasmantānaṁ tādisā sabrahma-cāriyo anukampakā atthakāmā ovādakā anusāsakā, idañ ca pana me āyasmato Ānandassa dhamma-desanaṁ sutvā dhammo abhisameto" ti. [13]

「尊者闡陀！此是由我親自，聽到世尊正為迦旃延氏比丘當面教誡時，所領受的。即：『迦旃延！切實，此世間幾乎都是依據二極端，或有或無。迦旃延！對於，以正慧如實觀察世間之集起的人，沒有‘所謂世間無’這回事。迦旃延！對於，以正慧如實觀察世間之滅沒的人，沒有‘所謂世間有’這回事。迦旃延！的確這世間幾乎都是因方便取著、貪戀，而被束縛。然而，對此〔心之〕依處的方便取著、貪戀煩惱，若不接近、不執著、不堅持‘是我的我’。苦正在生起時，〔知〕生起；苦正在滅時，〔知〕滅，而不惑、不疑、不依它故，於此，他的智生長。迦旃延！如上就是正見。 [11]

『迦旃延！‘一切有’，此是一個極端。‘一切無’，此是第二個極端。迦旃延！如來離此等兩極端而依中正之道開示法。由於無明而有諸行，由於行而有識……中略……如此，有其全部之苦蘊的集起。然而，由於無明的全部遠離、滅盡，而有行滅……中略……如此，有其全部之苦蘊的滅。』」[12]

「尊者阿難！如此，即是『凡是諸尊者中的同梵行者、有憐憫者、欲求義利者、教導者、教誡者』〔所說的〕，我也是聽了尊者阿難的此說法，而領悟法。」 [13]

15. Paccaya[1]

Sāvatthiyaṁ viharati. [1]

"Paṭicca-samuppādañ ca vo bhikkhave desissāmi paṭicca-samuppanne ca dhamme, taṁ suṇātha sādhukaṁ manasi-karotha bhāsissāmî " ti. "Evam bhante" ti kho te bhikkhū Bhagavto paccassosuṁ. [2]

Bhagavā etad avoca. " Katamo ca bhikkhave paṭicca-samuppādo ? Jāti-paccayā bhikkhave jarā-maraṇam uppādā vā Tathāgatānam anuppādā vā Tathāgatānaṁ, thitā va sā dhātu dhammaṭṭhitatā dhamma-niyāmatā idappaccayatā. Taṁ Tathāgato abhisambujjhati abhisameti, abhisambujjhitvā abhisametvā ācikkhati deseti paññāpeti paṭṭhapeti vivarati vibhajati uttānī-karoti passathâ ti c 'āha. [3]

---

[1] Saṁyutta XII-20, vol.ii pp.25-27. 日譯南傳 13 pp.36-39.

15. 緣起與緣已生法

〔世尊〕住在舍衛城時。 [1]

「諸比丘！我將爲你們開示緣起與緣已生法，好好地注意聽！我就要說喔！」「是，世尊！」彼等諸比丘如此回答。 [2]

世尊說了此〔以下的話〕。「諸比丘！什麼是緣起？諸比丘！由於生而有老死，或諸如來出現或諸如來不出現，其界【道理】、法住性、法定性已確立，即此緣性【緣起的道理】。如來覺悟、了知此，覺悟、了知之後，敘述、開示、宣佈、設立、分析、分別、闡明，然後說：請見知！ [3]

"Jāti-paccayā bhikkhave jarā-maraṇaṁ bhava-paccayā bhikkhave jāti, upādāna-paccayā bhikkhave bhavo, taṇhā-paccayā bhikkhave upādānaṁ, vedanā-paccayā bhikkhave taṇhā, phassa-paccayā bhikkhave vedanā, saḷāyatana-paccayā bhikkhave phasso, nāmarūpa-paccayā bhikkhave saḷāyatanaṁ, viññāṇa-paccayā bhikkhave nāmarūpaṁ, saṅkhāra-paccayā bhikkhave viññāṇaṁ, avijjā-paccayā bhikkhave saṅkhārā, uppādā vā Tathāgatānam anuppādā vā Tathāgatānaṁ, ṭhitā va sā dhātu dhammaṭṭhitatā dhamma-niyāmatā idappaccayatā, taṁ Tathāgato abhisambujjhati abhisameti, abhisambujjhitvā abhisametvā ācikkhati deseti paññāpeti paṭṭhapeti vivarati vibhajati uttānī-karoti passathâ ti c 'āha. [4]

"Avijjā-paccayā bhikkhave saṅkhārā, iti kho bhikkhave yā tatra tathatā avitathatā anaññathatā idapaccayatā, ayaṁ vuccati bhikkhave paṭicca-samuppādo. [5]

"Katame ca bhikkhave paṭicca-samuppannā dhammā？ Jarā-maraṇaṁ bhikkhave aniccaṁ saṅkhataṁ paṭicca-samuppannaṁ khaya-dhammaṁ vaya-dhammaṁ virāga-dhammṁ nirodha-dhammaṁ. [6]

"Jāti bhikkhave aniccā saṅkhatā paṭicca-samuppannā khaya-dhammā vaya-dhammā virāga-dhammā nirodha-dhammā. [7]

"Bhavo bhikkhave anicco saṅkhato paṭicca-samuppanno khaya-dhammo vaya-dhammo nirodha-dhammo. [8]

「諸比丘！由於生而有老死，諸比丘！由於有而有生，諸比丘！由於取而有有，諸比丘！由於愛而有取，諸比丘！由於受而有愛，諸比丘！由於觸而有受，諸比丘！由於六入而有觸，諸比丘！由於名色而有六入，諸比丘！由於識而有名色，諸比丘！由於行而有識，諸比丘！由於無明而有諸行。或諸如來出現或諸如來不出現，其界、法住性、法定性已確立，即此緣性【緣起的道理】。如來徹悟、了知此，徹悟、了知之後，敘述、開示、宣佈、設立、闡明、分別、使明了，然後說：請見知！ [4]

「諸比丘！由於無明而有諸行，諸比丘！如上，此中的如性、不離如性、不異如性、此緣性，諸比丘！這就稱爲緣起。 [5]

「諸比丘！什麼是緣已生法？諸比丘！老死是無常、有爲、緣生、滅盡法、衰敗法、離貪法、滅法。 [6]

「諸比丘！生是無常、有爲、緣生、滅盡法、衰敗法、離貪法、滅法。[7]

「諸比丘！有是無常、有爲、緣生、滅盡法、衰敗法、離貪法、滅法。[8]

"Upādānam bhikkhave, taṇhā bhikkhave, vedanā bhikkhave, phasso bhikkhave, saḷāyatanam bhikkhave, nāmarūpam bhikkhave, viññāṇam bhikkhave, saṅkhārā bhikkhave, avijjā bhikkhave aniccā saṅkhatā paṭicca-samuppannā khaya-dhammā vaya-dhammā virāga-dhammā nirodha-dhammā. Ime vuccanti bhikkhave paṭicca-samuppannā dhammā. [9]

"Yato kho bhikkhave ariya-sāvakassa ayañ ca paṭicca-samuppādo ime ca paṭicca-samuppannā dhammā yathābhūtaṁ sammappaññāya sudiṭṭhā honti, so vata pubbantam paṭidhāvissati： 'Ahosiṁ nu khvâham atītam addhānaṁ？ Na nu kho ahosim atītam addhānaṁ？ Ki ṁ nu kho ahosim atītam addhānaṁ？ Kathaṁ nu kho ahosim atītam addhānaṁ？ Kiṁ hutvā kim ahosiṁ nu khvâham atītam addhānaṁ？' ti. [10]

"Aparantaṁ vā upadhāvissati： 'Bhavissāmi nu khvâham anāgatam addhānaṁ？ Na nu kho bhavissāmi anāgatam addhānaṁ？ Kiṁ nu kho bhavissāmi anāgatam addhānaṁ？ Kathaṁ nu kho bhavissāmi anāgatam addhānaṁ？ Kiṁ hutvā kim bhavissāmi nu khvâhaṁ anāgatam addhānan？' ti. [11]

" Etarahi vā paccuppannam addhānam ajjhattaṁ kathaṁkathī bhavissati： 'Ahaṁ nu kho 'smi？ Na nu kho 'smi？ Kiṁ nu kho 'smi？ Kathaṁ nu kho 'smi？ Ahaṁ nu kho satto kuto āgato so kuhiṁ gāmī bhavissatî ' ti. N'etaṁ ṭhānaṁ vijjati. [12]

「諸比丘！取，諸比丘！愛，諸比丘！受，諸比丘！觸，諸比丘！六入，諸比丘！名色，諸比丘！識，諸比丘！諸行，諸比丘！無明是無常、有爲、緣生、滅盡法、衰敗法、離貪法、滅法。諸比丘！這些就稱爲緣已生法。 [9]

「諸比丘！聖聲聞弟子，凡是因爲以正慧如實地，已善於見知這緣起及這些緣已生法的人，確實，他將會回憶以前，即：『我究竟是有過去世？還是無過去世？究竟過去世是什麼？究竟何故有過去世？我過去世究竟是什麼？之後成爲什麼？』 [10]

「或追想未來，即：『究竟我是否將有未來世？還是無未來世？究竟未來世是什麼？究竟何故有未來世？成爲什麼？我未來世究竟是什麼？』 [11]

「或對於自己的現今的現在世將有疑惑，即：『究竟我是有？還是沒有？究竟我是什麼？我究竟何故有？我究竟是否眾生？從那裡來？他將要往那裡去？』不明其道理。[12]

“Taṁ kissa hetu？ Tathā hi bhikkhave ariya-sāvakassa ayañ ca paṭicca-samuppādo ime ca paṭicca-samuppannā dhammā yathā-bhūtaṁ sammappaññāya sudiṭṭhā” ti. [13]

「那是什麼原因？所以，諸比丘！對於聖聲聞弟子而言，此緣起與此等緣已生法，當以正慧如實地善於見知！」。 [13]

16. Yaso[1]

Atha kho Yaso kulaputto idaṁ kira anupaddutṁ, idam anupassaṭṭhan ti haṭṭho udaggo suvaṇṇa-pādukāhi orohitvā yena Bhagavā ten' upsaṅkami, upsaṅkamitvā Bhagavantam abhivādetvā eka-m-antaṁ nisīdi. Eka-m-antaṁ nisinnassa kho Yasassa kulaputtassa Bhagavā anupubbikathaṁ kathesi seyyathîdaṁ : dāna-kathaṁ sīla-kathaṁ sagga-kathaṁ kāmānaṁ ādīnavaṁ okāraṁ saṅkilesaṁ nekkhamme ānisaṁsaṁ pakāsesi. [1]

Yadā bhagavā aññāsi Yasaṁ kulaputtaṁ kalla-cittaṁ mudu-cittaṁ vinīvaraṇa-cittaṁ udagga-cittaṁ pasanna-cittaṁ, atha yā buddhānaṁ sāmukkaṁsikā dhamma-desanā taṁ pakāsesi, dukkaṁ samudayaṁ nirodhaṁ maggaṁ. Seyyyathâpi nāma suddhaṁ vatthaṁ apagata-kāḷakaṁ sammad eva rajanaṁ paṭigaṇheyya, evam eva Yasassa kulaputtassa tasmiṁ yeva āsane virajaṁ vītamalaṁ dhamma-cakkhuṁ udapādi : yaṁ kiñci samudaya-dhammaṁ sabbaṁ taṁ nirodha-dhamman ti. [2]

---

1 Vinaya vol.i pp.15-16. 日譯南傳 3 pp.26-28.

16. 三論與四諦

那時，良家之子耶舍聽說：此無苦難，此無惱害，大喜、勇躍而脫下金履，然後走到世尊所在的地方，到了之後，向世尊行敬禮，然後坐在一邊。世尊對坐在一邊的良家之子耶舍，講了次第說法，即如下：施論、戒論、生天論，諸欲之過患、卑劣、雜染，說明了出離的功德。 [1]

當世尊知道了良家之子耶舍的順善心、柔軟心、離蓋心、欣悅心、淨信心時，就說明那所謂諸佛的最勝教法：苦、集、滅、道。譬如清潔的衣服無污點，可能正確地接受染色，如此，良家之子耶舍，就在那座位上【當下】遠塵、離垢，生起法眼〔即了知〕：凡是任何集起之法，那一切都是滅盡之法。 [2]

17. Tathāgatena vutta[1]

Evam me sutaṁ. Ekaṁ samayam Bhagavā Bārāṇasiyaṁ viharati Isipatane Migadāye. Tatra kho Bhagavā pañca-vaggiye bhikkhū āmantesi. Dve 'me bhikkhave antā pabbajitena na sevitabbā. Katame dve？ [1]

Yo câyaṁ kāmesu kāma-sukhallikânuyogo hīno gammo pothujjaniko anariyo anattha-saṁhito, yo câyam attakilamathânuyogo dukkho anariyo anattha-saṁhito. [2]

Ete kho bhikkhave ubho ante anupagamma majjhimā paṭipadā Tathāgtena abhisambuddhā cakkhu-karaṇī ñāṇa-karaṇī upasamāya abhiññāya sambodhāya nibbānāya saṁvattati. [3]

Katamā ca sā bhikkhave majjhimā paṭipadā Tathāgatena abhisambuddhā cakkhu-karaṇī ñāṇa-kaaraṇī upasamāya abhiññāya sambodhāya nibbānāya saṁvattati ? [4]

Ayam eva ariyo aṭṭhaṅgiko maggo, seyyathîdaṁ : sammā-diṭṭhi sammā-saṅkappo sammā-vācā sammā-kammanto sammā-ājīvo sammā-vāyāmo sammā-sati sammā-samādhi. Ayaṁ kho sā bhikkhave majjhimā paṭipadā Tathāgatena abhisambuddhā cakkhu-karaṇī ñāṇa-kaaraṇī upasamāya abhiññāya sambodhāya nibbānāya saṁvattati. [5]

---

[1] Saṁyutta LVI-11,vol.v pp.420-424. 日譯南傳 16 下 pp.339-343; Vinaya vol.i pp.10-12. 日譯南傳 3 pp.18-22.

17. 轉法輪經

如此由我所聞：某一時候，世尊住在波羅奈的仙人墮處鹿野苑。世尊在那裡對五群比丘講。諸比丘！這二極端不可被出家人所從事，哪二〔極端〕？ [1]

凡是於諸欲中耽溺享樂者，是劣等、卑鄙、庸俗、非聖、非具有義利；又凡是耽溺於疲勞自己者，是苦、非聖、非具有義利。 [2]

諸比丘！的確，如來不隨行這兩極端，而證悟中道、生眼、生智，導致寂靜、證智、等覺、涅槃。 [3]

諸比丘！什麼是那——由如來所證悟，而生眼、生智，導致寂靜、證智、等覺、涅槃的——中道？ [4]

這就是八支聖道，即：正見、正思維、正語、正業、正命、正精進、正念、正定。諸比丘！確實這就是那中道，由如來所證悟，而生眼、生智，導致寂靜、證智、等覺、涅槃。 [5]

Idaṁ kho pana bhikkhave dukkham ariya-saccaṁ, jāti pi dukkhā, jarā pi dukkhā, vyādhi pi dukkho, maraṇam pi dukkhaṁ, appiyehi sampayogo dukkhao, piyehi vippayogo dukkho, yam p' icchaṁ na labhati tam pi dukkhaṁ, saṅkhittena pañcupādānakkhandhā dukkhā. [6]

Idaṁ kho pana bhikkhave dukkha-samudayam ariya-saccaṁ, yâyaṁ taṇhā ponobbhavikā nandirāga-sahagatā tatra-tatrâbhinandī, seyyathîdaṁ ; kāma-taṇhā bhava-taṇhā vibhava-taṇhā. [7]

Idaṁ kho pana bhikkhave dukkha-nirodham ariya-saccaṁ, yo tassā yeva taṇhāya asesa-virāga-nirodho cāgo paṭinissaggo mutti anālayo. [8]

Idaṁ kho pana bhikkhave dukkha-nirodha-gāminī paṭipadā ariya saccaṁ, ayam eva ariyo aṭṭhaṅgiko maggo, seyyathîdaṁ ; sammā-diṭṭhi…pe…sammā-samādhi. [9]

Idaṁ dukkham ariya saccan ti me bhikkhave pubbe ananussuttesu dhammesu cakkhuṁ udapādi, ñāṇaṁ udapādi, paññā udapādi, vijjā udapādi, āloko udapādi. [10]

Taṁ kho pan' idaṁ dukkham ariya-saccaṁ pariññeyyan ti me bhikkhave…la…pariññātan ti me bhikkhave pubbe ananussutesu dhammesu cakkhuṁ udapādi, ñāṇaṁ udapādi, paññā udapādi, vijjā udapādi, āloko udapādi. [11]

又，諸比丘！此是苦聖諦，生也是苦，老也是苦，病也是苦，死也是苦，與怨憎者相會也是苦，與所愛者別離也是苦，求不得也是苦，總而言之，五取蘊是苦。 [6]

又，諸比丘！此是苦集聖諦，凡是能再生【後有】、具有喜貪、到處有歡喜，此是渴愛，即：欲愛、有愛、非有愛。 [7]

諸比丘！此是苦滅聖諦，即將那渴愛，無餘地遠離、滅盡、拋棄、捨離、解脫、無執著。 [8]

諸比丘！此是導致苦滅之道聖諦，正是此八支聖道，即：正見……乃至……正定。 [9]

諸比丘！由於我〔知〕此是苦聖諦，而於前未曾聞諸法生眼、生智、生慧、生明、生光明。 [10]

又諸比丘！確實由於我〔知〕此是苦聖諦我當遍知……乃至……已遍知，而於前未曾聞諸法生眼、生智、生慧、生明、生光明。 [11]

Idaṁ dukkha-samudayam ariya-saccan ti me bhikkhave ...pe...āloko udapādi. Taṁ kho pan' idaṁ dukkha-samudaym ariya saccaṁ pahātabban ti me bhikkhave...la... pahīnan ti me bhikkhave ...pe...āloko udapādi .[12]

Idaṁ dukkha-nirodham ariya saccan ti me bhikkhave ...pe...āloko udapādi. Taṁ kho pan' idaṁ dukkha-nirodham ariya saccaṁ sacchikātabban ti me bhikkhave ...la... sacchikatan ti me bhikkhave...pe...āloko udapādi. [13]

Idaṁ dukkha-nirodha-gāminī paṭipadā ariya saccan ti me bhikkhave ...pe...āloko udapādi. Taṁ kho pan' idaṁ dukkha-nirodha-gāminī paṭipadā ariya saccaṁ bhāvetabban ti me bhikkhave ...la... bhāvitan ti me bhikkhave...pe...āloko udapādi. [14]

Yāva kīvañ ca me bhikkhave imesu catusu ariya-saccesu evaṁ ti-parivaṭṭaṁ dvādasâkāraṁ yathābhūtaṁ ñāṇa-dassanaṁ na suvisuddham ahosi, n' eva tāvâhaṁ bhikkhave sadevake loke samārake sabrahmake sassamaṇa-brāhmaṇiyā pajāya sadeva-manussāya anuttaraṁ sammā-sambodhim abhisambuddho ti paccaññāsiṁ. [15]

Yato ca kho me bhikkhave imesu catusu ariya-saccesu evaṁ ti-parivaṭṭaṁ dvādasâkāraṁ yathābhūtaṁ ñāṇa-dassanaṁ suvisuddham ahosi, athâhaṁ bhikkhave sadevake loke samārake sabrahmake sassmaṇa-brāhmaṇiyā pajāya sadeva-manussāya anuttaraṁ sammā-sambodhim abhisambuddho ti paccaññāsiṁ. [16]

諸比丘！由於我〔知〕此是苦集聖諦……乃至……生光明。又諸比丘！確實由於我〔知〕此是苦集聖諦我應捨……乃至……已捨……乃至……生光明。 [12]

諸比丘！由於我〔知〕此是苦滅聖諦……乃至……生光明。又諸比丘！確實由於我〔知〕此是苦滅聖諦我應作證……乃至……已作證……乃至……生光明。 [13]

諸比丘！由於我〔知〕此是苦滅道聖諦……乃至……生光明。又諸比丘！確實由於我〔知〕此是苦滅道聖諦我應修習……乃至……已修習……乃至……生光明。[14]

諸比丘！當我對於此四聖諦，如此三轉十二行相的如實智見，未完全清淨之間；諸比丘！在其間，我於包括天的世間，天魔、梵天、沙門、婆羅門、人、天眾生中，就不宣言：已證悟無上正等覺。 [15]

然而，諸比丘！因爲我對於此四聖諦，如此三轉十二行相的如實智見，已完全清淨之故；諸比丘！於是，我於包括天的世間，天魔、梵天、沙門、婆羅門、人、天眾生中，宣言：已證悟無上正等覺。 [16]

Ñāṇañ ca pana me dassanaṁ udapādi：akuppā me ceto-vimutti, ayam antimā jāti, natthi dāni punabbhavo ti. [17]

Idam avoca Bhagavā, attamanā pañca-vaggiyā bhikkhū Bhagavato bhāsitam abhinandum ti. [18]

Imasmiñ ca pana veyyākaraṇasmiṁ bhaññamāne āyasmato Koṇḍaññassa virajaṁ vītamalaṁ dhamma-cakkhuṁ udapādi yaṁ kiñci samudaya-dhammaṁ sabban taṁ nirodha-dhamman ti. [19]

又於我生起智與見：我的心解脫不動搖，此是最後生，現在無再有。[17]

世尊說了此〔以上的話〕，悅意的五群比丘，對於世尊所說大歡喜。[18]

於此解說中，正在說時，尊者憍陳如，遠塵離垢而生法眼，即：凡是任何集起之法，那都是滅盡之法。 [19]

18. Kathā[1]

Mā bhikkhave aneka-vihitaṁ tiracchāna-kathaṁ katheyyātha seyyathîdaṁ ; rāja-kathaṁ cora-kathaṁ mahâmatta-kathaṁ senā-kathaṁ bhaya-kathaṁ yuddha-kathaṁ anna-kathaṁ pāna-kathaṁ vatthu-kathaṁ sayana-kathaṁ mālā-kathaṁ gandha-kathaṁ ñāti-kathaṁ yāna-kathaṁ gāma-kathaṁ nigama-kathaṁ nagara-kathaṁ janapada-kathaṁ itthī-kathaṁ purisa-kathaṁ sūra-kathaṁ visikhā-kathaṁ kumbhaṭṭhāna-kathaṁ pubbapeta-kathaṁ nānatta-kathaṁ lokakkhāyikaṁ samuddakkhāyikaṁ iti-bhavâbhava-katham iti vā. Taṁ kissa hetu？ [1]

N'esā bhikkhave kathā attha-saṁhitā n'ādibrahmacariyikā na nibbidāya na virāgāya na nirodhāya na upasamāya na abhiññāya na sambodhāya na nibbānāya saṁvattati. [2]

kathentā ca kho tumhe bhikkhave 'Idaṁ dukkhan' ti katheyyātha, 'Ayaṁ dukkha-samudayo' ti katheyyātha, 'Ayaṁ dukkha- nirodho' ti katheyyātha, 'Ayaṁ dukkha-nirodha-gāminī-paṭipādā' ti katheyyātha. Taṁ kissa hetu？ [3]

---

1 Saṁyutta LVI-9, vol.v pp.419-420. 日譯南傳 16 下 pp.337-338.

18. 四諦與無用論

諸比丘！不可說種種畜生論，例如：王論、盜賊論、大臣論、軍論、怖畏論、戰爭論、食物論、飲物論、衣服論、臥具論、華鬘論、香論、親戚論、車乘論、村里論、鄉鎮論、城市論、地方論、女人論、男人論、英雄論、街路論、井邊論、先亡者論、種種論、世間論、海洋論、如是有無論，等等。那是什麼原因？ [1]

諸比丘！這般諸論非具有義利、非初梵行，非爲厭離、非爲離貪、非爲滅盡、非爲寂靜、非爲證智、非爲正覺、非爲涅槃而起作用。 [2]

然而，諸比丘！你們正在說時，應說「此是苦」，你們應說「此是苦集」，你們應說「此是苦滅」，你們應說「此是導致苦滅的道路」，那是什麼原因？[3]

Esā bhikkhave kathā attha-saṁhitā, esā ādibrahmacariyikā, esā nibbidāya virāgāya nirodhāya upasamāya abhiññāya sambodhāya nibbānāya saṁvattati. Tasmā-t-iha bhikkhave 'Idaṁ dukkhan' ti yogo karaṇīyo……pe……'Ayaṁ dukkha-nirodha-gāminī-paṭipādā' ti yogo karaṇīyo ti. [4]

諸比丘！這般諸論具有義利、那是初梵行，那是爲厭離、爲離貪、爲滅盡、爲寂止、爲證智、爲正覺、爲涅槃而起作用。所以在此，諸比丘！即〔想〕「此是苦」而應努力修行……中略……「此是導致苦滅的道路」而應努力修行。 [4]

19. Cintā[1]

Mā bhikkhave pāpakam akusalaṁ cittaṁ cinteyyātha ; 'Sassato loko' ti vā 'Asassato loko' ti vā. 'Antavā loko' ti vā, 'Anantavā loko' ti vā 'Taṁ jīvaṁ taṁ sariran' ti vā 'Aññaṁ jīvaṁ aññaṁ sarīran' ti vā, 'Hoti Tathāgato param-maraṇā' ti vā, 'Na hoti tathāgato param-maraṇā' ti vā, 'Hoti ca na ca hoti Tathāgato param-maraṇā' ti vā 'Neva hoti na na hoti Tathāgato param-maraṇā' ti vā. Taṁ kissa hetu ? [1]

N'esā bhikkhave cintā attha-saṁhitā nâdibrahmacariyikā na nibbidāya na virāgāya na nirodhāya na upasamāya na abhiññāya na sambodhāya na nibbānāya saṁvattanti. [2]

Cintentā ca kho tumhe bhikkhave 'Idaṁ dukkhan' ti cinteyyātha...pe...'Ayaṁ dukkha-nirodha-gāminī-paṭipadā' ti cinteyyātha. Taṁ kissa hetu ? [3]

Esā bhikkhave cintā attha-saṁhitā, esā ādibrahmacariyikā, esā nibbidāya virāgāya nirodhāya upasamāya abhiññāya sambodhāya nibbānāya saṁvattati. Tasmā-t-iha bhikkhave 'Idaṁ dukkhan' ti yogo karaṇīyo......pe......'Ayaṁ dukkha-nirodha-gāminī-paṭipadā' ti yogo karaṇīyo ti. [4]

---

[1] Saṁyutta LVI-8, vol.v pp.418-419. 日譯南傳 16 下 pp.335-336.

19. 四諦與無記

諸比丘！不可思維惡、不善的心，即:「世間是常」或「世間是非常」，或「世間是有邊」或「世間是非有邊」，或「其生命就是其身體」或「其生命異於其身體」，或「如來死後存在」或「如來死後不存在」，或「如來死後即是存在亦不存在」或「如來死後即非存在亦非不存在」。那是什麼原因？[2]

諸比丘！那些思念非具有義利、非初梵行、非爲厭離、非爲離貪、非爲滅盡、非爲寂靜、非爲證智、非爲正覺、非爲涅槃而起作用。 [2]

然而，諸比丘！你們正在思維時，應思維「此是苦」……中略……應思維「此是導致苦滅的道路」，那是什麼原因？ [3]

諸比丘！那思念是具有義利、那是初梵行、那是爲厭離、爲離貪、爲滅盡、非爲寂靜、非爲證智、非爲正覺、非爲涅槃而起作用。所以在此，諸比丘！即〔想〕「此是苦」而應努力修行……中略……「此是導致苦滅的道路」而應努力修行。 [4]

20. Vibhaṅga[1]

Pañca imāni bhikkhave indriyāni. Katamāni pañca ? Saddhindriyaṁ viriyindriyaṁ satindriyaṁ samādhindriyaṁ paññindriyaṁ. [1]

Katamañ ca bhikkhave saddhindriyaṁ ? Idha bhikkhave ariya-sāvako saddho hoti, saddahati tathāgatassa bodhiṁ : Iti pi so Bhagavā arahaṁ sammā-sambudho vijjā-caraṇa-sampanno sugato lokavidū anuttaro purisadamma-sārathī satthā deva-manussānaṁ Buddho Bhagavā ti. Idaṁ vuccati bhikkhave saddhindriyaṁ. [2]

Katamañ ca bhikkhave viriyindriyaṁ ? Idha bhikkhave ariya-sāvako āraddha-viriyo viharati, akusalānaṁ dhammānaṁ pahānāya kusalānaṁ dhammānaṁ upasampadāya thāmavā daḷhaparakkamo anikkhittadhuro kusalesu dhammesu. Idaṁ vuccati bhikkhave viriyindriyaṁ. [3]

Katamañ ca bhikkhave satindriyaṁ ? Idha bhikkhave ariya-sāvako satimā hoti paramena satinepakkena samannāgato cirakataṁ cirabhāsitam pi saritā anussaritā. Idaṁ vuccati bhikkhave satindriyaṁ. [4]

Katamañ ca bhikkhave samādhindriyaṁ ? Idha bhikkhave ariya-sāvako vavassaggârammaṇaṁ karitvā labhati samādhiṁ labhati cittass' ekaggataṁ. Idaṁ vuccati bhikkhave samādhiindriyaṁ. [5]

---

1 Saṁyutta XLVIII-9, vol.v pp.196-197. 日譯南傳 16 下 p.7f.

20. 信等五根

諸比丘！此等是五根。那些五？信根、進根、念根、定根、慧根。[1]

諸比丘！什麼是信根？諸比丘！在此，聖弟子有信，信如來的覺道，即：彼世尊是應供、正等覺、明行足、善逝世間解、無上士、調御丈夫、天人師、佛、世尊。諸比丘！此即所謂信根。[2]

諸比丘！什麼是進根？諸比丘！在此，聖弟子發勤而住，捨斷不善法，爲了具足諸善法，剛毅、堅固、努力而於諸法不退轉。諸比丘！此即所謂進根。[3]

諸比丘！什麼是念根？諸比丘！在此，聖弟子有念，成就最勝的念慧，雖很久所作、很久所說的也能憶念、隨念。諸比丘！此即所謂念根。[4]

諸比丘！什麼是定根？諸比丘！在此，聖弟子捨離所緣【發勤的對象】，得定、得心一境性。諸比丘！此即所謂定根。[5]

Katamañ ca bhikkhave paññindriyaṁ？ Idha bhikkhave ariya-sāvako paññavā hoti；udayatthagāminiyā paññāya samannāgato ariyāya nibbedhikāya sammā-dukkhakkhaya-gāminiyā. Idaṁ vuccati bhikkhave paññindriyaṁ. [6]

Imāni kho bhikkhave pañcindriyānî ti. [7]

諸比丘！什麼是慧根？諸比丘！在此，聖弟子有慧：成就正確導致苦滅聖決擇的生滅慧。諸比丘！此即所謂慧根。[6]

諸比丘！確實這些就是五根。[7]

21. Ānanda[1]

Sāvatthī. Atha kho āyasmā Ānando yena Bhagavā ten' upasaṅkami,...pe...eka-m-antaṁ nisinno kho āyasmā Ānando Bhagavantam etad avoca. [1] (PTS 版屬於[1-2])

"Atthi nu kho bhante eko dhammo bhāvito bahulīkato cattāro dhamme paripūrenti, cattāro dhammā bhāvitā bahulīkatā satta dhamme paripūrenti, satta dhammā bhāvitā bahulīkatā dve dhame paripūrentî？' ti. [2] (PTS 版屬於[3])

"Atthi kho Ānanda eko dhammo bhāvito bahulīkato cattāro dhamme paripūrenti, cattāro dhammā bhāvitā bahulīkatā satta dhamme paripūrenti, satta dhammā bhāvitā bahulīkatā dve dhamme paripūrentî" ti. [3] (PTS 版屬於[3])

"Katamo pana bhante eko dhammo bhāvito bahulīkato cattāro dhamme paripūrenti, cattāro dhammā bhāvitā bahulīkatā satta dhamme paripūrenti, satta dhammā bhāvitā bahulīkatā dve dhamme paripūrentî？" ti. [4] (PTS 版屬於[4])

---

[1] Saṁyutta LIV-13, vol.v pp.328-333. 日譯南傳 16 下 pp.205-210.

21. 安般念.四念處.七覺支.明解脫

〔佛在〕舍衛城時。那時阿難尊者往世尊所在的地方，……中略……坐在一邊的阿難尊者，對世尊說。 [1]

「世尊！究竟有否修習一法，多修習而圓滿四法，修習四法，多修習而圓滿七法，修習七法，多修習而圓滿二法？」 [2]

“ 「阿難！確實有一法被修習、多修習而圓滿四法，修習四法，多修習而圓滿七法，修習七法，多修習而圓滿二法。」 [3]

「那麼，世尊！哪一法被修習、多修習而圓滿四法，修習四法，多修習而圓滿七法，修習七法，多修習而圓滿二法？」 [4]

“Ānāpānasati-samādhi kho Ānanda eko dhammo bhāvito bahulīkato cattāro satipaṭṭhāne paripūreti, cattāro satipaṭṭhānā bhāvitā bahulīkatā satta bojjhaṅge paripūrenti, satta bojjhaṅgā bhāvitā bahulīkatā vijjā-vimuttiṁ paripūrentî” ti. [5] (PTS 版屬於[4])

“ Katham bhāvito ānāpānasati-samādhi kathaṁ bahulīkato cattāro satipaṭṭhāne paripūreti？(此段 PTS 版屬於[5])

Idh’ Ānanda bhikkhu arañña-gato vā rukkhamūla-gato vā suññâgāra-gato vā 〔nisīdati pallaṅkam ābhujitvā ujuṁ kāyam paṇidhāya parimukhaṁ satim upaṭṭhapetvā 此段 PTS 版無，可能是補充 vitthāro 的一部分〕…pe…paṭinissaggânupassī passasissāmî ti sikkhati. [6] (PTS 版屬於[6-12])

“ Yasmiṁ samaye Ānanda bhikkhu dīghaṁ vā assasanto dīgham assasāmî ti pajānāti, dīghaṁ vā passasanto dīgham passasāmî ti pajānāti, rassaṁ vā assasanto rassam assasāmî ti pajānāti, rassaṁ vā passasanto rassam passasāmî ti pajānāti, sabbakāya-paṭisaṁvedī assasissāmî ti sikkhati, sabbakāya-paṭisaṁvedī passasissāmî ti sikkhati, passambhayaṁ kāya-saṅkhāram assasissāmî ti sikkhati, passambhayaṁ kāya-saṅkhāram passasissāmî ti sikkhati, kāye kāyânupassī Ānanda bhikkhu tasmiṁ samaye viharati ātāpī sampajāno satimā vineyya loke abhijjhā-domanassaṁ. Taṁ kissa hetu？ [7] (PTS 版屬於[13])

“Kāyaññatarâham Ānanda etaṁ vadāmi yad idam assāsa-passāsaṁ, tasmā-t-iha Ānanda kāye kāyânupassī bhikkhu tasmiṁ samaye viharati ātāpī sampajāno satimā vineyya loke abhijjhā-domanassaṁ. [8] (PTS 版屬於[14])

「阿難！確實，修習安般念[2]定一法，多修習而圓滿四念處，修習四念處，多修習而圓滿七覺支，修習七覺支，多修習而圓滿明、解脫〔二法〕。」[5]

〔阿難問：〕「如何修習安般念定？如何多修習而圓滿四念處？」

〔世尊答：〕「在此，阿難！比丘往寂靜處，或往樹下，或往空屋，〔結跏趺坐，身挺直，然後使正念現在面前〕……中略……學習捨遣隨觀者〔觀想〕：我將出息〔或入息〕。 [6]

「阿難！比丘若正在長入息時，知我長入息；或正在長出息時，知我長出息；或正在短入息時，知我短入息；或正在短出息時，知我短出息；學習全身感受我將入息，學習全身感受我將出息；學習一邊靜止身行，一邊〔隨觀〕我將入息；學習一邊靜止身行，一邊〔隨觀〕我將出息；阿難！比丘在此時，於身隨觀身，熱心、正知、正念，調伏世間上的貪憂而安住。那是什麼緣故？ [7]

「阿難！我說此出入息是身的隨一，所以，阿難！在此，比丘於身隨觀身，此時熱心、正知、正念，調伏世間上的貪憂而安住。 [8]

---

[2] 原語 ānāpānasati 意譯爲「出入息念」相當於數息觀。

“Yasmiṁ samaye Ānanda bhikkhu pīti-paṭisaṁvedī assasissāmî ti sikkhati, pīti-paṭisaṁvedī passasissāmî ti……, sukha-paṭisaṁvedī……, citta-saṅkhāra-paṭisaṁvedī ……, passambhayaṁ citta-saṅkhāram assasissāmî ti sikkhati, passambhayaṁ citta-saṅkhāram passasissāmî ti sikkhati, vedanāsu vedanânupassī Ānanda bhikkhu tasmiṁ samaye viharati ātāpī sampajāno satimā vineyya loke abhijjhā-domanassaṁ. Taṁ kissa hetu？ [9] (PTS 版屬於[15])

“Vedanâaññatarâham Ānanda etaṁ vadāmi yad idam assāsa-passāsānaṁ sādhukam manasikāraṁ, tasmā-t-iha Ānanda vedanāsu vedanânupassī bhikkhu tasmiṁ samaye viharati ātāpī sampajāno satimā vineyya loke abhijjhā-domanassaṁ. [10] (PTS 版屬於[16])

“Yasmiṁ samaye Ānanda bhikkhu citta-paṭisaṁvedī assasissāmî ti sikkhati…pe... abhippamodayaṁ cittaṁ…samodahaṁ cittaṁ…vimocayaṁ cittaṁ assasissāmî ti sikkhati , vimocayaṁ cittaṁ passasissāmî ti sikkhati, citte cittânupassī Ānanda bhikkhu tasmiṁ samaye viharati ātāpī sampajāno satimā vineyya loke abhijjhā-domanassaṁ. Taṁ kissa hetu？ [11] (PTS 版屬於[17])

“ Nâham Ānanda muṭṭhassatissa asampajānassa ānāpānasati-samādhi-bhāvanaṁ vadāmi, tasmā-t-ih’ Ānanda citte cittânupassī bhikkhu tasmiṁ samaye viharati ātāpī sampajāno satimā vineyya loke abhijjhā-domanassaṁ. [12] (PTS 版屬於[18])

「阿難！比丘若學習正在感受喜〔隨觀〕我將入息，學習感受喜〔隨觀〕我將出息……，感受樂……，感受心行……；學習一邊靜止心行，一邊〔隨觀〕我將入息；學習一邊靜止心行，一邊〔隨觀〕我將出息時；阿難！比丘在此時，於受隨觀受，熱心、正知、正念，調伏世間上的貪憂而安住。那是什麼緣故？ [9]

「阿難！我說此出入息的善作意是受的隨一，所以，阿難！在此，比丘於受隨觀受，此時熱心、正知、正念，調伏世間上的貪憂而安住。[10]

「阿難！比丘若學習正在感受心時〔隨觀〕我將入息……中略……學習一邊令心大歡喜……一邊令心收攝……一邊令心解脫，一邊〔隨觀〕我將入息，學習一邊令心解脫，一邊〔隨觀〕我將出息；阿難！比丘在此時，於心隨觀心，熱心、正知、正念，調伏世間上的貪憂而安住。那是什麼緣故？ [11]

「阿難！我對失念、不正知者，不說修習安般念定，所以在此，阿難！比丘於此時，於心隨觀心，熱心、正知、正念，調伏世間上的貪憂而安住。[12]

“ Yasmiṁ samaye Ānanda bhikkhu aniccânupassī…la-pe…virāgânupassī… nirodhânupassī…paṭinissaggânupassī assasissāmî ti sikkhati, paṭinissaggânupassī passasissāmī ti sikkhati, dhammesu dhammânupassī Ānanda bhikkhu tasmiṁ samaye viharati ātāpī sampajāno satimā vineyya loke abhijjhā-domanassaṁ. [13] (PTS 版屬於[19])

“So yaṁ taṁ hoti abhijjhā-domanassānam pahānaṁ, tam paññāya disvā sādhukam ajjhupekkhitā hoti, tasmā-t-ih' Ānanda dhammesu dhammânupassī bhikkhu tasmiṁ samaye viharati ātāpī sampajāno satimā vineyya loke abhijjhā-domanassaṁ. [14] (PTS 版屬於[19])

“Evam bhāvito kho Ānanda ānāpānasati-samādhi evam bahulīkato cattāro satipaṭṭhāne paripūreti. [15] (PTS 版屬於[20])

“Katham bhāvitā ca Ānanda cattāro satipaṭṭhānā katham bahulīkatā satta bojjhaṅge paripūrenti？ [16] (PTS 版屬於[21])

“Yasmiṁ samaye Ānanda bhikkhu kāye kāyânupassī viharati upaṭṭhitā sati tasmiṁ samaye Ānanda bhikkhuno sati hoti asammuṭṭhā. Yasmiṁ samaye Ānanda bhikkhuno upaṭṭhitā sati asammuṭṭhā, sati-sambojjhaṅgo tasmiṁ samaye bhikkhuno āraddho hoti, sati-sambojjhaṅgaṁ tasmiṁ samaye Ānanda bhikkhu bhāveti, sati-sambojjhaṅgo tasmiṁ samaye bhikkhuno bhāvanā-pāripūriṁ gacchati. So tathā sato viharanto taṁ dhammam paññāya pavicināti pavicarati parivīmaṁsam āpajjati. [17] (PTS 版屬於[22])

「阿難！比丘若學習在觀察無常……乃至……觀察離貪……觀察滅……觀察捨遣而〔隨觀〕我將入息，學習觀察捨遣而〔隨觀〕我將出息時；阿難！比丘於此時，於法隨觀法，熱心、正知、正念，調伏世間上的貪憂而安住。 [13]

「他若有斷此貪憂，以慧見此而成爲善於觀察者；所以在此，阿難！比丘於此時，於法隨觀法，熱心、正知、正念，調伏世間上的貪憂而安住。[14]

「阿難！如此修習安般念定，如此多修習而圓滿四念處。 [15]

「然後，阿難！如何修習四念處，如何多修習而圓滿七覺支？ [16]

阿難！比丘若於身隨觀身，念現起而住時，阿難！在那時，比丘有正念不失念。阿難！比丘若正念現起而不失念時，在那時，比丘開始有念覺支，阿難！在那時，比丘修習念覺支，在那時，比丘的念覺支達到修習圓滿。他如此一邊住於正念，一邊達到以慧決擇、伺察、審慮法。 [17]

"Yasmiṁ samaye Ānanda bhikkhu tathā sato viharanto taṁ dhammam paññāya pavicināti pavicarati parivīmaṁsam āpajjati, dhammavicaya-sambojjhaṅgo tasmiṁ samaye bhikkhuno āraddho hoti, dhammavicaya-sambojjhaṅgaṁ tasmiṁ samaye bhikkhu bhāveti. Dhammavicaya-sambojjhaṅgo tasmiṁ samaye bhikkhuno bhāvanā-pāripūriṁ gacchati. Tassa taṁ dhammam paññāya pavicinato pavicarato parivīmaṁsam āpajjato āraddhaṁ hoti viriyam asallīnaṁ. [18] (PTS 版屬於[23])

"Yasmiṁ samaye Ānanda bhikkhuno taṁ dhammam paññāya pavicinato pavicarato parivīmaṁsam āpajjato āraddhaṁ hoti viriyam asallīnaṁ, viriya-sambojjhaṅgo tasmiṁ samaye bhikkhuno āraddho hoti, viriya-sambojjhaṅgaṁ tasmiṁ samaye bhikkhu bhāveti, viriya-sambojjhaṅgo tasmiṁ samaye bhikkhuno bhāvanā-pāripūriṁ gacchati. Āraddha-viriyassa uppajjati pīti nirāmisā. [19] (PTS 版屬於[24])

"Yasmiṁ samaye Ānanda bhikkhuno āraddha-viriyassa uppajjati pīti nirāmisā, pīti-sambojjhaṅgo tasmiṁ samaye Ānanda bhikkhuno āraddho hoti, pīti-sambojjhaṅgaṁ tasmiṁ samaye bhikkhu bhāveti, pīti-sambojjhaṅgo tasmiṁ samaye bhikkhuno bhāvanā-pāripūriṁ gacchati. Pīti-manassa kāyo pi passambhati cittam pi passambhati. [20] (PTS 版屬於[25])

「阿難！比丘若如此一邊住於正念，一邊達到以慧決擇、伺察、審慮法時，在那時，比丘開始有擇法覺支，在那時，比丘修習擇法覺支，在那時，比丘的擇法覺支達到修習圓滿。對於已經達到以慧決擇、伺察、審慮法的他，開始有不退的精進。 [18]

「阿難！比丘若已經達到以慧決擇、伺察、審慮法，而開始有不退的精進時，在那時，比丘開始有精進覺支，在那時，比丘修習精進覺支，在那時，比丘的精進覺支達到修習圓滿。勤精進時，生起離財之喜。 [19]

「阿難！比丘若勤精進，而生起非物質之喜時，在那時，比丘開始有喜覺支，阿難！在那時，比丘修習喜覺支，在那時，比丘的喜覺支達到修習圓滿。意喜時，身也輕安，心也輕安。[20] (PTS 版屬於[25])

"Yasmiṁ samaye Ānanda bhikkhuno pīti-manassa kāyo pi passambhati cittam pi passambhati, passaddhi-sambojjhaṅgo tasmiṁ samaye bhikkhuno āraddho hoti, passaddhi-sambojjhaṅgaṁ tasmiṁ samaye bhikkhu bhāveti, passaddhi-sambojjhaṅgo tasmiṁ samaye bhikkhuno bhāvanā-pāripūriṁ gacchati. Passaddha-kāyassa sukhino cittaṁ samādhiyati. [21] (PTS 版屬於[26])

"Yasmiṁ samaye Ānanda bhikkhuno passaddha-kāyassa sukhino cittaṁ samādhiyati, samādhi-sambojjhaṅgo tasmiṁ samaye bhikkhuno āraddho hoti, samādhi-sambojjhaṅgaṁ tasmiṁ samaye bhikkhu bhāveti, samādhi-sambojjhaṅgo tasmiṁ samaye bhikkhuno bhāvanā-pāripūriṁ gacchati. So tathā samāhitaṁ cittaṁ sādhukam ajjhupekkhitā hoti. [22] (PTS 版屬於[27])

"Yasmiṁ samaye Ānanda bhikkhu tathā samāhitaṁ cittaṁ sādhukam ajjhupekkhitā hoti, upekhā-sambojjhaṅgo tasmiṁ samaye bhikkhuno āraddho hoti, upekhā-sambojjhaṅgaṁ tasmiṁ samaye bhikkhu bhāveti, upekhā-sambojjhaṅgo tasmiṁ samaye bhikkhuno bhāvanā-pāripūriṁ gacchati. [23] (PTS 版屬於[28])

" Yasmiṁ samaye Ānanda bhikkhu vedanāsu …citte…dhammesu dhammânupassī viharati upaṭṭhitā sati tasmiṁ samaye Ānanda bhikkhuno sati hoti asammuṭṭhā. [24] (PTS 版屬於[29])

「阿難！比丘若意喜，而身輕安，心也輕安時，在那時，比丘開始有輕安覺支；在那時，比丘修習輕安覺支，在那時，比丘的輕安覺支達到修習圓滿。身輕安有樂時，則心定。 [21]

「阿難！比丘若身輕安有樂而心定時，在那時，比丘開始有定覺支，在那時，比丘修習定覺支，在那時，比丘的定覺支達到修習圓滿。他如此心等持，而成爲善於觀察者。 [22]

「阿難！比丘若如此心等持，而成爲善於觀察者時，在那時，比丘開始有捨覺支，在那時，比丘修習捨覺支，在那時，比丘的捨覺支達到修習圓滿。[23]

「阿難！比丘若於受……於心……於法隨觀法，現起正念而住時，阿難！在那時，比丘有正念，而不失念。 [24]

"Yasmiṁ samaye Ānanda bhikkhuno upaṭṭhitā sati hoti asammuṭṭhā, satisambojjhṅgo tasmiṁ samaye bhikkhuno āraddho hoti, sati-sambojjhaṅgaṁ tasmiṁ samaye bhikkhu bhāveti, satisambojjhṅgo tasmiṁ samaye bhikkhuno bhāvanā-pāripūriṁ gacchati. [25] (PTS 版屬於[30])

" Yathā paṭhamaṁ sati-paṭṭhānam evaṁ vitthāretabbaṁ. So tathā samāhitaṁ cittaṁ sādhukam ajjhupekkhitā hoti. [26] (PTS 版屬於[30])

"Yasmiṁ samaye Ānanda bhikkhu tathā samāhitaṁ cittaṁ sādhukam ajjhupekkhitā hoti, upekhā-sambojjhaṅgo tasmiṁ samaye bhikkhuno āraddho hoti, upekhā-sambojjhaṅgaṁ tasmiṁ samaye bhikkhu bhāveti, upekhā-sambojjhaṅgo tasmiṁ samaye bhikkhuno bhāvanā-pāripūriṁ gacchati. [27] (PTS 版屬於[31])

"Evam bhāvitā kho Ānanda cattāro satipaṭṭhānā evam bahulīkatā satta bojjhaṅge paripūrenti. [28] (PTS 版屬於[32])

"Katham bhāvitā ca satta bojjhaṅgā katham bahulīkatā vijjā-vimuttim paripūrenti？(PTS 版屬於[33]) Idh' Ānanda bhikkhu sati-sambojjhaṅgam bhāveti viveka-nissitaṁ…pe…upekhā-sambojjhaṅgam bhāveti viveka-nissitaṁ virāga-nissitaṁ nirodha-nissitaṁ vossagga-pariṇāmiṁ. (PTS 版屬於[34]) Evam bhāvitā kho Ānanda satta bojjhaṅgā evam bahulīkatā vijjā-vimuttim paripūrentî " ti. [29] (PTS 版屬於[35])

「阿難！比丘若有正念現起而不失念時，在那時，比丘開始有念覺支，在那時，比丘修習念覺支，在那時，比丘的念覺支達到修習圓滿。 [25]

「應如最初的念處那樣地廣說。他如此心等持，而成爲善於觀察者。[26]

「阿難！比丘若如此心等持，而成爲善於觀察者，在那時，比丘開始有捨覺支，在那時，比丘修習捨覺支，在那時，比丘的捨覺支達到修習圓滿。 [27]

「阿難！如此修習四念處，如此多修習圓滿七覺支。[28]

「如何修習七覺支？如何多修習而圓滿明、解脫？阿難！在此，比丘依遠離修習念覺支……中略……依遠離、依離貪、依滅、向捨修習捨覺支。阿難！如此修習七覺支，如此多修習而圓滿明、解脫。[29]

22. Mahā-assapura-sutta[1]

Evam me sutaṁ. Ekaṁ samayaṁ Bhagavā Aṅgesu viharati, Assāpuraṁ nāmaṁ Aṅgānaṁ nigamo. Tatra kho Bhagavā bhikkhū āmantesi： "bhikkhavo" ti. "Bhadante" ti te bhikkhū Bhagavato paccassosuṁ. Bhagvā etad avoca：[1]

"Samaṇā samaṇā ti vo bhikkhave jano sañjānāti, tumhe ca pana 'ke tumhe？' ti puṭṭhā samānā, 'samāṇā' ti paṭijānātha. Tesaṁ vo bhikkhave evaṁ-samaññānaṁ sataṁ evaṁ-paṭiññānaṁ sataṁ, 'ye dhammā samaṇa-karaṇā ca brāhmaṇa-karaṇā ca te dhamme samādāya vattissāma, evan no ayaṁ amhākaṁ samaññā ca saccā bhavissati paṭiññā ca bhūtā, yesañ ca mayaṁ cīvara-piṇḍapāta-senâsana-gilānapaccaya-bhesajjaparikkhāraṁ paribhuñjāma tesan te kārā amhesu mahapphalā bhavissanti mahânisaṁsā, amuhākañ c' evâyaṁ pabbajjā avañjhā bhavissati saphalā sa-udrayā' ti evaṁ hi vo bhikkhave sikkhitabbaṁ. [2]

"Katame ca bhikkhave dhammā samaṇa-karaṇā ca brāhmaṇa-karaṇā ca？ Hirottappena samannāgatā bhavissāmâ ti evaṁ hi vo bhikkhave sikkhitabbaṁ. Siyā kho pana bhikkhave tumhākam evam assa：'Hirottappen' amha samannāgatā, alam ettāvatā katam ettāvatā, anupatto no sāmaññattho, natthi no kiñci uttariṁ karaṇīyan' ti tāvataken' eva tuṭṭhim āpajjeyyātha. Ārocayāmi vo bhikkhave paṭivedayāmi vo bhikkhave：mā vo sāmaññatthikānaṁ sataṁ sāmaññattho parihāyi sati uttariṁ karaṇīye. [3]

---

1 Majjhima 39, vol.i pp.271-280. 日譯南傳 9 pp.469-486.

22. 比丘的修道

如是我聞：一時，世尊住在鴦伽國的鄉鎮名爲馬邑。在那裡，世尊招呼比丘：「諸比丘！」諸比丘對世尊答應：「世尊！」然後，世尊說此〔以下的話〕：[1]

「諸比丘！人們對你們稱呼『沙門、沙門』；又，你們也是當正在被問『你們是誰？』時，而自稱爲『是沙門』。諸比丘！你們的那幾位，如此正在被稱呼，如此正在自稱的時候，諸比丘！你們應當如此學習，即：『凡是作沙門之法與作婆羅門之法，對於這些法，我們當受持而實行；如此，我們的這個名稱與自認，將成爲真實與實在；凡是我們所受用的衣、缽食、床坐、醫藥資具，即那些他們對於我們所作，將成爲大果報、大功德，我們的這個出家才將成爲非虛名，而有果、有利』。 [2]

「諸比丘！什麼是作沙門與作婆羅門之法？諸比丘！確實，你們應當如此學習，即：『我們將要成爲具足慚愧者』。然而，諸比丘！或許你們有如此〔想法〕：我們有具足慚愧，作到這樣程度，這樣程度就夠了；我們已達到沙門的目標，我們無任何更需要作的事，如此，你們唯有以這般程度就達到滿足。諸比丘！我告訴你們，諸比丘！通知你們：『對於正有欲爲沙門者，當有更需要作的事時，不可捨棄沙門的目標』 [3]

"Kiñ ca bhikkhave uttariṁ karaṇīyaṁ? Parisuddho no kāya-samācāro bhavissati uttāno vivaṭo na ca chiddavā saṁvuto ca, tāya ca pana parisuddha-kāyasamācāratāya ' n' ev' attān' ukkaṁsissāma na paraṁ vambhissāmâ ' ti evaṁ hi vo bhikkhave sikkhitabbaṁ. Siyā kho pana bhikkhave tumhākam evam assa: Hirottappen' amha samannāgatā, parisuddho no kāya-samācāro, alam ettāvatā katam ettāvatā, anupatto no sāmaññattho, natthi no kiñci uttariṁ karaṇīyan ti tāvataken' eva tuṭṭhim āpajjeyyātha. Ārocayāmi vo bhikkhave paṭivedayāmi vo bhikkhave : mā vo sāmaññatthikānaṁ sataṁ sāmaññattho parihāyi sati uttariṁ karaṇīye. [4]

"Kiñ ca bhikkhave uttariṁ karaṇīyaṁ? Parisuddho no vacī-samācāro bhavissati uttāno vivaṭo na ca chiddavā saṁvuto ca, tāya ca pana parisuddha-vacīsamācāratāya ' n' ev' attān' ukkaṁsissāma na paraṁ vambhissāmâ ' ti evaṁ hi vo bhikkhave sikkhitabbaṁ. Siyā kho pana bhikkhave tumhākam evam assa : Hirottappen' amha samannāgatā, parisuddho no kāya-samācāro, parisuddho vacī-samācāro, alam ettāvatā...... tāvataken' eva tuṭṭhim āpajjeyyātha. Ārocayāmi vo bhikkhave ...... sati uttariṁ karaṇīye. [5]

「諸比丘！什麼是更需要作的事？我們的身正行將成爲清淨、向上、開明、無缺點、被防護的；但是，諸比丘！爲了其身正行清淨，我們更應該如此學習，即：『我們將不自讚，不輕視他人』。然而，諸比丘！或許你們有如此想法，即：『我們有具足慚愧，我們的身正行清淨，作到這樣程度，這樣程度就夠了；我們已達到沙門的目標，我們無任何更需要作的事』如此，你們唯有這般程度就達到滿足。諸比丘！我告訴你們，諸比丘！我通知你們：對於正有欲爲沙門者，當有更需要作的事時，不要捨棄沙門的目標。 [4]

「諸比丘！什麼是更需要作的事？我們的語正行將成爲清淨、向上、開明、無缺點、被防護；但是，諸比丘！爲了其語正行清淨，我們更應該如此學習，即：『我們將不自讚，不輕視他人』。然而，諸比丘！或許你們有如此想法，即：『我們有具足慚愧，我們的身正行清淨，語正行清淨，〔作到這樣程度，〕這樣程度就夠了……你們唯有這般程度就達到滿足。諸比丘！我告訴你們……當有更需要作的事時，〔不要捨棄沙門的目標〕。 [5]

“Kiñ ca bhikkhave uttariṁ karaṇīyaṁ ? Parisuddho no mano-samācāro bhavissati uttāno vivaṭo na ca chiddavā saṁvuto ca, tāya ca pana parisuddha-manosamācāratāya ‘n’ ev’ attān’ ukkaṁsissāma na paraṁ vambhissāmâ’ ti evaṁ hi vo bhikkhave sikkhitabbaṁ. Siyā kho pana bhikkhave tumhākam evam assa : Hirottappen’ amha samannāgatā, parisuddho no kāya-samācāro, parisuddho vacī-samācāro, parisuddho mano-samācāro, alam ettāvatā...... tāvataken’ eva tuṭṭhim āpajjeyyātha. Ārocayāmi vo bhikkhave ...... sati uttariṁ karaṇīye. [6]

“Kiñ ca bhikkhave uttariṁ karaṇīyaṁ ? Parisuddho no ājīvo bhavissati uttāno vivaṭo na ca chiddavā saṁvuto ca, tāya ca pana parisuddhâjīvatāya ‘n’ ev’ attān’ ukkaṁsissāma na paraṁ vambhissāmâ’ ti evaṁ hi vo bhikkhave sikkhitabbaṁ. Siyā kho pana bhikkhave tumhākam evam assa : Hirottappen’ amha samannāgatā, parisuddho no kāya-samācāro, parisuddho vacī-samācāro, parisuddho mano-samācāro, parisuddho ājīvo, alam ettāvatā...... tāvataken’ eva tuṭṭhim āpajjeyyātha. Ārocayāmi vo bhikkhave ...... sati uttariṁ karaṇīye. [7]

「諸比丘！什麼是更需要作的事？我們的意正行將成爲清淨、向上、開明、無缺點、被守護；但是，諸比丘！爲了其意正行清淨，我們更應該如此學習，即：『我們將不自讚，不輕視他人』。然而，諸比丘！或許你們有如此想法，即：『我們有具足慚愧，我們的身正行清淨，語正行清淨，意正行清淨，〔作到這樣程度，〕這樣程度就夠了……你們唯有這般程度就達到滿足。諸比丘！我告訴你們……當有更需要作的事時，〔不要捨棄沙門的目標〕。 [6]

「諸比丘！什麼是更需要作的事？我們的正命將成爲清淨、向上、開明、無缺點、被守護；但是，諸比丘！爲了其正命清淨，我們更應該如此學習，即：『我們將不自讚，不輕視他人』。然而，諸比丘！或許你們有如此想法，即：『我們有具足慚愧，我們的身正行清淨，語正行清淨，意正行清淨，正命清淨，〔作到這樣程度，〕這樣程度就夠了……你們唯有這般程度就達到滿足。諸比丘！我告訴你們……當有更需要作的事時，〔不要捨棄沙門的目標〕。 [7]

“ Kiñ ca bhikkhave uttariṁ karaṇīyaṁ ? Indriyesu gutta-dvārā bhavissāma, cakkhunā rūpaṁ disvā na nimittaggāhī nânubyañjanaggāhī, yatvâdhikaraṇam enaṁ cakkhundriyaṁ asaṁvutaṁ viharantaṁ abhijjhā-domanassā pāpakā akusalā dhammā anvāssaveyyuṁ tassa saṁvarāya paṭipajjissāma, rakkhissāma cakkhundriyaṁ, cakkhundriye saṁvaram āpajjissāma. Sotena saddaṁ sutvā ...pe...ghānena gandhaṁ ghāyitvā...jivhāya rasaṁ sāyitvā... kāyena phoṭṭhabbaṁ phusitvā ...manasā dhammaṁ viññāya na nimittaggāhī nânubyañjanaggāhī, yatvâdhikaraṇam enaṁ manindriyaṁ asaṁvutaṁ viharantaṁ abhijjhā-domanassā pāpakā akusalā dhammā anvāssaveyyuṁ tassa saṁvarāya paṭipajjissāmâ, ti evaṁ hi vo bhikkhave sikkhitabbaṁ. Siyā kho pana bhikkhave tumhākam evam assa : Hirottappen' amha samannāgatā, parisuddho no kāya-samācāro, parisuddho vacī-samācāro, parisuddho mano-samācāro, parisuddho ājīvo, indriyesu 'mha guttadvārā, alam ettāvatā......tāvataken' eva tuṭṭhim āpajjeyyātha. Ārocayāmi vo bhikkhave ...... sati uttariṁ karaṇīye. [8]

「諸比丘！什麼是更需要作的事？我們於諸根將成為守護門者，以眼見色不取相、不取隨相。若由於不守護那眼根而住，則諸貪欲、憂愁、惡、不善法流入；為了守護它，我們當要實踐，當要守護眼根，當要於眼根達成守護。以耳聞聲……乃至……以鼻嗅香……以舌嚐味，以身觸可觸之物……以意識知法，而不取相、不取隨相；若由於不守護那眼根而住，則諸貪欲、憂愁、惡、不善法流入；諸比丘！確實你們應當如此學習。然而，諸比丘！或許你們有如此想法，即:『我們有具足慚愧，我們的身正行清淨，語正行清淨，意正行清淨，正命清淨，我們於諸根守護門，〔作到這樣程度，〕這樣程度就夠了……你們唯有這般程度就達到滿足。諸比丘！我告訴你們……當有更需要作的事時，〔不要捨棄沙門的目標〕。 [8]

"Kiñ ca bhikkhave uttariṁ karaṇīyaṁ ? Bhojane mattaññuno bhavissāma, paṭisaṅkhā yoniso āhāram āharissāma, n' eva davāya na madāya na maṇḍanāya na vibhūsanāya, yāvad eva imassa kāyassa ṭhitiyā yāpanāya, vihiṁsâparatiyā brahmacariyânuggahāya : 'iti purāṇañ ca vedanaṁ paṭihaṅkhāmi navañ ca vedanaṁ na uppadessāmi, yātrā ca me bhavissati anavajjatā ca phāsuvihāro câ' ti evaṁ hi vo bhikkhave sikkhitabbaṁ. Siyā kho pana bhikkhave tumhākam evam assa : Hirottappen' amha samannāgatā, parisuddho no kāya-samācāro, parisuddho vacī-samācāro, parisuddho mano-samācāro, parisuddho ājīvo, indriyesu 'mha guttadvārā, bhojane mattaññuno, alam ettāvatā……tāvataken' eva tuṭṭhim āpajjeyyātha. Ārocayāmi vo bhikkhave …… sati uttariṁ karaṇīye. [9]

"Kiñ ca bhikkhave uttariṁ karaṇīyaṁ ? Jāgariyam anuyuttā bhavissāma, divasaṁ caṅkamena nisajjāya āvaraṇīyehi dhammehi cittaṁ parisodhessāma, rattiyā paṭhamaṁ yāmaṁ caṅkamena nisajjāya āvaraṇīyehi dhammehi cittaṁ parisodhessāma, rattiyā majjhimaṁ yāmaṁ dakkhiṇena passena sīhaseyyaṁ kappessāma pāde pādam accādhāya satā sampajānā uṭṭhāna-saññaṁ manasikaritvā, rattiyā pacchimaṁ yāmaṁ paccuṭṭhāya caṅkamena nisajjāya āvaraṇīyehi dhammehi cittaṁ parisodhessāmâ ti evaṁ hi vo bhikkhave sikkhitabbaṁ. Siyā kho pana bhikkhave tumhākam evam assa : Hirottappen' amha samannāgatā, parisuddho no kāya-samācāro, parisuddho vacī-samācāro, parisuddho mano-samācāro, parisuddho ājīvo, indriyesu 'mha guttadvārā, bhojane mattaññuno, jāgariyam anuyuttā, alam ettāvatā……tāvataken' eva tuṭṭhim āpajjeyyātha. Ārocayāmi vo bhikkhave …… sati uttariṁ karaṇīye. [10]

「諸比丘！什麼是更需要作的事？我們當成爲於食知量者，當如理思量食物而食，非爲嬉戲，非爲憍慢，非爲裝飾、非爲莊嚴，只是爲了維持此身的生存而已，爲了止息傷害，爲了資助梵行〔心想〕：『如此，我將擊退以前的〔苦樂〕受，不令生新受；爲了我將成爲良好習慣、無過失而安住』諸比丘！確實你們應當如此學習。然而，諸比丘！或許你們有如此想法，即：『我們有具足慚愧，我們的身正行清淨，語正行清淨，意正行清淨，正命清淨，於諸根門已有守護，於食知量，〔作到這樣程度，〕這樣程度就夠了……你們唯有這般程度就達到滿足。諸比丘！我告訴你們……當有更需要作的事時，〔不要捨棄沙門的目標〕。 [9]

「諸比丘！什麼是更需要作的事？我們當成爲警寤精勤者，日間以經行、坐禪，從障礙法淨化心；初夜時分以經行、坐禪，從障礙法淨化心；中夜時分以右脅作獅子臥，足疊於足之後，從正念、正知起想作意；於後夜時分起來之後，以經行、坐禪，從障礙法淨化心；諸比丘！確實你們應當如此學習。諸比丘！或許你們有如此想法，即：『我們有具足慚愧，我們的身正行清淨，語正行清淨，意正行清淨，正命清淨，於諸根門已有守護，於食知量，警寤精勤，〔作到這樣程度，〕這樣程度就夠了……你們唯有這般程度就達到滿足。諸比丘！我告訴你們……當有更需要作的事時，〔不要捨棄沙門的目標〕。 [10]

“ Kiñ ca bhikkhave uttariṁ karaṇīyaṁ ? Sati-sampajaññena samannāgatā bhavissāma, abhikkante paṭikkante sampajāna-kārī, ālokite vilokite sampajāna-kārī, samiñjite pasārite sampajāna-kārī, saṅghāṭi-patta-cīvara-dhāraṇe sampajāna-kārī, asite pīte khāyite sāyite sampajāna-kārī, uccāra-passāva-kamme sampajāna-kārī, gate ṭhite nisinne sutte jāgarite bhāsite tuṇhībhāve sampajāna-kārī ti evaṁ hi vo bhikkhave sikkhitabbaṁ. Siyā kho pana bhikkhave tumhākam evam assa : Hirottappen’ amha samannāgatā, parisuddho no kāya-samācāro, parisuddho vacī-samācāro, parisuddho mano-samācāro, parisuddho ājīvo, indriyesu ’mha guttadvārā, bhojane mattaññuno, jāgariyam anuyuttā, sati-sampajaññena samannāgatā, alam ettāvatā katam ettāvatā, anupatto no sāmaññattho, natthi no kiñci uttariṁ karaṇīyan’ ti tāvataken’ eva tuṭṭhim āpajjeyyātha. Ārocayāmi vo bhikkhave paṭivedayāmi vo bhikkhave : mā vo sāmaññatthikānaṁ sataṁ sāmaññattho parihāyi sati uttariṁ karaṇīye. [11]

「諸比丘！什麼是更需要作的事？我們當成爲具足正念正知者，於進退時是正知行者，於前瞻後顧時是正知行者，於曲伸時是正知行者，於執持僧伽梨、缽、衣時是正知行者，於食、飲、嚼、嚐時是正知行者，於放糞、尿時是正知行者，於行、住、坐、眠、寤、語、默時是正知行者，諸比丘！確實你們應當如此學習。諸比丘！或許你們有如此想法，即：『我們有具足慚愧，我們的身正行清淨，語正行清淨，意正行清淨，正命清淨，於諸根門已有守護，於食知量，警寤精勤，已具足正念正知，作到這樣程度，這樣程度就夠了；我們已達到沙門的目標，我們無任何更需要作的事』你們唯有這般程度就達到滿足。諸比丘！我告訴你們，諸比丘！我宣告你們：對於正有欲爲沙門者，當有更需要作的事時，不要捨棄沙門的目標。[11]

"Kiñ ca bhikkhave uttariṁ karaṇīyaṁ ? Idha bhikkhave bhikkhu vivittaṁ senâsanaṁ bhajati, araññaṁ rukkha-mūlaṁ pabbataṁ kandaraṁ giriguhaṁ susānaṁ vanapatthaṁ abbhokāsaṁ palāla-puñjaṁ ; so pacchā-bhattaṁ piṇḍapāta-paṭikkanto nisīdati pallaṅkam ābhujitvā, ujuṁ kāyaṁ paṇidhāya, parimukhaṁ satiṁ upaṭṭhapetvā. So abhijjhaṁ loke pahāya vigatâbhijjhena cetasā viharati, abhijjhāya cittaṁ parisodheti. Byāpāda-padosaṁ pahāya abyāpanna-citto viharati, sabba-pāṇabhūta-hitânukampī byāpāda-padosā cittaṁ parisodheti. Thīna-middhaṁ pahāya vigata-thīnamiddho viharati, āloka-saññī sato sampajāno thīna-middhā cittaṁ parisodheti. Uddhacca-kukkuccaṁ pahāya anuddhato viharati, ajjhattaṁ vūpasanta-citto uddhacca-kukkuccā cittaṁ parisodheti. Vicikicchaṁ pahāya tiṇṇa-vicikiccho viharati, akathaṁkathī kusalesu dhammesu vicikicchāya cittaṁ parisodheti. [12]

"Seyyathā pi bhikkhave puriso iṇam ādāya kammante payojeyya, tassa te kammantā samijjheyyuṁ, so yāni ca porāṇāni iṇamūlāni tāni ca byanti-kareyya, siyā c' assa uttariṁ avasiṭṭhaṁ dārâbharaṇāya, tassa evam assa : Ahaṁ kho pubbe iṇam ādāya kammante payojesiṁ, tassa me te kammantā samijjhiṁsu, so ahaṁ yāni ca porāṇāni iṇa-mūlāni tāni ca byantikāsiṁ, atthi ca me uttariṁ avasiṭṭhaṁ dārâbharaṇāyâ ti. So tato-nidānaṁ labhetha pāmujjaṁ, adhigacche somanassaṁ. [13]

「諸比丘！什麼是更需要作的事？諸比丘！在此，比丘親近遠離〔嘈雜〕的臥坐處，〔往〕寂靜處、樹下、山巖、石窟、山洞、塚間、森林、露天、枯木堆；他於飯後，從托缽回來，結跏而坐，把身伸直之後，使正念現起於面前。他將世間的貪欲捨棄，依離貪欲之心而住，淨化貪欲心。捨棄瞋恚而住於無瞋恚心，憐憫一切生物而淨化瞋恚心。捨棄惛沉睡眠而住於遠離惛沉睡眠，觀想光明、正念、正知，而淨化惛沉睡眠的心。捨棄掉舉疑悔而住於無掉舉，內在的心寂靜，淨化掉舉疑悔心。捨棄疑惑而住於渡脫疑惑，於諸善法無疑惑，淨化疑惑心。 [12]

「諸比丘！譬如人負債創事業，他的那些事業興隆，他凡所有舊債都解除，又他或許更有剩餘養妻子；他有如此〔想〕：『確實，我以前負債創事業，那個我的那些事業已成功了，那個我凡是舊債都除去了，我更有剩餘養妻子。』他由此因緣得到喜悅，達到歡樂。 [13]

"Seyyathā pi bhikkhave puriso ābādhiko assa dukkhito bāḷha-gilāno, bhattañ c' assa na cchādeyya, na c' assa kāye balamattā, so aparena samayena tamhā ābādhā mucceyya, bhattañ c' assa cchādeyya, siyā c' assa kāye balamattā, tassa evam assa : Ahaṁ kho pubbe ābādhiko ahosiṁ dukkhito bāḷha-gilāno, bhattañ ca me na cchādesi, na ca me āsi kāye balamattā, so 'mhi etarahi tamhā ābādhā mutto, bhattañ ca me chādeti, atthi ca me kāye balamattā ti. So tato-nidānaṁ labhetha pāmujjaṁ, adhigacche somanassaṁ. [14]

"Seyyathā pi bhikkhave puriso bandhanâgāre baddho assa, so aparena samayena tamhā bandhanā mucceyya sotthinā abyayena na c' assa kiñci bhogānaṁ vayo, tassa evam assa : Ahaṁ kho pubbe bandhanâgāre baddho ahosiṁ, so 'mhi etarahi tamhā bandhanā mutto sotthinā abyayena, natthi ca me kiñci bhogānaṁ vayo ti. So tato-nidānaṁ labhetha pāmujjaṁ, adhigacche somanassaṁ. [15]

"Seyyathā pi bhikkhave puriso dāso assa anattâdhīno parâdhīno na yena-kāmaṅgamo, so aparena samayena tamhā dāsabyā mucceyya attâdhīno aparâdhīno bhujisso yena-kāmaṅgamo, tassa evam assa : Ahaṁ kho pubbe dāso ahosiṁ anattâdhīno parâdhīno na yenakāmaṅgamo, so 'mhi etarahi tamhā dāsabyā mutto attâdhīno aparâdhīno bhujisso yenakāmaṅgamo ti. So tato-nidānaṁ labhetha pāmujjaṁ, adhigacche somanassaṁ. [16]

「諸比丘！譬如人他有病是甚苦的病，他不喜吃飯，又他的身體無力量；他於後來從病苦解脫，他也喜歡吃飯，或許他的身體恢復力量；他有如此〔想法〕，即：『確實，我以前有病是甚苦的病，我不喜吃飯，又我的身體曾經是無力量；現在，那個我是從其病解脫，我也喜歡吃飯，我的身體也有力量。』他由此因緣得到喜悅，達到歡樂。 [14]

「諸比丘！譬如人被縛在牢獄，後來，他從其牢獄平安無事地被釋放，而無任何財物的損失；他有如此〔想法〕：『確實，我以前曾經被縛在牢獄，現在，那個我是已從其牢獄平安無事地被釋放，而無任何財物的損失。』他由此因緣得到喜悅，達到歡樂。 [15]

「諸比丘！譬如人他是奴隸，無〔能〕自立、依存於他〔人〕，不〔能〕往欲往之處，後來，他從其奴隸之境遇被釋放，自立、不依存於他〔人〕，是自由者〔能〕往欲往之處；他有如此〔想法〕：『確實，我以前曾經是奴隸，無〔能〕自立，依存於他〔人〕，不〔能〕往欲往之處，現在，那個我是已從其奴隸之境遇被釋放，自立、不依存於他〔人〕，是自由者〔能〕往欲往之處。』他由此因緣得到喜悅，達到歡樂。 [16]

“Seyyathā pi bhikkhave puriso sadhano sabhogo kantāraddhānamaggaṁ paṭipajjeyya, so aparena samayena tamhā kantārā nitthareyya sotthinā abyayena, na c’ assa kiñci bhogānaṁ vayo, tassa evam assa : Ahaṁ kho pubbe sadhano sabhogo kantāraddhānamaggaṁ paṭipajjiṁ, so ’mhi etarahi tamhā kantārā nittiṇṇo sotthinā abyayena, natthi ca me kiñci bhogānaṁ vayo ti. So tato-nidānaṁ labhetha pāmujjaṁ, adhigacche somanassaṁ. [17]

“Evam eva kho bhikkhave bhikkhu yathā iṇaṁ yathā rogaṁ yathā bandhanâgāraṁ yathā dāsabyaṁ yathā kantāraddhānamaggaṁ ime pañca nīvaraṇe appahīne attani samanupassati. Seyyathā pi bhikkhave āṇaṇyaṁ yathā ārogyam yathā bandhanā mokkhaṁ yathā bhujissaṁ yathā khemanta-bhūmiṁ evam eva bhikkhu ime pañca nīvaraṇe pahīne attani samanupassati. [18]

“ So ime pañca nīvaraṇe pahāya cetaso upakkilese paññāya dubbalīkaraṇe vivicc’ eva kāmehi vivicca akusalehi dhammehi savitakkaṁ savicāraṁ vivekajaṁ pītisukhaṁ paṭhamaṁ jhānaṁ upasampajja viharati. So imam eva kāyaṁ vivekajena pītisukhena abhisandeti parisandeti paripūreti parippharati, nâssa kiñci sabbāvato kāyassa vivekajena pītisukhena apphuṭaṁ hoti. [19]

「諸比丘！譬如人帶著錢財走上曠野的旅途，後來，他平安無事地越過曠野，而且無任何損失；於他有如此〔想法〕，即：『確實，我以前曾經帶著錢財走上曠野的旅途，現在，那個我是已經平安無事地越過曠野，而且無任何損失。』他由此因緣得到喜悅，達到歡樂。 [17]

「諸比丘！猶如負債、如病、如牢獄、如奴隸、如曠野之旅途；正是如此，比丘於自身見到未捨的此等五蓋。諸比丘！譬如無債、如無病、如解脫束縛、如自立、如安穩地；正是如此，比丘於自身見到已捨此等五蓋。[18]

「他捨棄此等五蓋，遠離使慧羸弱的心之隨煩惱，遠離諸欲，遠離諸不善法；成就有尋、有伺、因遠離而生之喜樂的初禪而安住。他唯以遠離所生之喜樂，令此身充沛、充滿、充實、遍布，他的全身之任何〔處〕無不因遠離所生之喜樂所遍滿。 [19]

“Seyyathā pi bhikkhave dakkho nahāpako vā nahāpakantevāsī vā kaṁsathāle nahāniya-cuṇṇāni ākiritvā udakena paripphosakaṁ paripphosakaṁ sanneya, sâssa nahāniya-piṇḍi snehânugatā snehaparetā, santara-bāhirā phuṭā snehena, na ca paggharaṇī ; evam eva kho bhikkhave bhikkhu imam eva kāyaṁ vivekajena pītisukhena abhisandeti parisandeti paripūreti parippharati, nâssa kiñci sabbāvato kāyassa vivekajena pītisukhena apphuṭaṁ hoti. [20]

“Puna ca paraṁ bhikkhave bhikkhu vitakka-vicārānaṁ vūpasamā ajjhattaṁ sampasādanaṁ cetaso ekodi-bhāvaṁ avitakkam avicāraṁ samādhijaṁ pītisukhaṁ dutiyaṁ jhānaṁ upasampajja viharati. So imam eva kāyaṁ samādhijena pītisukhena abhisandeti parisandeti paripūreti parippharati, nâssa kiñci sabbāvato kāyassa samādhijena pītisukhena apphuṭaṁ hoti. [21]

“Seyyathā pi bhikkhave udaka-rahado ubbhidodako, tassa n’ ev’ assa puratthimāya disāya udakassâyamukhaṁ, na pacchimāya disāya udakassâyamukhaṁ, na uttarāya disāya udakassâyamukhaṁ, na dakkhiṇāya disāya udakassâyamukhaṁ, devo ca na kālena kālaṁ sammā dhāram anuppavecheyya ; atha kho tamhā va udaka-rahadā sītā vāri-dhārā ubbhijjitvā tam eva udaka-rahadaṁ sītena vārinā abhisandeyya parisandeyya paripūreyya paripphareyya nâssa kiñci sabbāvato udaka-rahadassa sītena vārinā apphuṭam assa ; evam eva kho bhikkhave bhikkhu imam eva kāyaṁ samādhijena pītisukhena abhisandeti parisandeti paripūreti parippharati, nâssa kiñci sabbāvato kāyassa samādhijena pītisukhena apphuṭaṁ hoti. [22]

「諸比丘！譬如技巧的助浴者或助浴者弟子，於銅盤撒洗浴粉，以水再次注入使混合，他的那洗浴丸濕潤軟化，因軟化遍滿內外，但〔水〕不漏出；諸比丘！比丘正是如此，唯以遠離所生之喜樂，令此身充沛、充滿、充實、遍布，他的全身之任何〔處〕無不以遠離所生之喜樂所遍滿。 [20]

「諸比丘！後來，比丘更由於尋伺的寂滅故，內〔心〕潔淨，心專一性，成就無尋、無伺、定所生喜樂的第二禪而住。他唯以定所生之喜樂，令此身充沛、充滿、充實、遍布，他的全身之任何〔處〕無不以定所生之喜樂所遍滿。 [21]

「諸比丘！譬如水池的湧泉，它無有東方的水入口，無西方的水入口，無北方的水入口，無南方的水入口，天無適時地、無適當地給予水流；然而，由於其水池湧出冷水，唯以冷水充沛、充滿、充實、遍布此水池，其水池全部之任何〔處〕無不以冷水遍滿；正是如此，諸比丘！比丘唯以定所生之喜樂，令此身充沛、充滿、充實、遍布，他的全身之任何〔處〕無不以定所生之喜樂遍滿。[22]

“Puna ca paraṁ bhikkhave bhikkhu pītiyā ca virāgā upekhako ca viharati sato ca sampajāno, sukhañ ca kāyena paṭisaṁvedeti yam taṁ ariyā ācikkhanti : upekhako satimā sukha-vihārī ti tatiyaṁ jhānaṁ upsampajja viharati. So imam eva kāyaṁ nippītikena sukhena abhisandeti parisandeti paripūreti parippharati, nâssa kiñci sabbāvato kāyassa nippītikena sukhena apphuṭaṁ hoti. [23]

“ Seyyathā pi bhikkhave uppaliniyaṁ vā paduminiyaṁ vā puṇḍarīkiniyaṁ vā app’ ekaccāni uppalāni vā padumāni vā puṇḍarīkāni vā udake jātāni udake saṁvaḍḍhāni udakânuggatāni antonimuggaposīni, tāni yāva c’ aggā yāva ca mūlā sītena vārinā abhisannāni parisannāni paripūrāni paripphuṭāni, nâssa kiñci sabbāvataṁ uppalānaṁ vā padumānaṁ vā puṇḍrīkānaṁ vā sītena vārinā apphuṭaṁ assa ; evam eva kho bhikkhave bhikkhu imam eva kāyaṁ nippītikena sukhena abhisandeti parisandeti paripūreti parippharati, nâssa kiñci sabbāvato kāyassa nippītikena sukhena apphuṭaṁ hoti. [24]

“Puna ca paraṁ bhikkhave bhikkhu sukhassa ca pahānā dukkhassa ca pahānā pubbe va somanassa-domanassaānaṁ atthangamā adukkhamasukham upekhāsati-pārisuddhiṁ catutthaṁ jhānaṁ upasampajja viharati. So imam eva kāyam parisuddhena cetasā pariyodātena pharitvā nisinno hoti, nâssa kiñci sabbāvato kāyassa parisuddhena cetasā pariyodātena apphuṭaṁ hoti. [25]

「諸比丘！後來，比丘更由於離喜而住於捨與正念、正知，以身感受樂，成就聖者所說：捨、念、樂住的第三禪而住。他唯以離喜之樂，令此身充沛、充滿、充實、遍布，他的全身之任何〔處〕無不以離喜之樂所遍滿。 [23]

「諸比丘！譬如於青蓮池或紅蓮池、白蓮池，又或一類青蓮或紅蓮、白蓮，生於水中，長於水中，隨順於水，沉潛於〔水〕中養育，它們從頂至根都被水所充沛、充滿、充實、遍布，一切青蓮或紅蓮、白蓮的任何〔部分〕無不以冷水遍布；諸比丘！比丘正是如此，唯以離喜之樂，令此身充沛、充滿、充實、遍布，他的全身之任何〔處〕無不以離喜之樂所遍滿。 [24]

「諸比丘！後來，比丘更由於樂的捨斷與苦的捨斷，又因先前的喜憂滅除，成就不苦、不樂、捨、念清淨的第四禪而住。他以清淨皎潔的心遍滿此身而坐，他的全身之任何〔處〕無不以清淨皎潔的心所遍滿。 [25]

“Seyyathā pi bhikkhave puriso odātena vatthena sasīsam pārupitvā nisinno assa, nâssa kiñci sabbāvato kāyassa odātena vatthena apphuṭam assa ; evam eva kho bhikkhave bhikkhu imam eva kāyam parisuddhena cetasā pariyodātena pharitvā nisinno hoti, nâssa kiñci sabbāvato kāyassa parisuddhena cetasā pariyodātena apphuṭaṁ hoti. [26]

“So evaṁ samāhite citte parisuddhe pariyodāte anaṅgaṇe vigatûpakkilese mudubhūte kammaniye ṭhite ānejjappatte pubbenivāsânussati-ñāṇāya cittam abhininnāmeti. So aneka-vihitam pubbenivāsam anussarati, seyyathîdam : ekam pi jātiṁ dve pi jātiyo tisso pi jātiyo catasso pi jātiyo pañca pi jātiyo dasa pi jātiyo vīsatim pi jātiyo tiṁsam pi jātiyo cattārīsam pi jātiyo paññāsam pi jātiyo jāti-satam pi jāti-sahassam pi jāti-satasahassam pi, aneke pi saṁvaṭṭa-kappe aneke pi vivaṭṭa-kappe aneke pi saṁvaṭṭa-vivaṭṭa-kappe ; amutr' āsim evaṁ nāmo evaṁ-gotto evaṁ-vaṇṇo evaṁ āhāro evaṁ-sukhadukkha-paṭisaṁvedī evam-āyupariyanto, so tato cuto idhûpapanno ti. Iti sâkāraṁ sa-uddesam anekavihitam pubbenivāsam anussarati.[27]

「諸比丘！譬如有人以白衣連頭覆蓋，他的全身之任何〔處〕無不以白衣覆蓋；諸比丘！比丘正是如此，以清淨皎潔的心遍布此身而坐，他的全身之任何〔處〕無不以清淨皎潔的心所遍滿。 [26]

如此，他於等持、清淨、皎潔、無穢、離隨煩惱、柔軟、堪忍的心達到確立不動時，令心轉向宿住隨念智【憶宿命智】。他憶念種種宿住，例如：一生、二生、三生、四生、五生、十生、二十生、三十生、四十生、五十生、百生、千生、十萬生、無數壞劫、無數成劫、無數壞成劫；在那裡，如此名、如此種姓、如此種族、如此食、如此苦樂受、如此壽終，他從彼死已，生於此。如上，憶念宿住具有的種種行相、境遇。 [27]

“ Seyyathā pi bhikkhave puriso sakamhā gāmā aññaṁ gāmaṁ gaccheyya, tamhā pi gāmā aññaṁ gāmaṁ gaccheyya, so tamhā gāmā sakaṁ yeva gāmam paccāgaccheyya, tassa evam assa : Ahaṁ kho sakamhā gāmā amuṁ gāmam āgañchiṁ, tatra evam aṭṭhāsiṁ evaṁ nisīdiṁ evam abhāsiṁ evaṁ tuṇhī ahosiṁ ; tamhā pi gāmā amuṁ gāmam āgañchiṁ, tatra pi evam aṭṭhāsiṁ evaṁ nisīdiṁ evam abhāsiṁ evaṁ tuṇhī ahosiṁ, so 'mhi tamhā gāmā sakaṁ yeva gāmam paccāgato ti ; evam eva kho bhikkhave bhikkhu aneka-vihitam pubbenivāsam anussarati, seyyathîdam : ekam pi jātiṁ dve pi jātiyo…pe…Iti sâkāraṁ sa-uddesam anekavihitam pubbenivāsam anussarati. [28]

「諸比丘！譬如人從自己的村莊往其他村莊，又從其村莊往其他村莊，他從其村莊歸來自己的村莊，於他有如此〔想法〕，即：『確實，我從自己的村莊去過其他村莊，在那裡曾經有如此立、如此坐、如此說、如此默然不語；又從其村莊往其他村莊，在那裡也是曾經有如此立、如此坐、如此說、如此默然不語，那個我是從其村莊歸來自己的村莊』；諸比丘！比丘正是如此，憶念種種宿住，例如：一生、二生…乃至…如上，憶念宿住具有種種行相、境遇。 [28]

" So evaṁ samāhite citte parisuddhe pariyodāte anaṅgaṇe vigatûpakkilese mudubhūte kammaniye ṭhite ānejjappatte sattānam cutûpapāta-ñāṇāya cittam abhininnāmeti. So dibbena cakkhunā visuddhena atikkanta-mānusakena satte passati cavamāne upapajjamāne hīne paṇīte suvaṇṇe dubbaṇṇe sugate duggate yathākammûpage satte pajānāti : ime vata bhonto sattā kāya-duccaritena samannāgatā vacī-duccaritena samannāgatā mano-duccaritena samannāgatā ariyānam upavādakā micchādiṭṭhikā, micchādiṭṭhikamma-samādānā te kāyassa bhedā param-maraṇā apāyaṁ duggatiṁ vinipātaṁ nirayaṁ upapannā ; ime vā pana bhonto sattā kāya-succaritena samannāgatā vacī-succaritena samannāgatā mano-succaritena samannāgatā ariyānaṁ anupavādakā sammādiṭṭhikā, sammādiṭṭhikamma-samādānā te kāyassa bhedā param-maraṇā sugatiṁ saggaṁ lokaṁ upapannā ti. Iti dibbena cakkhunā visuddhena atikkanta-mānusakena satte passati cavamāne upapajjamāne hīne paṇīte suvaṇṇe dubbaṇṇe sugate duggate yathākammûpage satte pajānāti. [29]

"Seyyathā pi assu bhikkhave dve agārā sa-dvārā, tattha cakkhumā puriso majjhe ṭhito passeyya manusse gehaṁ pavisante pi nikkhamante pi anusañcarante pi anuvicarate pi ; evam eva kho bhikkhave bhikkhu dibbena cakkhunā visuddhena atikkanta-mānusakena satte passati cavamāne upapajjamāne hīne paṇīte suvaṇṇe dubbaṇṇe sugate duggate yathākammūpage...pe...satte pajānāti. [30]

如此，他於等持、清淨、皎潔、無穢、離隨煩惱、柔軟、堪任的心達到確立不動時，令心轉向有情生死智。他以清淨超人的天眼見到正在死、正在生的有情，知道有情隨業經驗卑微、高貴、美、醜、幸福、不幸：確實，彼等有情具備身惡行、具備語惡行、具備意惡行、非難聖者、邪見，帶著邪見業的彼等，身壞死後，生於苦處、惡趣、墮處、地獄；或者彼等有情具備身善行、具備語善行、具備意善行、不非難聖者、正見，帶著正見業的彼等，身壞死後，往生善趣、天界。如此，他以清淨超人的天眼見到正在死、正在生的有情，知道有情隨業經驗卑微、高貴、美、醜、幸福、不幸。 [29]

「諸比丘！譬如有兩間有門的房屋，具有眼的人立其中看見人們進入房屋，又出又徘徊又隨行；諸比丘！比丘正是如此，以清淨超人的天眼見到正在死、正在生的諸有情，知道有情隨業經驗卑微、高貴、美、醜、幸福、不幸。 [30]

"So evaṁ samāhite citte parisuddhe pariyodāte anaṅgaṇe vigatūpakkilese mudubhūte kammaniye ṭhite ānejjappatte āsavānaṁ khaya-ñāṇāya cittam abhininnāmeti. So idam dukkhan ti yathābhūtaṁ pajānāti, ayaṁ dukkha-samudayo ti yathābhūtaṁ pajānāti, ayaṁ dukkha-nirodho ti yathābhūtaṁ pajānāti, ayaṁ dukkha-nirodha-gāminī paṭipadā ti yathābhūtaṁ pajānāti, ime āsavā ti yathābhūtaṁ pajānāti, ayaṁ āsava-samudayo ti yathābhūtaṁ pajānāti, ayaṁ āsava-nirodho ti yathābhūtaṁ pajānāti, ayaṁ āsava- nirodha-gāminī paṭipadā ti yathābhūtaṁ pajānāti. Tassa evaṁ jānato evaṁ passato kāmâsavā pi cittaṁ vimuccati, bhavâsavā pi cittaṁ vimuccati, avijjâsavā pi cittaṁ vimuccati, vimuttasmiṁ vimuttam iti ñāṇaṁ hoti : khīṇā jāti, vusitaṁ brahmacariyaṁ, kataṁ karaṇīyaṁ nâparam itthattāyâ ti pajānāti. [31]

" Seyyathā pi bhikkhave pabbata-saṅkhepe udaka-rahado accho vippasanno anāvilo, tattha cakkhumā puriso tīre ṭhito passeyya sippi-sambukam pi sakkhara-kaṭhalam pi maccha-gumbam pi carantam tiṭṭhantam pi, tassa evam assa : Ayaṁ kho udaka-rahado accho vippasanno anāvilo, tatr' ime sippi-sambukā pi sakkhara-kaṭhalā pi maccha-gumbā pi caranti tiṭṭhanti pî ti ; evam eva kho bhikkhave bhikkhu : idam dukkhan ti yathābhūtaṁ pajānāti...pe...ayaṁ āsava- nirodha-gāminī paṭipadā ti yathābhūtaṁ pajānāti. Tassa evaṁ jānato evaṁ passato kāmâsavā pi cittaṁ vimuccati, bhavâsavā pi cittaṁ vimuccati, avijjâsavā pi cittaṁ vimuccati, vimuttasmiṁ vimuttam iti ñāṇaṁ hoti : khīṇā jāti, vusitaṁ brahmacariyaṁ, kataṁ karaṇīyaṁ nâparam itthattāyâ ti pajānāti. [32]

「如此，他於等持、清淨、皎潔、無穢、離隨煩惱、柔軟、堪任的心達到確立不動時，令心轉向漏盡智。他如實知『此是苦』，如實知『此是苦集』，如實知『此是苦滅』，如實知『此是導致苦滅之道』，如實知『此等是諸漏』，如實知『此是漏集』，如實知『此是漏滅』，如實知『此是導致漏滅之道』。當他如此知、如此見時，心也從欲漏解脫，心也從有漏解脫，心也從無明漏解脫，已解脫時，有如此解脫智，即知：『生已盡，梵行已立，應作已作，不再於此〔輪迴〕狀態』。[31]

「諸比丘！譬如山頂上有水湖清澄、明淨、無濁，在那裡，具有眼的人立於岸上，見到貝殼、沙礫、魚群，或游走或立住，他或許有如此〔想法〕，即：『確實，此水湖清澄、明淨、無濁，這些諸貝殼、沙礫、魚群，在這裏，或游走或立住』；諸比丘！比丘正是如此：如實知『此是苦』……乃至……如實知『此是導致漏滅之道』。當他如此知、如此見時，心也從欲漏解脫，心也從有漏解脫，心也從無明漏解脫，已解脫時，有如此解脫智，即知：『生已盡，梵行已立，應作已作，不再於此〔輪迴〕狀態』。 [32]

“Ayaṁ vuccati bhikkhave bhikkhu samaṇo iti pi, brāhmaṇo iti pi, nahātako iti pi, vedagū iti pi, sottiyo iti pi, ariyo iti pi,arahamiti pi. [33]

“Kathañ ca bhikkhave bhikkhu samaṇo hoti? Samitâssa honti pāpakā akusalā dhammā saṅkilesikā pono-bhavikā sadarā dukkha-vipākā āyatiṁ jāti-jarā-maraṇiyā. Evaṁ kho bhikkhave bhikkhu samaṇo hoti. [34]

“Kathañ ca bhikkhave bhikkhu brāhmaṇo hoti? Bāhitā 'ssa honti pāpakā akusalā dhammā saṅkilesikā pono-bhavikā sadarā dukkha-vipākā āyatiṁ jāti-jarā-maraṇiyā. Evaṁ kho bhikkhave bhikkhu brāhmaṇo hoti. [35]

“Kathañ ca bhikkhave bhikkhu nahātako hoti? Nahātā 'ssa honti pāpakā akusalā dhammā...pe...āyatiṁ jāti-jarā-maraṇiyā. Evaṁ kho bhikkhave bhikkhu nahātako hoti. [36]

“Kathañ ca bhikkhave bhikkhu vedagū hoti? viditā 'ssa honti pāpakā akusalā dhammā...pe...āyatiṁ jāti-jarā-maraṇiyā. Evaṁ kho bhikkhave bhikkhu vedagū hoti. [37]【水野弘元著《巴利語佛教讀本》無此項，此依 PTS 本補充】

“Kathañ ca bhikkhave bhikkhu sottiyo hoti? Nissutā 'ssa honti pāpakā akusalā dhammā...pe...āyatiṁ jāti-jarā-maraṇiyā. Evaṁ kho bhikkhave bhikkhu sottiyo hoti. [38]

「諸比丘！此比丘，被稱爲『沙門』，又被稱爲『婆羅門』，又被稱爲『已洗浴者』，又被稱爲『明智者』，又被稱爲『精通聖典者』，又被稱爲『聖者』，又被稱爲『應供者』。 [33]

「諸比丘！比丘，如何是『沙門』？他的諸惡不善法、雜染、具後有、具怖畏、有苦果、於未來有生老死，都已息止。諸比丘！如此，比丘確實是『沙門』。 [34]

「諸比丘！比丘，如何是『婆羅門』？他的諸惡不善法、雜染、具後有、具怖畏、有苦果、於未來有生老死，都已遠離。諸比丘！如此，比丘確實是『婆羅門』。 [35]

「諸比丘！比丘，如何是『已洗浴者』？他的諸惡不善法……乃至……於未來有生老死，都已沐浴。諸比丘！如此，比丘確實是『已洗浴者』。 [36]

「諸比丘！比丘，如何是『明智者』？他的諸惡不善法…乃至…於未來有生老死，都已知。諸比丘！如此，比丘確實是『明智者』。 [37]

「諸比丘！比丘，如何是『精通聖典者』？他的諸惡不善法……乃至……於未來有生老死，都已消失。諸比丘！如此，比丘確實是『精通聖典者』。 [38]

“Kathañ ca bhikkhave bhikkhu ariyo hoti？ Ārakā ’ssa honti pāpakā akusalā dhammā saṅkilesikā pono-bhavikā sadarā dukkha-vipākā āyatiṁ jāti-jarā-maraṇiyā. Evaṁ kho bhikkhave bhikkhu ariyo hoti. [39]

“Kathañ ca bhikkhave bhikkhu arahaṁ hoti？ Ārakā ’ssa honti pāpakā akusalā dhammā saṅkilesikā pono-bhavikā sadarā dukkha-vipākā āyatiṁ jāti-jarā-maraṇiyā. Evaṁ kho bhikkhave bhikkhu arahaṁ hotî ti.” [40]

Idam avoca Bhagavā. Attamanā te bhikkhū Bhagavato bhāsitam abhinandun ti. [41]

「諸比丘！比丘，如何是『聖者』？他的諸惡不善法、雜染、具後有、具怖畏、有苦果、於未來有生老死，都已遠離。諸比丘！如此，比丘確實是『聖者』。 [39]

「諸比丘！比丘，如何是『應供者』？他的諸惡不善法、雜染、具後有、具怖畏、有苦果、於未來有生老死的，都已遠離。諸比丘！如此，比丘確實是『應供者』。 [40]

世尊說了此〔以上的話〕。適意的彼等比丘，對世尊所說大歡喜。 [41]

23. Sīla[1]

Pañc' ime bhikkhave ādīnavā dussīlassa sīlavipattiyā. Katame pañca ? [1]

Idha bhikkhave dussīlo sīla-vipanno pamādâdhikaraṇaṁ mahatiṁ bhoga-jāniṁ nigacchati. Ayaṁ bhikkhave paṭhamo ādīnavo dussīlassa sīla-vipattiyā. [2]

Puna ca paraṁ bhikkhave dussīlassa sīla-vipannassa pāpako kitti-saddo abbhuggacchati Ayaṁ bhikkhave dutiyo ādīnavo dussīlassa sīla-vipattiyā..[3]

Puna ca paraṁ bhikkhave dussīlo sīla-vipanno yañ ñad eva parisaṁ upasaṅkamati yadi khattiya-parisaṁ yadi brāhmaṇa-parisaṁ yadi gahapati-parisaṁ yadi samaṇa-parisaṁ avisārado upasaṅkamati maṅkubhūto. Ayaṁ bhikkhave tatiyo ādīnavo dussīlassa sīla-vipattiyā. [4]

Puna ca paraṁ bhikkhave dussīlo sīla-vipanno sammūḷho kālaṁ karoti. Ayaṁ bhikkhave catuttho ādīnavo dussīlassa sīla-vipattiyā. [5]

---

[1] Aṅguttara V-213, vol.iii pp.252-254. 日譯南傳 19 p.350f; Vinaya vol.i p.227f. 日譯南傳 3 p.399f; Dīgha vol.ii p.85f. 日譯南傳 7 p.46f; Dīgha vol.iii pp.8,314f; Udāna VIII-6, p.86f. 日譯南傳 23 p.226ff.

23. 破戒五失與持戒五得

諸比丘！對於破戒者、損戒者，有這五失。那些五〔失〕？ [1]

諸比丘！在此，有破戒者、損戒者，放逸的緣故，導致財產大損失。諸比丘！此是破戒者、損戒者的第一失。 [2]

諸比丘！又更有破戒者、損戒者的惡名聲飛揚。諸比丘！此是破戒者、損戒者的第二失。 [3]

諸比丘！又更有破戒者、損戒者，凡是接近任何眾，若是刹帝利眾、若是婆羅門眾、若是居士眾、若是沙門眾，無不畏懼、懷有羞愧而接近。諸比丘！此是破戒者、損戒者的第三失。 [4]

諸比丘！又更有破戒者、損戒者，昏迷而死亡。諸比丘！此是破戒者、損戒者的第四失。 [5]

Puna ca paraṁ bhikkhave dussīlo sīla-vipanno kāyassa bhedā param-maraṇā apāyaṁ duggatiṁ vinipātaṁ nirayaṁ upapajjati. Ayaṁ bhikkhave pañcamo ādīnavo dussīlassa sīla-vipattiyā. [6]

Ime kho bhikkhave pañca ādīnavā dussīlassa sīla-vipattiyā. [7]

Pañc' ime bhikkhave ānisaṁsā sīlavato sīla-sampadāya. Katame pañca? [8]

Idha bhikkhave sīlavā sīla-sampanno appamādâdhikaraṇaṁ mahantaṁ bhogakkhndhaṁ adhigaacchati. Ayaṁ bhikkhave paṭhamo ānisaṁso sīlavato sīla-sampadāya. [9]

Puna ca paraṁ bhikkhave sīlavato sīla-sampannassa kalyāṇo kitti-saddo abbhuggcchati. Ayaṁ bhikkhave dutiyo ānisaṁso sīlavato sīla-sampadāya. [10]

Puna ca paraṁ bhikkhave sīlavā sīla-sampanno yañ ñad eva parisaṁ upasaṅkamati yadi khattiya-parisaṁ yadi brāhmaṇa-parisaṁ yadi gahapati-parisaṁ yadi samaṇa-parisaṁ, visārado upasaṅkamati amaṅkubhūto. Ayaṁ bhikkhave tatiyo ānisaṁso sīlavato sīla-sampadāya. [11]

Puna ca paraṁ bhikkhave sīlavā sīla-sampanno asammūḷho kālaṁ karoti. Ayaṁ bhikkhave catuttho ānisaṁso sīlavato sīla-sampadāya. [12]

諸比丘！又更有破戒者、損戒者，身壞死後，生於苦界、惡趣、墮處、地獄。諸比丘！此是破戒者、損戒者的第五失。 [6]

諸比丘！確實，這些是破戒者、損戒者的五失。 [7]

諸比丘！對於持戒者、具足戒者，有這五功德。那些五〔功德〕？ [8]

諸比丘！在此世，有持戒者、具足戒者，不放逸的緣故，得到大財聚。諸比丘！此是持戒者、具足戒者的第一功德。 [9]

諸比丘！又更有持戒者、具足戒者的善名聲飛揚。諸比丘！此是持戒者、具足戒者的第二功德。 [10]

諸比丘！又更有持戒者、具足戒者，凡是接近任何眾，若是剎帝利眾、若是婆羅門眾、若是居士眾、若是沙門眾，不畏懼、不懷有羞愧而接近。諸比丘！此是持戒者、具足戒者的第三功德。 [11]

諸比丘！又更有持戒者、具足戒者，不昏迷而死亡。諸比丘！此是持戒者、具足戒者的第四功德。 [12]

Puna ca paraṁ bhikkhave sīlavā sīla-sampanno kāyassa bhedā param-maraṇā sugatiṁ lokaṁ saggaṁ upapajjati. Ayaṁ bhikkhave pañcamo ānisaṁso sīlavato sīla-sampadāya. [13]

Ime kho bhikkhave pañca ānisaṁsā sīlavato sīla-sampadāyâ ti. [14]

諸比丘！又更有持戒者、具足戒者，身壞死後，生於善趣、天界。諸比丘！此是持戒者、具足戒者的第五功德。 [13]

諸比丘！確實，這些是持戒、具足戒者五功德。[14]

24. Gihi[1]

Atha kho Anāthapiṇḍiko gahapati pañca-mattehi upāsaka-satehi parivuto yena Bhagavā ten' upasaṅkami, upasaṅkamitvā Bhagavantaṁ abhivādetvā eka-m-antaṁ nisīdi. Atha kho Bhagavā āyasmantaṁ Sāriputtaṁ āmantesi. [1]

" Yaṁ kañci Sāriputta jāneyyātha gihiṁ odāta-vasanaṁ pañcasu sikkhāpadesu saṁvuta-kammantṁ catunnañ ca ābhicetasikānaṁ diṭṭhadhamma-sukhavihārānaṁ nikāma-lābhiṁ akiccha-lābhiṁ akasira-lābhiṁ, so ākaṅkhamāno attanā 'va attānaṁ vyākareyya : 'Khīṇa-nirayo 'mhi khīṇa-tiracchānayoniyo khīṇa-pittivisayo khīṇâpāya-duggati-vinipāto, sotāpanno 'ham asmi avinipāta-dhammo niyato sambodhi-parāyano' ti. Katamesu pañcasu sikkhāpadesu saṁvuta-kammanto hoti？ [2]

"Idha Sāriputta ariya-sāvako pāṇâtipātā paṭivirato hoti, adinnâdānā paṭivirato hoti, kāmesu micchācārā paṭivirato hoti, musāvādā paṭivirato hoti, surā-meraya-majja-pamādaṭṭhānā paṭivirato hoti. [3]

"Imesu pañcasu sikkhāpadesu saṁvuta-kammanto hoti. Katamesaṁ catunnaṁ ābhicetasikānaṁ diṭṭhadhamm-sukhavihārānaṁ nikāma-lābhī hoti akiccha-lābhī akasira-lābhī？ [4]

---

[1] Aṅguttara V 179, vol.iii pp.211-214. 日譯南傳 19 pp.295-299.

24. 在家五戒與四證淨

某時，給孤獨長者，被大約五百位優婆塞圍繞著前往世尊所在處，到已向世尊行禮，然後坐在一邊。那時，世尊告示舍利弗。 [1]

「舍利弗！你們應知，凡是任何在家白衣的事業於五學處中受保護，又願望得到四增上心的現法樂住，不難得到，容易得到，只要他正有欲望，則由自己對自己可以記說[2]【預言】:『地獄已盡，畜生界已盡，餓鬼境已盡，苦處、惡趣、墮處已盡，我是預流者、不墮法、決定趣向正覺』。於哪些五學處中事業是受保護？ [2]

「舍利弗！此世有聖弟子遠離殺生，遠離不與取，遠離於諸欲中邪行，遠離虛妄語，遠離穀酒、果酒、令人醉者、放逸之原因。 [3]

「於這些五學處中，事業受到保護。哪些增上心的現法樂住，欲望得到則不難得到，容易得到？ [4]

---

2 記說 原語 vyākareyya vyākaroti (記說、解說、預言等義)的 opt.

"Idha Sāriputta ariyasāvako buddhe aveccappasādena samannāgato hoti: 'Iti pi so Bhagavā arahaṁ sammā-sambuddho vijjācaraṇa-sampanno sugato lokavidū anuttaro purisadamma-sārathī Satthā deva-manussānaṁ Buddho Bhagavā'ti. Ayam assa paṭhamo ābhicetasikō diṭṭhadhamm-sukhavihāro adhigato hoti avisuddhassa cittassa visuddhiyā apariyodātassa cittassa pariyodapanāya. [5]

" Puna ca paraṁ Sāriputta ariya-sāvako dhamme aveccappasādena samannāgato hoti : 'Svākkhāto Bhagavatā dhammo sandiṭṭhiko akāliko ehipassiko opanayiko paccattaṁ veditabba viññūhî' ti. Ayam assa dutiyo ābhicetasiko diṭṭhadhamma-sukhavihāro adhigato hoti avisuddhassa cittassa visuddhiyā apariyodātassa cittassa pariyodapanāya. [6]

" Puna ca paraṁ Sāriputta ariya-sāvako saṅghe aveccappasādena samannāgato hoti : 'Supaṭipanno Bhagavato sāvaka-saṅgho, uju-paṭipanno Bhagavato sāvaka-saṅgho, ñāya-paṭipanno Bhagavato sāvaka-saṅgho, sāmīci-paṭipanno Bhagavato sāvaka-saṅgho, yad idaṁ cattāri purisa-yugāni aṭṭha purisa-puggalā, esa Bhagavato sāvaka-saṅgho āhuneyyo pāhuneyyo dakkhiṇeyyo añjalī-karaṇīyo anuttaraṁ puñña-khettaṁ lokassâ ' ti. Ayam assa tatiyo ābhicetasiko diṭṭhadhamma-sukhavihāro adhigato hoti avisuddhassa cittassa visuddhiyā apariyodātassa cittassa pariyodapanāya. [7]

「舍利弗！此世有聖弟子，於佛成就證淨[3]，即：『彼世尊是阿羅漢、正等覺、明行具足、善逝、世間解、無上士、調御丈夫、天人師、佛、世尊』。此是他所到達第一增上心的現法樂住，未清淨之心〔得〕清淨，不皎潔之心〔得〕潔白。 [5]

「舍利弗！又有聖弟子，更於法成就證淨，即：『法是由佛所善說、現在正確見到的、優越的、可來見的、導引的、應被諸智者各自明瞭的』。此是他所到達第二增上心的現法樂住，未清淨之心〔得〕清淨，不潔白之心〔得〕潔白。 [6]

「舍利弗！又有聖弟子，更是於僧伽成就證淨，即：『世尊的弟子是善行者、世尊的弟子僧伽是正直行者、世尊的弟子僧伽是正理行者、世尊的弟子僧伽是和睦行者，凡是四雙八輩[4]，那世尊的弟子僧伽是應供食者、應供奉者、應供養者、應合掌者，是世間的無上福田』。此是他所到達第三增上心的現法樂住，未清淨之心〔得〕清淨，不潔白之心〔得〕潔白。 [7]

---

[3] 證淨 又稱不壞淨，謂以無漏智覺知四諦之理，而生起對佛法僧及戒律之清淨信仰。

[4] 四雙八輩 四雙是須陀洹、斯陀含、阿那含、阿羅漢，各有向與果稱爲一雙，四雙即成四向四果，等於八輩。

“Puna ca paraṁ Sāriputta ariya-sāvako ariya-kantehi sīlehi samannāgato hoti akhṇḍehi acchiddehi asabalehi akammāsehi bhujissehi viññū-pasatthehi aparāmaṭṭhehi samādhi-saṁvattanikehi. Ayam assa catutthao ābhicetasiko diṭṭhadhamma-sukhavihāro adhigato hoti avisuddhassa cittassa visuddhiyā apariyodātassa cittassa pariyodapanāya. [8]

“ Imesaṁ catunnaṁ ābhicetasikānaṁ diṭṭhadhamm-sukhavihārānaṁ nikāma-lābhī hoti akiccha-lābhī akasira-lābhī [9]

“Yaṁ kañci Sāriputta jāneyyātha gihiṁ odāta-vasanaṁ imesu pañcasu sikkhāpadesu saṁvuta-kammantaṁ imesañ ca catunnaṁ ābhicetasikānaṁ diṭṭhadhamm-sukhavihārānaṁ nikāma-lābhiṁ akiccha-lābhiṁ akasira-lābhiṁ, so ākaṅkhamāno attanā ’va attānaṁ vyākareyya： ‘ Khīṇa-nirayo ’mhi khīṇa-tiracchānayoniyo khīṇa-pittivisayo khīṇâpāya-duggati-vinipāto, sotāpanno ’ham asmi avinipāta-dhammo niyato sambodhi-parāyano’ ti. [10]

「舍利弗！又更有聖弟子，具足聖所愛樂的戒，不破壞、無瑕疵、無班點、無雜染、自在者、智者所稱讚、不執著、能導致定的。此是他所到達第四增上心的現法樂住，未清淨之心〔得〕清淨，不潔白之心〔得〕潔白。 [8]

「對於這些四增上心的現法樂住，願望得到則不難得到，容易得到。[9]

「舍利弗！你們應當知，凡是任何在家白衣者，願望得到這四增上心的現法樂住，不難得到，容易得到；只要他正在願望，則由自己對自己可以記說【預言】:『地獄已盡，畜生界已盡，餓鬼境已盡，苦處、惡趣、墮處已盡，我是預流者、不墮法、決定趣向正覺』。 [10]

Nirayesu bhayaṁ disvā pāpāni parivajjaye,
ariya-dhammaṁ samādāya paṇḍito parivajjaye.
Na hiṁse pāṇabhūtāni vijjamāne parakkame,
musā ca na bhaṇe jānaṁ adinnaṁ na parāmase.
Sehi dārehi santuṭṭho para-dārañ ca n' ārame,
merayaṁ vāruṇiṁ jantu na pive citta-mohaniṁ.
Anussareyya sambuddhaṁ dhammañ cânuvitakkaye,
avyāpajjhaṁ hitaṁ cittaṁ deva-lokāya bhāvaye.
Upaṭṭhite deyya-dhamme puññatthassa jigiṁsato
santesu paṭhamaṁ dinnā vipulā hoti dakkhiṇā. [11]

已見諸地獄中之恐怖，當遠離諸惡；
已受持聖法，智者當遠離〔諸惡〕。
不殺害諸有情生類，了知而努力；
勿知而說虛妄語，勿摸觸不給與者。
滿足於自己妻室，遠離他人之妻；
勿飲果酒、酒類、令人心愚癡者。
應隨念正覺者之法，並思維之；
無惱害、饒益之心，為〔生〕天界當修習。
所施物現前時，期望福德利益；
於寂靜者所施供養，是最廣大。 [11]

Santo have pavakkhāmi, Sāriputta suṇohi me：
Iti kaṇhāsu setāsu rohiṇīsu harīsu vā.
kammāsāsu sarūpāsu gosu pārāpatāsu vā,
yāsu kāsu ca etāsu danto jāyati puṅgavo
dhorayho bala-sampanno kalyāṇa-java-nikkamo,
tam eva bhāre yuñjanti nâssa vaṇṇaṁ parikkhare.
Evam eva manussesu yasmiṁ kasmiñ ca jātiye
khattiye brāhmaṇe vesse sudde caṇḍāla-pukkuse,
yāsu kāsu ca etāsu danto jāyati subbato
dhammaṭṭho sīla-sampanno sacca-vādī hirī-mano
pahīna-jātimaraṇo brahmacariyassa kevalī
panna-bhāro visaṁyutto kata-kicco anāsavo
pāragū sabbadhammānaṁ anupādāya nibbuto【此列依 PTS 本補充】
tasmiñ ca viraje khette vipulā hoti dakkhiṇā. [12]

Bālā ca avijānantā dummedhā assutāvino
bahiddhā denti dānāni, na hi sante upāsare.
Ye ca sante upāsanti sappaññe dhīra-sammate,
saddhā ca nesaṁ Sugate mūlajātā patiṭṭhitā,
deva-lokañ ca te yanti kule vā idha jāyare,
anupubbena nibbānaṁ adhigacchanti paṇḍitā' ti. [13]

確實，我當說寂靜，舍利弗！聽我所說：
所謂於黑色，或白色、紅色、黃色，
或雜色、同〔一〕色，或鴿色諸牡牛中；
若是於此等中，產生任何已被訓練之牡牛，
耐性強、力具足、善巧、迅速、精勤，
唯有牠適應重擔，不觀察牠的顏色。
正是如此，人類之中凡是於任何種類，
王族、婆羅門、庶民、奴隸、賤民屠夫〔或除糞者〕，
若是於此等中，產生任何已被訓練而善行者，
或住法者、具足戒者、說真理者、有慚意者、
已斷生死者、梵行完成者，
已放下重擔、離繫縛、應作已作、無漏者，
已到達彼岸者、不取著一切法而已寂靜者，
對於此離塵之田供養，有廣大〔福德〕。 [12]

然而，諸愚癡、無知、惡慧〔凡夫〕，未曾聞〔法〕，
於外表行布施，卻不親近寂靜者。
若親近有慧、賢者所尊重寂靜者，
彼等對於善逝之信，所生之根已確立，
彼等往天界，或再生於此界善良種姓，
智者逐漸到達涅槃。 [13]

25. Dhānañjānī[1]

Evam me sutaṁ. Ekaṁ samayam Bhagavā Rājagahe viharati Veḷuvane Kalandaka-nivāpe. [1]

Tena kho pana samayena aññatarassa Bhāradvājagotta-brāmaṇassa Dhānañjānī nāma brāhmaṇī abhippasannā hoti buddhe ca dhamme ca saṅghe ca. [2]

Atha kho Dhānañjānī brāhmaṇī Bhāradvāja-gottassa brāmaṇassa bhattam upasaṁharantī upakkamitvā tikkhattum udānam udānesi : "Namo tassa Bhagavato arahato sammā-sambuddhassa...pe..." [3]

Evaṁ vutte Bhāradvāja-gotto brāmaṇo Dhānañjānim etad avoca : "Evam eva panâyaṁ vasalī yasmiṁ vā tasmiṁ vā tassa muṇḍakassa samaṇassa vaṇṇaṁ bhāsati. Idāni tyâhaṁ vasali tassa satthuno vādam āropessāmî" ti. [4]

" Na khvâhan tam brāhmaṇa passāmi sadevake loke samārake sabrahmake sassamaṇa-brāhmaṇiyā pajāya sadeva-manussāya yo tassa Bhagavato vādam āropeyya arahato sammā-sambuddhassa, api ca tvaṁ brāhmaṇa gaccha, gantvā vijānissasî" ti. [5]

---

[1] Saṁyutta VII-1,vol.i p.160f. 日譯南傳 12 pp.274-279.

25. 婆羅門的出家

如是我聞：一時世尊住在王舍城竹林栗鼠飼養處。 [1]

然後，那時有一婆羅都嘔賈姓婆羅門，名爲陀南佳泥【或譯陀然】的婆羅門女對於佛、法、僧有淨信。 [2]

那時，陀南佳泥婆羅門女，爲婆羅都嘔賈姓婆羅門帶來食物而接近之後，發出感興語三次：「歸依彼世尊、應供、正等覺者……乃至………」 [3]

如此說完時，婆羅都嘔賈姓婆羅門，對陀南佳泥婆羅門女說了此〔以下的話〕，即：「此賤女，又是如此，於任何場合都稱讚彼禿頭沙門。賤女！現在我當論破你的那個師尊」。 [4]

「婆羅門！的確，於天界共有的世界中，共魔界、共梵天，共沙門、共婆羅門、共天、共人的眾生中，我見不到那所謂可論破彼世尊、應供、正等覺者，然而，婆羅門！你去吧！去了之後，你當知道」。 [5]

Atha kho Bhāradvāja-gotto brāmaṇo kupito anattamano yena Bhagavā ten' upasaṅkami, upasaṅkamitvā Bhagavatā saddhiṁ sammodi, sammodanīyaṁ kathaṁ sārāṇīyaṁ vītisāretvā ekam antaṁ nisīdi. [6]

Eka-m-antaṁ nisinno kho Bhāradvāja-gotto brāmaṇo Bhagavantaṁ gāthāya ajjhabhāsi.

"Kiṁsu chetvā sukhaṁ seti ? kiṁsu chetvā na socati ?
kissassu ekadhammassa vadhaṁ rocesi Gotamâ ? " ti. [7]

"Kodhaṁ chetvā sukhaṁ seti, kodhaṁ chetvā na socati.
kodhassa visa-mūlassa madhuraggassa brāhmaṇa
vadham ariyā pasaṁsanti, taṁ hi chetvā na socatî" ti. [8]

Evaṁ vutte Bhāradvāja-gotto brāmaṇo Bhagavantam etad avoca : "Abhikkantam bho Gotama ! Abhikkantam bho Gotama ! Seyyathā pi bho Gotama nikkujjitaṁ vā ukkujjeyya, paṭicchannaṁ vā vivareyya, mūḷhassa vā maggam ācikkheyya, andhakāre vā tela-pajjotaṁ dhāreyya, 'cakkhumanto rūpāni dakkhintî'ti ; evam eva bhotā Gotamena anekapariyāyena dhammo pakāsito. Esâhaṁ Bhagavantaṁ Gotamaṁ saraṇaṁ gacchāmi, dhammañ ca bhikkhu-saṅghañ ca. Labbeyyâham bhoto Gotamassa santike pabbajjaṁ labbeyyaṁ upasampadan" ti. [9]

然後，瞋怒的婆羅都嘔賈姓婆羅門，不得意而往世尊所在處，接近之後與世尊寒暄，交換了可慶喜可憶念的話之後，坐在一邊。 [6]

坐在一邊的婆羅都嘔賈姓婆羅門，以偈頌對世尊說：

「於何物斷絕之後，安樂就寢？於何物斷絕之後，不憂愁？
瞿曇！對那一法之殺害，你要讚許？」 [7]

「斷絕忿怒之後，安樂就寢？斷絕忿怒之後，不憂愁，
婆羅門！殺害毒根、最上蜜之忿怒
諸聖者讚賞，因爲斷絕了它不憂愁」。 [8]

如此說完時，婆羅都嘔賈姓婆羅門，對世尊說了此〔以下的話〕，即：「奇哉！尊者瞿曇！奇哉！尊者瞿曇！瞿曇！譬如倒下的使直立，或覆蓋的使顯現，或爲迷途者告知道路，或在黑暗中持著油燈，〔希望：〕『諸有眼者見諸形相』；正是如此，種種法門被尊者瞿曇所闡明。這個我歸依世尊瞿曇，以及法、比丘僧伽。我願望得於世尊坐下出家，願望得具足戒」。
[9]

Alattha kho Bhāradvāja-gotto brāmaṇo bhagavato santike pabbajjam alattha upasampadaṁ. [10]

Acirūpasampanno kho panâyasmā Bhāradvājo eko vūpakaṭṭho appamatto ātāpī pahitatto viharanto na cirass' eva yass' atthāya kulaputtā sammad eva agārasmā anagāriyaṁ pabbajanti, tad anuttaraṁ brahmacariya-pariyosānaṁ diṭṭhe va dhamme sayam abhiññā sacchikatvā upasampajja vihāsi : khīṇā jāti, vusitaṁ brahmacariyaṁ, kataṁ karaṇīyaṁ nâparam itthattāyâ ti abbhaññāsi. [11]

Aññataro ca Bhāradvājo arahantam ahosî ti. [12]

婆羅都嘔賈姓婆羅門，得於世尊坐下出家，得具足戒。 [10]

然而，尊者婆羅都嘔賈 ，具足戒後不久，單獨遠離，不放逸、熱心自勵而住；良家子弟爲了此目的，正式從家出離而成無家者【出家】，不久即於現法中，由自己了知、作證、達到無上的梵行完成而安住於：體悟「生已盡，梵行已立，應作已作，不再於此〔輪迴〕狀態。」 [11]

現在，婆羅都嘔賈已是阿羅漢之一。 [12]

26. Ariyapariyesana-sutta[1]

Evam me sutaṁ. Ekaṁ samayaṁ Bhagavā Sāvatthiyaṁ viharati. Jetavane Anāthapiṇḍikassa ārāme. Atha kho Bhagavā pubbaṇha-samayaṁ nivāsetvā patta-cīvaram ādāya Sāvatthiṁ piṇḍāya pāvisi. [1]

Atha kho sambahulā bhikkhū yen' āyasmā Ānando ten' upsaṅkamiṁsu , upasaṅkamitvā āyasmantam Ānandam etad avocuṁ : "Cirassutā no āvuso Ānanda Bhagavato sammukhā dhammī kathā, sādhu mayaṁ āvuso Ānanda labheyyāma Bhagavato sammukhā dhammikaṁ kathaṁ savanāyâ" ti. [2]

"Tena h' āyasmanto yena Rammakassa brāhmaṇassa assamo ten' upasaṅkamatha, app' eva nāma labheyyātha Bhagavato sammukhā dhammikaṁ kathaṁ savanāyâ" ti. "Evam āvuso" ti kho te bhikkhū āyasmato Ānandassa paccassosuṁ. [3]

Atha kho Bhagavā Sāvatthiyaṁ piṇḍāya caritvā pacchā-bhattaṁ piṇḍapāta-paṭikkanto āyasmantam Ānandam āmantesi : "Āyām' Ānanda yena pubbârāmo Migāramātu pāsādo ten' upasaṅkamissāma divā-vihārāyâ" ti. "Evam bhante" ti kho āyasmā Ānando Bhagavato paccassosi. [4]

---

[1] Majjhima 26, vol.i pp.160-175. 日譯南傳 9 pp.290-314 (佛傳I 精選).

26. 聖求經【佛傳 I】

如此〔以下〕是我所聞。

一時，世尊住在舍衛城祇陀林給孤獨園。那時，世尊於早晨著衣、持缽衣之後，爲托缽而入舍衛城。 [1]

那時，眾多比丘來到尊者阿難所在處，到了之後，對尊者阿難說了此〔以下的話〕，即：「尊者阿難！我們在世尊面前聽聞說法，已經很久了，尊者阿難！我們能得於世尊面前聽聞說法，則很幸運。」 [2]

〔阿難說：〕「那麼，你們就往辣嘛嘎婆羅門的草庵，或許能得於世尊面前聽聞說法」,「如此，尊者！」彼等比丘們對阿難如此回答。 [3]

那時，世尊托缽已，吃飯後，從行乞回途中，對阿難說：「我們去吧！阿難！我們爲了日間休息，當去東園鹿母講堂」。「是，師尊！」阿難如此回答世尊。 [4]

Atha kho bhagavā āyasmatā Ānandena saddhiṁ yena pubbârāmo Migāramātu pāsādo ten' upasaṅkami divā-vihārāya. Atha kho Bhagavā sāyaṇha-samayaṁ paṭisallāṇā vuṭṭhito āyasmantam Ānandam āmantesi : " Āyām' Ānanda yena pubbakoṭṭhako ten' upasaṅkamissāma gattāni parisiñcitum " ti. " Evam bhante " ti kho āyasmā Ānando Bhagavato paccassosi. [5]

Atha kho Bhagavā āyasmatā Ānandena saddhiṁ yena Pubbakoṭṭhako ten' upasaṅkami gattāni parisiñcitum ; Pubbakoṭṭhake gattāni parisiñcitvā ekacīvaro aṭṭhāsi gattāni pubbāpayamāno. [6]

Atha kho āyasmā Ānando Bhagavantam etad avoca : "Ayaṁ bhante Rammakassa brāhmaṇassa assamo avidūre ; ramaṇīyo bhante Rammakassa brāhmaṇassa assamo, pāsādiko bhante Rammakassa brāhmaṇassa assamo ; sādhu bhante Bhagavā yena Rammakassa brāhmaṇassa assamo ten' upasaṅkamatu anukampam upādāyâ" ti. Adhivāsesi Bhagavā tuṇhī-bhāvena. [7]

Atha kho Bhagavā yena Rammakassa brāhmaṇassa assamo ten' upasaṅkami. Tena kho pana samayena sambahulā bhikkhū Rammakassa brāhmaṇassa assame dhammiyā kathāya sannissinnā honti. Atha kho Bhagavā bahidvāra-koṭṭhake aṭṭhāsi kathā-pariyosānaṁ āgamayamāno. [8]

然後，世尊與阿難尊者爲了日間休息，到達東園鹿母講堂。然後，世尊於傍晚默坐起來之後，對阿難尊者說：「我們去吧！阿難！我們爲了沐浴身體，當去東浴室河」。「是，師尊！」阿難如此回答世尊。 [5]

然後，世尊與阿難尊者爲了沐浴身體，到了東浴室河；於東浴室河沐浴身體之後，只〔披〕一衣站立著讓身體乾。 [6]

那時，阿難尊者對世尊說：「師尊！那辣嘛嘎婆羅門的草庵，離此不遠；師尊！辣嘛嘎婆羅門的草庵可樂，師尊！辣嘛嘎婆羅門的草庵清淨，師尊！請世尊慈悲光臨辣嘛嘎婆羅門的草庵」。世尊默然同意。 [7]

於是，世尊往辣嘛嘎婆羅門的草庵所在處。而那時，眾多比丘爲了法談，集合在辣嘛嘎婆羅門的草庵。於是，世尊在庵門外等待著論談完了。 [8]

Atha kho Bhagavā kathā-pariyosānaṁ viditvā ukkāsitvā aggaḷaṁ ākoṭesi ; vivariṁsu kho te bhikkhū Bhagavato dvāraṁ. Atha kho Bhagavā Rammakassa brāhmaṇassa assamaṁ pavisitvā paññatte āsane nisīdi. Nisajja kho Bhagavā bhikkhū āmantesi : "Kāya nu 'ttha bhikkhave etarahi kathāya sannisinnā ? Kā ca pana vo antarākathā vippakatā ? " ti. [9]

"Bhagavantam eva kho no bhante ārabbha dhammī kathā vippakatā. Atha Bhagavā anuppatto " ti. " sādhu bhikkhave, etaṁ kho bhikkhave tumhākaṁ paṭirūpaṁ kula-puttānaṁ saddhā agārasmā anagāriyaṁ pabbajitānaṁ yaṁ tumhe dhammiyā kathāya sannisīdeyyātha. Sannipatitānaṁ vo bhikkhave dvayaṁ karaṇīyaṁ : dhammīvā kathā ariyo vā tuṇhī bhāvo. [10]

" Dve 'mā bhikkhave pariyesanā : ariyā ca pariyesanā anariyā ca pariyesanā. Katamā ca bhikkhave anariyā pariyesanā ? Idha bhikkhave ekacco attanā jāti-dhammo samāno jātidhammañ ñeva pariyesati, attanā jarā-dhammo samāno jarādhammañ ñeva pariyesati, attanā byādhi-dhammo...attanā maraṇa-dhammo... attanā soka-dhammo...attanā saṅkilesa-dhammo samāno saṅkilesadhmmañ ñeva pariyesati. [11]

然後，世尊知道論談完了就咳嗽，之後敲門閂。彼等比丘即為世尊開門。於是，世尊進入辣嘛嘎婆羅門的草庵，坐在已設置的座位上。世尊坐下之後，向諸比丘說：「諸比丘！現在你們究竟是為甚麼論談而會坐？又你們的論談中間甚麼〔論點〕被〔我〕打斷？」。 [9]

「師尊！我們正在有關世尊法談被中斷。此時世尊到達」。「諸比丘！善哉！諸比丘！你們若是為了法談而會坐，對你們良家子弟由於信而出家者而言，確實這是適當的。諸比丘！關於集會，你們應當作兩種事，或法談，或神聖的沉默狀態。 [10]

「諸比丘！有此等二種遍求：神聖的遍求與非神聖的遍求。諸比丘！什麼是非神聖的遍求？諸比丘！此世有一類的人，正有自生法卻遍求生法，正有自老法卻遍求老法，……自病法……自死法……自憂法……正有自雜穢法卻遍求雜穢法。[11]

Katamā ca bhikkhave ariyā pariyesanā ? Idha bhikkhave ekacco attanā jāti-dhammo samāno jātidhamme ādīnavaṁ viditvā ajātaṁ anuttaraṁ yogakkhemaṁ nibbānaṁ pariyesati, attanā jarā-dhammo samāno jarā-dhamme ādīnavaṁ viditvā ajaraṁ anuttaraṁ yogakkhemaṁ nibbānaṁ pariyesati, attanā byādhi-dhammo samāno...abyādhiṁ..., attanā maraṇa-dhammo samāno...amataṁ..., attanā soka-dhammo samāno... asokaṁ..., attanā saṅkilesa-dhammo samāno saṅkilesadhmme ādīnavaṁ viditvā asaṅkiliṭṭhaṁ anuttaraṁ yogakkhemaṁ nibbānaṁ pariyesati. Ayaṁ bhikkhave ariyā pariyesanā. [12]

"Aham pi sudaṁ bhikkhave pubbe va sambodhā anabhisambuddho bodhisatto va samāno attanā jātidhammo samāno jātidhammañ ñeva pariyesāmi, attanā jarādhammo samāno jarādhammañ ñeva pariyesāmi, attanā byādhi-dhammo...attanā maraṇa-dhammo... attanā soka-dhammo...attanā saṅkilesa-dhammo samāno saṅkilesadhmmañ ñeva pariyesāmi. [13]

"Tassa mayhaṁ bhikkhave etad ahosi : Kin nu kho ahaṁ attanā jātidhammo samāno jātidhammañ ñeva pariyesāmi ? ...attanā saṅkilesa-dhammo samāno saṅkilesadhmme ādīnavaṁ viditvā asaṅkiliṭṭhaṁ anuttaraṁ yogakkhemaṁ nibbānaṁ pariyeseyyan ? ti. [14]

"So kho ahaṁ bhikkhave aparena samayena daharo va samāno susu kāḷakeso bhadrena yobbanena samannāgato paṭhamena vayasā akāmakānaṁ mātāpitunnaṁ assu-mukhānaṁ rudantānaṁ kesamassuṁ ohāretvā kāsāyāni vatthāni acchādetvā agārasmā anagāriyaṁ pabbajiṁ. [15]

「諸比丘！什麼是神聖的遍求？此世有一類的人，正有自生法，於自生法知過患，而遍求無生無上觀行安穩的涅槃。正有自老法，於老法知過患，而遍求無老無上觀行安穩的涅槃。正有自病法……無病……，正有自死法……無死……，正有自憂法……無憂……，正有自雜穢法，於雜穢法知過患，而遍求無雜穢、無上觀行安穩的涅槃。諸比丘！此是神聖的遍求。[12]

「諸比丘！確實，我也是於正覺以前，正是未徹底覺悟的菩薩，正有自生法卻遍求生法，正有自老法卻遍求老法，……自病法……自死法……自憂法……正有自雜穢法卻遍求雜穢法。 [13]

「諸比丘！那時的我有此〔以下的想法〕，即:「我究竟爲什麼？正有自生法卻遍求生法？……正有自雜穢法，於雜穢法知過患，而遍求無雜穢、無上觀行安穩的涅槃？ [14]

「諸比丘！那個我後來，年輕的青年，有黑髮，具有幸福、力壯的青春時代[2]，父母不願望、哭喪得滿面淚水的〔情況下〕，剃下髮鬚披覆袈裟而出家。 [15]

---

[2] 原語爲 paṭhamena vayasā 意爲人生最初時期，即謂青春時代。

“ So evaṁ pabbajito samāno kiṁkusala-gavesī anuttaraṁ santivara-padaṁ pariyesamāno yena Āḷāro Kālāmo ten' upasaṅkamiṁ upasaṅkamitvā Āḷāraṁ Kālāmaṁ etad avocaṁ : 'Icchām' ahaṁ āvuso Kālāma imasmiṁ dhamma-vinaye brahmacariyaṁ carituṉ' ti. Evaṁ vutte bhikkave Āḷāro Kālāmo mam etad avoca : 'viharat' āyasmā, tādiso ayaṁ dhammo yattha viññū puriso na cirass' eva sakaṁ ācariyakaṁ sayaṁ abhiññā sacchikatvā upasampajja vihareyyâ' ti. [16]

“So kho ahaṁ bhikkhave na cirass' eva khippam eva taṁ dhammaṁ pariyāpuṇiṁ. So kho ahaṁ bhikkhave tāvataken' eva oṭṭhapahata-mattena lapitalāpana-mattena ñāṇa-vādañ ca vadāmi thera-vādañ ca, jānāmi passāmî ti ca paṭijānāmi ahañ c' eva aññe ca. [17]

“Tassa mayhaṁ bhikkhave etad ahosi : Na kho Āḷāro Kālāmo imaṁ dhammaṁ kevalaṁ saddhā-mattakena 'sayaṁ abhiññā sacchikatvā upasampajja viharāmî ' ti pavedeti, addhā Āḷāro Kālāmo imaṁ dhammaṁ jānaṁ passaṁ viharatî ti. [18]

“Atha khvâhaṁ bhikkhave yena Āḷāro Kālāmo ten' upasaṅkamiṁ, upasaṅkamitvā Āḷāraṁ Kālāmaṁ avocaṁ : 'Kittāvatā no āvuso Kālāma imaṁ dhammaṁ sayaṁ abhiññā sacchikatvā upasampajja pavedesī ? 'ti. Evṁ vutte bhikkhave Āḷāro Kālāmo ākiñcaññâyatanaṁ pavedesi. [19]

「如此，正是出家者的他，追求任何善、遍求無上殊勝寂靜道，走近阿羅羅迦羅摩所在處，走近之後，對阿羅羅迦羅摩說：『尊者迦羅摩！我希望在此法、律中修行梵行』。諸比丘！我如此說時，阿羅羅迦羅摩對我說此〔以下的話〕，即：『尊者！請住吧！此法，像你這樣有智的人，若在其中，不久即自己為師，由自己了知、作證、成就而住』。 [16]

「諸比丘！確實，那個我，正是不久即快速地學得其法。諸比丘！確實，那個我，以耍嘴唇的程度虛談已被說過〔之語〕的範圍，只談智語與談長老語而已，我對他人只自稱『我知道，我見到』而已。 [17]

「諸比丘！那時的我有此〔以下的想法〕，即：『莫非阿羅羅迦羅摩對此法，完全只依信而宣言：我由自己了知、作證、成就而住？』。確實，阿羅羅迦羅摩正在知、見此法而住。 [18]

「諸比丘！然後，我到了阿羅羅迦羅摩所在處，到了之後對阿羅羅迦羅摩說：『尊者迦羅摩！您對此法，究竟由自己了知、作證、成就了什麼程度而宣示？』〔我〕如此說時，諸比丘！阿羅羅迦羅摩宣稱無所有處。 [19]

"Tassa mayhaṁ bhikkhave etad ahosi : Na kho Āḷārass' eva Kālāmassa atthi saddhā, mayham p'atthi saddhā ; na kho Āḷārass' eva Kālāmassa atthi viriyṁ, mayham p' atthi viriyaṁ ; na kho Āḷārass' eva Kālāmassa atthi sati, mayham p' atthi sati ; na kho Āḷārass' eva Kālāmassa atthi samādhi, mayham p' atthi samādhi ; na kho Āḷārass' eva Kālāmassa atthi paññā, mayham p' atthi paññā ; yan nūnâhaṁ yaṁ dhammaṁ Āḷāro Kālāmo 'sayaṁ abhiññā sacchikatvā upasampajja viharāmî ' ti pavedeti tassa dhammassa sacchikiriyāya padaheyyan ti. So kho ahaṁ bhikkhave na cirass' eva khippam eva taṁ dhammaṁ sayaṁ abhiññā sacchikatvā upasampajja vihāsiṁ. [20]

"Atha khvâhaṁ bhikkhave yena Āḷāro Kālāmo ten' upasaṅkamiṁ, upasaṅkamitvā Āḷāraṁ Kālāmam etad avocaṁ : 'Ettāvatā no āvuso Kālāma imaṁ dhammaṁ sayaṁ abhiññā sacchikatvā upasampajja pavedesî ? ' ti. 'Ettāvatā kho ahaṁ āvuso imaṁ dhammaṁ sayaṁ abhiññā sacchikatvā upasampajja pavedemî' ti. 'aham pi kho āvuso ettāvatā imaṁ dhammaṁ sayaṁ abhiññā sacchikatvā upasampajja viharāmî ' ti. [21]

「諸比丘！那時的我有此〔以下的想法〕，即：『實在的，對於阿羅羅迦羅摩而言非有信，但是對我而言有信；對於阿羅羅迦羅摩而言非有精進，但對我而言有精進；對於阿羅羅迦羅摩而言非有念，但對我而言有念；對於阿羅羅迦羅摩而言非有定，但對我而言有定；對於阿羅羅迦羅摩而言非有慧，但對我而言有慧；我為了作證，阿羅羅迦羅摩所謂『由自己了知、作證、成就而住』的那個法，而應當努力。諸比丘！確實，那個我正是於不久，即快速地由自己了知、作證、成就那個法而住。 [20]

「諸比丘！然後，我到了阿羅羅迦羅摩所在處，到了之後對阿羅羅迦羅摩說：『尊者迦羅摩！您是否對此法，由自己了知、作證、成就了如此程度而宣示？』〔阿羅羅迦羅摩說：〕『確實，我對此法，由自己證知、作證、成就如此程度而宣示』〔我說〕『確實，我亦對此法，由自己了知、作證、成就如此程度而住』。 [21]

“ ‘Lābhā no āvuso suladdhaṁ no āvuso, ye mayaṁ āyasmantaṁ tādisaṁ sabrahmacārim passāma. Iti yâhaṁ dhammaṁ sayaṁ abhiññā sacchikatvā upasampajja pavedemi taṁ tvaṁ dhammaṁ sayaṁ abhiññā sacchikatvā upasampajja viharasi, yaṁ tvaṁ dhammaṁ sayaṁ abhiññā sacchikatvā upasampajja viharasi tam ahaṁ dhammaṁ sayaṁ abhiññā sacchikatvā upasampajja pavedemi. Iti yâhaṁ dhammaṁ jānāmi taṁ tvaṁ dhammaṁ jānāsi, yaṁ tvaṁ dhammaṁ jānāsi tam ahaṁ dhammaṁ jānāmi. Iti yādiso ahaṁ tādiso tuvaṁ, yādiso tuvaṁ tādiso ahaṁ. Ehi ḍāni āvuso, ubho va santā imaṁ gaṇaṁ pariharāmâ ’ ti. [22]

“Iti kho bhikkhave Āḷāro Kālāmo ācariyo me samāno antevāsiṁ maṁ samānaṁ attano samasamaṁ ṭhapesi uḷārāya ca maṁ pūjāya pūjesi. Tassa nayhaṁ bhikkhave etad ahosi : Nâyaṁ dhammo nibbidāya na virāgāya na nirodhāya na upasamāya na abhiññāya na sambodhāya na nibbānāya saṁvattati, yāvad eva ākiñcaññâyatanûpapattiyā ti. So kho ahaṁ bhikkhave taṁ dhammaṁ analaṅkaritvā tasmā dhammā nibbijjâpakkamiṁ. [23]

“So kho ahaṁ bhikkhave kiṁkusala-gavesī anuttaraṁ santivara-padaṁ pariyesamāno yena Uddako Rāmaputto ten’ upasaṅkamiṁ, upasaṅkamitvā Uddakaṁ Rāmaputtam etad avocaṁ : ‘ Icchām’ ahaṁ āvuso imasmiṁ dhamma-vinaye brahmacariyaṁ caritun’ ti. Evaṁ vutte bhikkhave Uddako Rāmaputto mam etad avoca : ‘viharat’ āyasmā, tādiso ayaṁ dhammo yattha viññū puriso na cirass’ eva sakaṁ ācariyakaṁ sayaṁ abhiññā sacchikatvā upasampajja vihreyyâ ’ ti. [24]

「〔阿羅羅迦羅摩說：〕『尊者！我們見到如尊者這樣的同梵行者，是我們的利得，我們的極善利得。如此，凡是我由自己所了知、作證、成就而宣示的法，你對其法，由自己了知、作證、成就而住；凡是你由自己所了知、作證、成就而住的法，我對其法，由自己了知、作證、成就而宣示；如此，凡是我所知的法，你知其法；凡是你所知的法，我知其法；如此，凡是我如何樣，你就如其樣；凡是你如何樣，我就如其樣。尊者！請來吧！現在〔我們〕二人就繼續照顧此團體。 [22]

「諸比丘！如此，確實阿羅羅迦羅摩正是我的阿闍梨【教師】，將我置於自己之內弟子同樣、平等的〔地位〕，又以殊勝供養物供養我。諸比丘！那個我有此〔想法〕：『此法，若是只限於生起無所有處的範圍，則對於厭離、離貪、滅盡、寂靜、了知、正覺、涅槃無作用。諸比丘！那個我確實不滿足其法，然後厭棄其法而出離。 [23]

「諸比丘！確實，那個我，追求任何善、遍求無上殊勝寂靜道，走近優陀迦羅摩子所在處，接近之後，對優陀迦羅摩子如此說：『尊者！我希望在此法、律中行梵行』，如此說時，諸比丘！優陀迦羅摩子對我如此說：『尊者！請住吧！此法，像你這樣有智的人，若在其中，不久即自己爲師，由自己了知、作證、成就而住』。 [24]

“So kho ahaṁ bhikkhave na cirass’ eva khippam eva taṁ dhammaṁ pariyāpuṇiṁ. So kho ahaṁ bhikkhave tāvataken’ eva oṭṭhapahata-mattena lapitalāpana-mattena ñāṇa-vādañ ca vadāmi thera-vādañ ca, jānāmi passāmî ti ca paṭijānāmi ahañ c’ eva aññe ca. [25]

“Tassa mayhaṁ bhikkhave etad ahosi : Na kho Rāmo imaṁ dhammaṁ kevalaṁ saddhā-mattakena ‘sayaṁ abhiññā sacchikatvā upasampajja viharamî ti pavadesi, addhā Rāmo imaṁ dhammaṁ jānaṁ passaṁ viharatî ti. [26]

“Atha khvâhaṁ bhikkhave yena Uddako Rāmaputto ten’ upasaṅkamiṁ, upasaṅkamitvā Uddakaṁ Rāmaputtam etad avocaṁ : Kittāvata no āvuso Rāma imaṁ dhammaṁ sayaṁ abhiññā sacchikatvā upasampajja pavedesî ? ’ ti. Evam vutte bhikkhave Uddako Rāmaputto nevasaññānâsaññâyatanaṁ pavedesi. [27]

“Tassa mayhaṁ bhikkhave etad ahosi : Na kho Rāmass’ eva ahosi saddhā, mayham p’ atthi saddhā ; na kho Rāmass’ eva ahosi viriyaṁ, mayham p’ atthi viriyaṁ ; na kho Rāmass’ eva ahosi sati, mayham p’ atthi sati ; na kho Rāmass’ eva ahosi samādhi, mayham p’ atthi samādhi ; na kho Rāmass’ eva ahosi paññā, mayham p’ atthi paññā ; yan nūnâhaṁ yaṁ dhammaṁ Rāmo ‘sayaṁ abhiññā sacchikatvā upasampajja viharāmî’ ti pavedesi tassa dhammassa sacchikiriyāya padaheyyan ti. So kho ahaṁ bhikkhave na cirass’ eva khippam eva taṁ dhammaṁ sayaṁ abhiññā sacchikatvā upasampajja vihāsiṁ. [28]

「諸比丘！確實，那個我，不久即快速地學得其法。「諸比丘！那個我，以耍嘴唇的程度虛談已被說過〔之語〕的範圍，只說智慧語與談長老語，我對他人只是自稱『我知道，我見到』而已。 [25]

「諸比丘！那個我有此〔想法〕：莫非，羅摩對此法完全唯以信宣言：『由我自己了知、作證、成就而住』？ 確實，羅摩正是知、見此法而住。[26]

「諸比丘！於是，我走近優陀迦羅摩子所在處，接近之後，對優陀迦羅摩子如此說：『尊者羅摩！你對此法，究竟由自己了知、作證、成就什麼程度而宣言？諸比丘！〔我〕如此說時，優陀迦羅摩子宣稱非想非非想處。[27]

「諸比丘！那個我有此〔想法〕：確實，對羅摩而言正是無信，但對我而言有信；對羅摩而言正是無精進，但對我而言有精進；對羅摩而言正是無正念，但對我而言有正念；對羅摩而言正是無定，但對我而言有定；對羅摩而言正是無慧，但對我而言有慧；羅摩所宣稱『由自己已了知、作證、成就而住』的法，爲了證知其法，我是否應當精勤。諸比丘！確實，那個我，不久即快速地由自己了知、作證、成就而住。 [28]

"Atha khvâhaṁ bhikkhave yena Uddako Rāmaputto ten' upasaṅkamiṁ, upasaṅkamitvā Uddakaṁ Rāmaputtam etad avocaṁ : Ettāvatā no āvuso Rāma imaṁ dhammaṁ sayaṁ abhiññā sacchikatvā upasampajja pavedesî ? ' ti. 'Ettāvatā kho āvuso Rāmo imaṁ dhammaṁ sayaṁ abhiññā sacchikatvā upasampajja pavedesî ? ' ti. 'Aham pi kho āvuso ettāvatā imaṁ dhammaṁ sayaṁ abhiññā sacchikatvā upasampajja viharāmî'ti. [29]

" 'Lābhā no āvuso, suladdhaṁ no āvuso, ye mayaṁ āyasmantaṁ tādisaṁ sabrahmacārim passāma. Iti yaṁ dhammaṁ Ṛāmo sayaṁ abhiññā sacchikatvā upasampajja pavedesi taṁ tvaṁ dhammaṁ sayaṁ abhiññā sacchikatvā upasampajja viharasi, yaṁ tvaṁ dhammaṁ sayaṁ abhiññā sacchikatvā upasampajja viharasi taṁ dhammaṁ Ṛāmo sayaṁ abhiññā sacchikatvā upasampajja pavedesi. Iti yaṁ dhammaṁ Ṛāmo aññāsi taṁ tvaṁ dhammaṁ jānāsi yaṁ tvaṁ dhammaṁ jānāsi taṁ dhammaṁ Ṛāmo aññāsi. Iti yādiso Ṛāmo ahosi tādiso tuvaṁ, yādiso tuvaṁ tādiso Ṛāmo ahosi. Ehi dāni āvuso, tvaṁ imaṁ gaṇaṁ pariharâ' ti. [30]

" Iti kho bhikkhave Uddako Rāmaputto sabrahmacārī me samāno ācariyaṭṭhāne ca maṁ ṭhapesi uḷārāya ca maṁ pūjāya pūjesi. Tassa mayhaṁ bhikkhave etad ahosi : Nâyaṁ dhammo nibbidāya na virāgāya na nirodhāya na upsamāya na abhiññāya na sambodhāya na nibbānāya saṁvattati, yāvad eva nevasaññānâsaññâyatanûpapattiyā ti. So kho ahaṁ bhikkhave taṁ dhammaṁ analaṁkiritvā tasmā dhammā nibbijjâpakkamiṁ. [31]

「諸比丘！於是，我走近優陀迦羅摩子所在處，走近之後，對優陀迦羅摩子如此說：『尊者羅摩！你對此法，是否由自己了知、作證、成就如此程度而宣言？』〔優陀迦羅摩子說〕『尊者！確實，羅摩對此法，由自己了知、作證、成就如此程度而宣言』〔我說〕『尊者！確實，我也是對此法，由自己了知、作證、成就如此程度而住』。 [29]

「尊者！我們見到如尊者這樣的同梵行者，是我們的利得，我們的極善利得。如此，凡是羅摩由自己了知、作證、成就而宣言的法，你則由自己了知、作證、成就其法而住；凡是你由自己了知、作證、成就而住的法，羅摩則由自己了知、作證、成就其法而宣言；如此，凡是羅摩所已知的法，你則知其法；凡是你所知的法，羅摩已知其法；如此，凡是羅摩如甚麼樣，你則如其樣；凡是你如甚麼樣，羅摩則如其樣。來吧！尊者！現在請你照顧此團體。 [30]

「如此，諸比丘！的確，優陀迦羅摩子正是我的同梵行者，將我置於阿闍梨的地位，又以殊勝供養物供養我。諸比丘！那個我有此〔想法〕：此法對於厭離、離貪、滅盡、寂靜、了知、正覺、涅槃無作用，只限於往生非想非非想處而已。諸比丘！那個我不滿足其法而厭棄離開。 [31]

"So kho ahaṁ bhikkhave kiṁkusala-gavesī anuttaraṁ santivara-padaṁ pariyesamāno Magadhesu anupubbena cārikaṁ caramāno yena Uruvelā Senānigāmo tad avasariṁ. Tatth' addasaṁ ramaṇīyaṁ bhūmi-bhāgaṁ pāsādikañ ca vanasaṇḍaṁ, nadiñ ca sandantiṁ setakaṁ sûpatitthaṁ ramaṇīyaṁ, samantā ca gocara-gāmaṁ. Tassa mayham etad ahosi : Ramaṇīyo vata bhūmi-bhāgo pāsādiko ca vanasaṇḍo, nadī ca sandati setakā sûpatitthā ramaṇīyā, samantā ca gocara-gāmo : alaṁ vat' idaṁ kulaputtassa padhānatthikassa padhānāyâ ti. So kho ahaṁ bhikkhave tatth' eva nisīdiṁ : alam idaṁ padhānāyâ ti. [32]

「諸比丘！確實，那個我，追求任何善、遍求無上殊勝寂靜道，於摩揭陀國，一邊次第遊行，一邊走入優婁頻螺歇那泥村。在那裡見到可愛的地域、清淨的林叢、清澈的河流、可愛的美麗河堤、到處有牧場〔容易得到食物〕的村落。那個我有此〔想法〕：確實，可愛的地域、清淨的林叢、清澈的河流、可愛的美麗河堤、到處有牧場〔容易得到食物〕的村落；確實，此是適合於有精勤願望的良家子弟精進的〔地域〕。諸比丘！確實，那個我〔認爲〕：『此是適合於精勤』，就在那裡坐下來了。 [32]

“ So kho ahaṁ bhikkhave attanā jātidhammo samāno jātidhamme ādīnavaṁ viditvā ajātaṁ anuttaraṁ yogakkhemaṁ nibbānaṁ pariyesamāno ajātaṁ anuttaraṁ yogakkhemaṁ nibbānaṁ ajjhagamaṁ, attanā jarādhammo samāno jarādhamme ādīnavaṁ viditvā ajaraṁ anuttaraṁ yogakkhemaṁ nibbānaṁ pariyesamāno ajaraṁ anuttaraṁ yogakkhemaṁ nibbānaṁ ajjhagamaṁ, attanā byādhidhammo samāno byādhidhamme ādīnavaṁ viditvā abyādhiṁ anuttaraṁ yogakkhemaṁ nibbānaṁ pariyesamāno abyādhiṁ anuttaraṁ yogakkhemaṁ nibbānaṁ ajjhagamaṁ, attanā maraṇadhammo samāno maraṇadhamme ādīnavaṁ viditvā amataṁ anuttaraṁ yogakkhemaṁ nibbānaṁ pariyesamāno amataṁ anuttaraṁ yogakkhemaṁ nibbānaṁ ajjhagamaṁ, attanā sokadhammo samāno sokadhamme ādīnavaṁ viditvā asokaṁ anuttaraṁ yogakkhemaṁ nibbānaṁ pariyesamāno asokaṁ anuttaraṁ yogakkhemaṁ nibbānaṁ ajjhagamaṁ, attanā saṅkilesadhammo samāno saṅkilesadhamme ādīnavaṁ viditvā asaṅkiliṭṭhaṁ anuttaraṁ yogakkhemaṁ nibbānaṁ pariyesamāno asaṅkiliṭṭhaṁ anuttaraṁ yogakkhemaṁ nibbānaṁ ajjhagamaṁ. Ñāṇañ ca pana me dassanaṁ udapādi：Akuppā me vimutti, ayam antimā jāti, natthi dāni punabbhavo ti. [33]

「諸比丘！確實，那個我，由自己正有生法故，於生法知過患而遍求無生無上觀行安穩的涅槃，而達到無生無上觀行安穩的涅槃；自己正有老法故，於老法知過患而遍求無老無上觀行安穩涅槃，而達到無老無上觀行安穩涅槃；自己正有病法故，於病法知過患而遍求無病無上觀行安穩涅槃，而達到無病無上觀行安穩涅槃；自己正有死法故，於死法知過患而遍求無死無上觀行安穩涅槃，而達到無死無上觀行安穩涅槃；自己正有憂法故，於憂法知過患而遍求無憂無上觀行安穩涅槃，而達到無憂無上觀行安穩涅槃；自己正有雜穢法故，於雜穢法知過患而遍求無雜穢無上觀行安穩涅槃，而達到無雜穢無上觀行安穩涅槃。而且於我生起智與見，即：我的解脫不動搖，此是最後生，現在無再生。 [33]

"Tassa mayhaṁ bhikkhave etad ahosi : Adhigato kho me ayaṁ dhammo gambhīro duddaso duranubodho santo paṇīto atakkâvacaro nipuṇo paṇḍita-vedanīyo. Ālaya-rāmā kho panâyaṁ pajā ālaya-ratā ālaya-sammuditā. Ālaya-rāmāya kho pana pajāya ālaya-ratāya ālaya-sammuditāya duddasaṁ idaṁ ṭhānaṁ yad idaṁ idappaccayatā paṭicca-samuppādo, idaṁ pi kho ṭhānaṁ duddasaṁ yad idaṁ sabba-saṅkhāra-samatho sabbûpadhi-paṭinissaggo taṇhakkhayo virāgo nirodho nibbānaṁ. Ahañ c' eva kho pana dhammaṁ deseyyaṁ, pare ca me na ājāneyyuṁ ; so mam' assa kilamatho, sā mam' assa vihesā ti. [34]

"Api 'ssu maṁ bhikkhave imā acchariyā gāthā paṭibhaṁsu pubbe assutapubbā :

Kicchena me adhigataṁ h' alan dāni pakāsituṁ,
rāga-dosa-paretehi nâyaṁ dhammo susambuddho.
Paṭisota-gāmiṁ nipuṇaṁ gambhīraṁ duddasaṁ aṇuṁ
rāgarattā na dakkhinti tamokkhandhena āvutā ti. [35]

"Iti ha me bhikkhave paṭisañcikkhato appossukkatāya cittaṁ namati no dhamma-desanāya. Atha kho bhikkhave Brahmuno Sahampatissa mama cetasā ceto-parivitakkam aññāya etad ahosi : Nassati vata bho loko, vinassati vata bho loko, yatra hi nāma Tathāgatassa arahato sammāsambuddhassa appossukkatāya cittaṁ namati no dhamma-desaāyâ ti. [36]

「諸比丘！那個我有此〔想法〕：我所體驗到的此法是甚深、難見、難了悟、寂靜、殊勝、非思索境界、微妙、智者可感受的。但此人們喜歡執著、愛好執著、愉悅執著。由於人們喜歡執著、愛好執著、愉悅執著，而難見此道理，即：此緣性、緣起法；亦難見此道理，即：一切行止息、一切所依捨離、愛盡、離貪、滅、涅槃。然而，即使我說法，他們亦不可能十分理解我〔所說〕的；對我而言可能有其疲勞，對我而言可能有其惱害。 [34]

「諸比丘！又於我出現此稀有、前所未聞的偈：

由我艱難所得此法，確實現在適宜說明，
被貪瞋打敗者，不易覺悟。
導向逆流、微妙、甚深、難見、細密之〔法〕，
欲貪所污染者、闇聚所覆者見不到。 [35]

「諸比丘！如此深思已，我的心轉向無關心、不說法。諸比丘！那時，娑婆主梵天以心知我的心所審慮而有此〔想〕：確實世界會滅亡，確實世界會滅亡，因爲如來、應供、正等覺的心轉向無關心、不說法。[36]

“Atha kho bhikkhave Brahmā Sahampati seyyathā pi nāma balavā puriso samiñjitaṁ vā bāhaṁ pasāreyya pasāritaṁ vā bāhaṁ samiñjeyya, evam eva Brahma-loke antarahito mama purato pātur ahosi. Atha kho bhikkhave Brahmā Sahampati ekaṁsaṁ uttarāsaṅgaṁ karitvā yenâhaṁ ten' añjalim paṇāmetvā mam etad avoca： ‘Desetu bhnte Bhagavā dhammaṁ, desetu Sugato dhammaṁ, santi sattā appa-rajakkha-jātikā assavanatā dhammassa parihāyanti, bhavissanti dhammassa aññātāro’ ti. Idam avoca bhikkhave Brahmā sahampati, idaṁ vatvā athâparaṁ etad avoca：[37]

Pātur ahosi Magadhesu pubbe
dhammo asuddho samalehi cintito；
Apāpur' etaṁ amatassa dvāraṁ,
suṇantu dhammaṁ vimalenânubuddhaṁ.

Sele yathā pabbata-muddhani ṭṭhito
yathā pi passe janataṁ samantato,
tathûpamaṁ dhamma-mayaṁ sumedha
pāsādam āruyha samanta-cakkhu
sokâvatiṇṇaṁ janatam apetasoko
avekkhassu jātijarâbhibhūtaṁ.

Uṭṭhehi vīra vijita-saṅgāma
satthavāha anaṇa, vicara loke,
desassu Bhagavā dhammaṁ,
aññātāro bhavissantî' ti. [38]

「然後，諸比丘！娑婆主梵天，恰如有力男人將彎屈的手臂伸直，或將伸直的手臂彎屈，如此於梵天界消失而出現於我的面前。然後，諸比丘！娑婆主梵天，將上衣弄在一肩【偏袒一肩】之後，向我合掌然後對我如此說：『世尊！請世尊說法！善逝！請說法！眾生有少污染塵垢之類，由於無聞法而衰退，〔若有聞法〕將有法的了知者』。諸比丘！娑婆主梵天說了此話，說此之後，又說了此〔以下的偈〕： [37]

因有垢思想之不淨法，
從前出現於摩揭陀國；
請您開那不死之門，
請聽！由離垢者所覺悟之法。

猶如立於山頂之岩石
亦如普見群眾，
猶如普眼者，登上法所成高樓
離愁者！請觀察沉淪於憂愁之群眾！
被生死所征服者。

請奮起！勇者！戰場勝者！
隊商指導者！無債者！請遊步世間！
世尊！請說法！
當有了知者。 [38]

"Atha khvâhaṁ bhikkhave Brahmuno ca ajjhesanaṁ viditvā sattesu ca kāruññataṁ paṭicca buddha-cakkhunā lokaṁ volokesiṁ. Addasaṁ kho ahaṁ bhikkhave buddha-cakkhunā lokaṁ volokento satte apparajakkhe mahārajakkhe, tikkhindriye mudindriye, svākāre dvākāre, suviññāpaye duviññāpaye, app' ekacce paraloka-vajjabhaya-dassāvine viharante. Seyyathā pi nāma uppaliniyaṁ vā paduminiyaṁ vā puṇḍarīkiniyaṁ vā app' ekaccāni uppalāni vā padumāni vā puṇḍarīkāni vā udake jātāni udake saṁvaḍḍhāni udakânuggatāni antonimugga-posīni, app' ekaccāni uppalāni vā padumāni vā puṇḍarīkāni vā udake jātāni udake saṁvaḍḍhāni samodakaṁ ṭhitāni, app' ekaccāni uppalāni vā padumāni vā puṇḍarīkāni vā udake jātāni udake saṁvaḍḍhāni udakā accuggamma tiṭṭhanti anupalittāni udakena ; evam eva kho ahaṁ bhikkhave buddha-cakkhunā lokaṁ volokento addasaṁ satte apparajakkhe mahārajakkhe, tikkhindriye mudindriye, svākāre dvākāre, suviññāpaye duviññāpaye, app' ekacce paraloka-vajjabhaya-dassāvine viharante. [39]

" Atha khvâhaṁ bhikkhave Brahmānaṁ Sahampatiṁ gāthāya paccabhāsiṁ :

'Apārutā tesaṁ amatassa dvārā [Brahme]
ye sotavanto, pamuñcantu saddhaṁ ;
vihiṁsa-saññī paguṇaṁ na bhāsi
dhammaṁ paṇītaṁ manujesu Brahme' ti. [40]

「然而，諸比丘！我知梵天之勸請之後，又對於眾生悲愍的緣故，以佛眼觀察世間。諸比丘！的確，我以佛眼觀察時，見到眾生之中，有少垢、多垢，有利根、鈍根，善行相、惡行相，有易教、難教，或有一類的人見到他界罪過之怖畏而住者。恰如，或於青蓮池、或於紅蓮池、或於白蓮池，有一類的或青蓮、或紅蓮、或白蓮產生於水，成長於水，隨順水，潛於水中養育；有一類的或青蓮、或紅蓮、或白蓮產生於水，成長於水，齊於水面而立；有一類的或青蓮、或紅蓮、或白蓮產生於水，成長於水，超過水而立，且不被水染著；諸比丘！如此，確實，我正以佛眼觀察世間時，見到眾生之中，有少垢、多垢，有利根、鈍根，善行相、惡行相，有易教、難教，或有一類的人見到他界罪過之怖畏而住者。 [39]

「諸比丘！然後，我對娑婆主梵天以偈應答：

不死[3]之門已爲他們開 [梵天！]
凡是有耳者，捨棄邪信吧！
深慮有害而不說
殊勝之法，梵天！ [40]

3 不死 原語 amata 或譯爲甘露，意爲涅槃。

“ Atha kho bhikkhave Brahmā Sahampati：katâvakāso kho ’mhi Bhagavatā dhammadesanāyâ ti maṁ abhivādetvā padakkhiṇaṁ katvā tatth’ eva antaradhāyi. [41]

“Tassa mayhaṁ bhikkhave etad ahosi：Kassa nu kho ahaṁ paṭhamaṁ dhammaṁ deseyyaṁ？ Ko imaṁ dhammaṁ khippam eva ājānissatî？ti. Tassa mayhaṁ bhikkhave etad ahosi：Ayaṁ kho Āḷāro Kālāmo paṇḍito viyatto medhāvī, dīgharattaṁ apparajakkha-jātiko, yan nūnâhaṁ Āḷārassa Kālāmassa paṭhamaṁ dhammaṁ deseyyaṁ. So imaṁ dhammaṁ khippam eva ājānissatî ti. [42]

“ Atha kho maṁ bhikkhave devatā upasaṅkamitvā etad avocuṁ：‘Sattâha-kālakato bhante Āḷāro Kālāmo’ ti. Ñāṇañ ca pana me dassanaṁ udapādi：Sattâha-kālakato bhante Āḷāro Kālāmo ti. Tassa mayhaṁ bhikkhave etad ahosi：Mahâjāniyo kho Āḷāro Kālāmo, sace hi so imaṁ dhammaṁ suṇeyya khippam eva ājāneyyâ ti. [43]

“Tassa mayhaṁ bhikkhave etad ahosi：Kassa nu kho ahaṁ paṭhamaṁ dhammaṁ deseyyaṁ？ Ko imaṁ dhammaṁ khippam eva ājānissatî？ti. Tassa mayhaṁ bhikkhave etad ahosi：Ayaṁ kho Uddako Rāmaputto paṇḍito viyatto medhāvī, dīgha-rattaṁ apparajakkha-jātiko, yan nūnâhaṁ Uddakassa Rāmaputtassa paṭhamaṁ dhammaṁ deseyyaṁ. So imaṁ dhammaṁ khippam eva ājānissatî ti. [44]

「諸比丘！於是，娑婆主梵天〔想〕:『確實，關於由世尊說法，我已作了機會』即對我禮拜已，行右繞之後，於其處消失了。 [41]

「諸比丘！那個我有此〔想法〕：我究竟應為誰最初說法？誰將快速即了解此法？諸比丘！那個我有此〔想法〕：確實那阿羅羅迦羅摩是賢者、聰明、有智慧，長時少染污垢之輩，我是否應當最初為阿羅羅迦羅摩說法！他將快速即了解此法。 [42]

「然後，諸比丘！諸神來臨對我如此說:『世尊！阿羅羅迦羅摩去世已有七天』。我亦生起智見，即:阿羅羅迦羅摩去世已有七天。諸比丘！那個我有此〔想法〕：阿羅羅迦羅摩實大損失，因為，他如果聞此法，可能快速即了解此法。 [43]

「然後，諸比丘！那個我有此〔想法〕：我究竟應為誰最初說法？誰將快速即了解此法？那個我有此〔想法〕:確實，那優陀羅羅摩子是賢者、聰明、有智慧，長時少染污垢之輩，我是應當最初為優陀羅羅摩子說法！他將快速即了解此法。[44]

“Atha kho maṁ bhikkhave devatā upasaṅkamitvā etad avocuṁ : ‘Abhidosa-kālakato bhante Uddako Rāmaputto’ ti. Ñāṇañ ca pana me dassanaṁ udapādi : Abhidosa-kālakato Uddako Rāmaputto ti. Tassa mayhaṁ bhikkhave etad ahosi : Mahâjāniyo kho Uddako Rāmaputto, sace hi so imaṁ dhammaṁ suṇeyya khippam eva ājāneyyâ ti. [45]

“Tassa mayhaṁ bhikkhave etad ahosi : Kassa nu kho ahaṁ paṭhamaṁ dhammaṁ deseyyaṁ ? Ko imaṁ dhammaṁ khippam eva ājānissatî ? ti. Tassa mayhaṁ bhikkhave etad ahosi : Bahukārā kho me pañcavaggiyā bhikkhū ye maṁ padhānapahitattaṁ upaṭṭhahiṁsu ; Yan nūnâhaṁ pañcavaggiyānaṁ bhikkhūnaṁ paṭhamaṁ dhammaṁ deseyyan ti. [46]

“ Tassa mayhaṁ bhikkhave etad ahosi : Kahan nu kho etarahi pañcavaggiyā bhikkhū viharantî ? ti. Addasaṁ kho ahaṁ bhikkhave dibbena cakkhunā visuddhena atikkanta-mānusakena pañcavaggiye bhikkhū Bārāṇasiyaṁ viharante Isipatane Migadāye. Atha khvâhaṁ bhikkhave Uruvelāyaṁ yathâbhirantaṁ viharitvā yena Bārāṇasī tena cārikaṁ pakkamiṁ. [47]

“Addasā kho maṁ bhikkhave Upako ājīviko antarā ca Gayaṁ antarā ca Bodhiṁ addhānamagga-paṭipannaṁ, disvāna maṁ etad avoca : ‘Vippasannāni kho te āvuso indriyāni, parisuddho chavi-vaṇṇo pariyodāto ; Kiṁ ’si tvaṁ āvuso uddissa pabbajito ? Ko vā te satthā ? Kassa vā tvaṁ dhammaṁ rocasî ? ’ ti. Evaṁ vutte ahaṁ bhikkhave Upakaṁ ājīvikaṁ gāthāhi ajjhabhāsiṁ : [48]

「諸比丘！然後，諸神來臨對我如此說：『世尊！優陀羅羅摩子，已於前天晚上去世』。我亦生起智見，即：優陀羅羅摩子，已於前天晚上去世。諸比丘！那個我有此〔想法〕：優陀羅羅摩子實大損失，因爲，他若聞此法，可能快速即了解此法。 [45]

「諸比丘！那個我有此〔想法〕：我究竟應爲誰最初說法？誰將快速即了解此法？ 那個我有此〔想法〕：確實，五群比丘爲我所作甚多，當我自勵精勤時，他們侍候我；我是應當最初爲五群比丘說法！ [46]

「諸比丘！那個我有此〔想法〕：現在，五群比丘究竟住在那裡？諸比丘！確實，我以超人的清淨天眼，見到五群比丘住在波羅奈，仙人墮處鹿野苑。諸比丘！然後，我於優婁頻螺隨意樂住之後，向波羅奈所在處出發遊行。 [47]

「諸比丘！邪命外道優波迦，於伽耶與菩提〔樹〕之間，見到正在旅途上行走的我，見到之後對我說：『尊者！確實你的諸根明淨，膚色清淨皎潔；尊者！你是爲何而出家？又誰是你的教師？您喜歡誰的法？』如此說時，諸比丘！我對邪命外道優波迦以偈應答： [48]

'Sabbâbhibhū sabbavidū 'ham asmi,
sabbesu dhammesu anūpalitto,
sabbañjaho taṇhakkhaye vimutto,
sayaṁ abhiññāya kam uddiseyyaṁ.
Na me ācariyo atthi, sadiso me na vijjati,
sadevakasmiṁ lokasmiṁ natthi me paṭipuggalo.
Ahaṁ hi arahā loke, ahaṁ satthā anuttaro,
eko 'mhi sammāsambuddho, sītibhūto 'smi nibbuto.
Dhamma-cakkaṁ pavattetuṁ gacchāmi Kāsinaṁ puraṁ,
andhabhūtasmiṁ lokasmiṁ āhañchaṁ amata-dundubin' ti. [49]

'Yathā kho tvaṁ āvuso paṭijānāsi arahasi anantajino' ti.

'Mādisā ve jinā honti ye pattā āsavakkhayaṁ,
jitā me pāpakā dhammā, tasmā 'haṁ Upaka jino' ti.

Evaṁ vutte bhikkhave Upako ājīviko：'Huveyya p' āvuso' ti vatvā sīsaṁ okampetvā ummaggaṁ gahetvā pakkami. [50]

" Atha khvâhaṁ bhikkhave anupubbena cārikaṁ caramāno yena Bārāṇasī Isipatanaṁ Migadāyo yena pañcavaggiyā bhikkhū ten' upasaṅkamiṁ. Addasāsuṁ kho maṁ bhikkhave pañcavaggiyā bhikkhū dūrato va āgacchantaṁ, disvāna aññamaññaṁ saṇṭhapesuṁ：Ayaṁ āvuso samaṇo Gotamo āgacchati, bāhuliko padhāna-vibbhanto āvatto bāhullāya, so n' eva abhivādetabbo na paccuṭṭhātabbo, nâssa patta-cīvaraṁ paṭiggahetabbaṁ, api ca kho āsanaṁ ṭhapetabbaṁ, sace ākaṅkhissati nisīdissatî ti. [51]

『我是一切勝者、一切智者，
於一切法不染著，
捨斷一切、愛滅盡、已解脫，
已由自己證悟，當指誰爲〔師〕。
無有吾之師，未知有同等者，
共有天之世界中，無與我比肩者。
確實我於世間值得供養者，我是無上師，
我是一正等覺者，我已成清涼、已得涅槃。
爲了轉法輪，我往迦尸城，
在已成黑暗之世間，我將要擊不死之鼓。』 [49]

〔優波迦說〕『尊者！確實如你自稱，你是值得供養者，無限勝者。』

〔世尊答以偈〕『凡是得到漏盡者，確實他們同樣是勝者，
我征服諸惡法故，優波迦！我是勝者。』

諸比丘！我如此說時，優波迦說：『尊者！你可能是』之後搖頭，然後取邪道而離去。 [50]

「諸比丘！然後，我次第遊行至波羅奈，仙人墮處鹿野苑，到五群比丘所在處。諸比丘！確實，五群比丘見到了正從遠處走來的我，見已互相制約：朋友！此是沙門瞿曇來，奢侈者，迷亂精勤而轉向奢侈，他實不應受禮拜、不應受起立迎接，不應受取他的衣缽，但座位可設置，他若願望則當坐。 [51]

“ Yathā yathā kho ahaṁ bhikkhave upasaṅkamāmi tathā tathā pañca-vaggiyā bhikkhū nâsakkhiṁsu sakāya katikāya saṇṭhātuṁ ; app’ ekacce maṁ paccuggantvā patta-cīvaraṁ paṭiggahesuṁ ; app’ ekacce āsanaṁ paññāpesuṁ ; app’ ekacce pādodakaṁ upaṭṭhāpesuṁ, api ca kho maṁ nāmena ca āvuso-vādena ca samudācaranti. [52]

“Evaṁ vutte ahaṁ bhikkhave pañca-vaggiye bhikkhū etad avocaṁ : ‘Mā bhikkhave Tathāgataṁ nāmena ca āvuso-vādena samudācarittha. Arahaṁ bhikkhave Tathāgato sammā-sambuddho. Odahatha bhikkhave sotaṁ, amataṁ adhigataṁ, aham anusāsāmi, ahaṁ dhammaṁ desemi, yathânusiṭṭhaṁ tathā paṭipajjamānā na cirass’ eva yass’ atthāya kulaputtā sammad eva agārasmā anagāriyaṁ pabbajanti tad anuttaraṁ brahmacaiya-pariyosānaṁ diṭṭhe va dhamme sayaṁ abhiññā sacchikatvā upasampajja viharissathâ’ ti. [53]

“Evaṁ vutte bhikkhave pañcavaggiyā bhikkhū maṁ etad avocuṁ : ‘Tāya pi kho tvaṁ āvuso Gotama iriyāya tāya paṭipadāya tāya dukkarakārikāya nâjjhagamā uttari-manussa-dhammaṁ alamariya-ñāṇadassana-visesaṁ. Kiṁ pana tvaṁ etarahi bāhuliko padhāna-vibbhanto āvatto bāhullāya adhigamissasi uttari-manussa-dhammaṁ alamariya-ñāṇadassana-visesan ? ’ ti. [54]

「諸比丘！實在的，隨著我走近，五群比丘也就隨著不能制約自己所約談的；一些人來迎接我而受取衣缽，一些人設置座位，一些人供應洗足水；然而，以名字與用同輩之語招呼我。 [52]

「諸比丘！我被如此招呼時，對五群比丘說了此〔話〕:『諸比丘！對如來勿以名字與用同輩之語招呼。諸比丘！如來是應供者、正等覺者。諸比丘！傾耳〔聽〕，不死〔之法〕已被證得，我要教誡，我要開示法，你們如果依照所教誡那樣實行，不久即完成那所謂良家子弟【善男子】，由家出而成無家【出家】的正確目的，那就是無上梵行的完成，即於現法中，由自己了知、作證、成就而住。』 [53]

「諸比丘！被如此說時，五群比丘對我說:『然而，朋友瞿曇！你未證得那威儀、那道行、那以苦行達到超越人法的殊勝的最聖智見。但你現在是奢侈者，迷亂精勤而轉向奢侈，何以證得超越人法的殊勝的最聖智見？』 [54]

"Evaṁ vutte ahaṁ bhikkhave pañca-vaggiye bhikkhū etad avocaṁ : 'Na bhikkhave Tathāgato bāhuliko na padhāna-vibbhanto āvatto bāhullāya. Odahatha bhikkhave sotaṁ, amataṁ adhigataṁ, aham anusāsāmi, ahaṁ dhammaṁ desemi, yathânusiṭṭhaṁ tathā paṭipajjamānā na cirass' eva yass' atthāya kulaputtā sammad eva agārasmā anagāriyaṁ pabbajanti tad anuttaraṁ brahmacaiya-pariyosānaṁ diṭṭhe va dhamme sayaṁ abhiññā sacchikatvā upasampajja viharissathâ' ti. [55]

"Dutiyam pi kho bhikkhave pañcavaggiyā bhikkhū maṁ etad avocuṁ : 'Tāya pi kho tvaṁ āvuso Gotama iriyāya...alamariya-ñāṇadassana-visesan ? ' ti. [56]

"Dutiyam pi kho ahaṁ bhikkhave pañca-vaggiye bhikkhū etad avocaṁ : 'Na bhikkhave Tathāgato bāhuliko...upasampajja viharissathâ' ti. Tatiyam pi kho bhikkhave pañcavaggiyā bhikkhū maṁ etad avocuṁ : 'Tāya pi kho tvaṁ āvuso Gotama iriyāya...alamariya-ñāṇadassana-visesan ? ' ti. [57]

「諸比丘！被如此說時，我對五群比丘說了此〔以下的話〕：『諸比丘！如來非奢侈者，非迷亂精勤而趣向奢侈，諸比丘！傾耳〔聽〕，不死〔之法〕已被證得，我要教誡，我要開示法，你們如果依照所教誡那樣實行，不久即完成那所謂良家子弟由家出而成無家的正確目的，那就是無上梵行的完成，即將於現法中，由自己了知、作證、成就而住。』[55]

「諸比丘！五群比丘第二次對我說：『然而，朋友瞿曇！你〔未證得〕那威儀……殊勝的最聖智見？』[56]

「諸比丘！我再次對五群比丘說了此〔以下的話〕:『諸比丘！如來非奢侈者，非迷亂精勤而趣向奢侈……成就而住。』但五群比丘第三次對我說:『然而，朋友瞿曇！你〔未證得〕那威儀……殊勝的最聖智見？』[57]

“Evaṁ vutte ahaṁ bhikkhave pañca-vaggiye bhikkhū etad avocaṁ : ‘Abhijānātha me no tumhe bhikkhave ito pubbe evarūpaṁ bhāsitaṁ etan ? ’ ti. ‘No hi etam bhante.’ ‘Arahaṁ bhikkhave Tathāgato sammā-sambuddho. Odahatha bhikkhave sotaṁ, amataṁ adhigataṁ, aham anusāsāmi, ahaṁ dhammaṁ desemi, yathânusiṭṭhaṁ tathā paṭipajjamānā na cirass’ eva yass’ atthāya kulaputtā sammad eva agārasmā anagāriyaṁ pabbajanti tad anuttaraṁ brahmacaiya-pariyosānaṁ diṭṭhe va dhamme sayaṁ abhiññā sacchikatvā upasampajja viharissathâ’ ti. Asakkhiṁ kho ahaṁ bhikkhave pañcavaggiye bhikkhū saññāpetuṁ. [58]

“Dve pi sudaṁ bhikkhave bhikkhū ovadāmi, tayo bhikkhū piṇḍāya caranti, yaṁ tayo bhikkhū piṇḍāya caritvā āharanti tena chabbaggo yāpema. Tayo pi sudaṁ bhikkhave bhikkhū ovadāmi, dve bhikkhū piṇḍāya caranti, yaṁ dve bhikkhū piṇḍāya caritvā āharanti tena chabbaggo yāpema. Atha kho bhikkhave pañcavaggiyā bhikkhū mayā evaṁ ovadiyamānā evaṁ anusāsiyamānā attanā jātidhammā samānā jātidhamme ādīnavaṁ viditvā ajātaṁ anattaraṁ yogakkhemaṁ nibbānaṁ pariyesamānā ajātaṁ anattaraṁ yogakkhemaṁ nibbānaṁ ajjhagamaṁsu, attanā jarā-dhammā samānā…ajaraṁ, attanā byādhidhammā samānā…abyādhiṁ, attanā maraṇadhammā samānā…amataṁ, attanā sokadhammā samānā…asokaṁ, attanā saṅkilesadhammā samānā saṅkilesadhamme ādīnavaṁ viditvā asaṅkiliṭṭhaṁ anattaraṁ yogakkhemaṁ nibbānaṁ pariyesamānā asaṅkiliṭṭhaṁ anattaraṁ yogakkhemaṁ nibbānaṁ ajjhagamaṁsu. Ñāṇañ ca pana nesaṁ dassanaṁ udapādi : Akuppā no vimutti, ayam antimā jāti, natthi dāni punabbhavo” ti. [59]

「諸比丘！被如此說時，我對五群比丘說了此〔以下的話〕:『諸比丘！你們在此以前證知【親自聽到而知】，由我如此說過此〔話〕否？』『不，世尊！』『諸比丘！〔我是〕應供、如來、正等覺，諸比丘！傾耳〔聽〕，不死〔之法〕已被證得，我要教誡，我要開示法，你們若如所教誡那樣實行，不久即完成那所謂良家子弟由家出而成無家的正確目的，那就是無上梵行的完成，即於現法中，由自己了知、作證、成就而住。』諸比丘！確實我能作到使五比丘了知。 [58]

「諸比丘！正當我對二位比丘教誡時，三位比丘為食物而走【托缽】，凡是三位比丘托缽帶回來，我們六人依此生活；諸比丘！正當我對三位比丘教誡時，二位比丘托缽，凡是二位比丘托缽帶回來，我們六人依此生活。諸比丘！那時，五群比丘如我所教誡、教導，因自己正在生法故，於生法知過患而遍求無生無上觀行安穩涅槃，達到無生無上觀行安穩涅槃；因自己正在老法故…無老；因自己正在病法故…無病；因自己正在死法故…無死；因自己正在憂法故…無憂；因自己正在雜穢法故，於雜穢法知過患而遍求無雜穢無上觀行安穩涅槃，達到無生無上觀行安穩涅槃。而且，他們生起智與見，即：我的解脫不動搖故，此是最後生，現在無再有」。 [59]

Idam avoca Bhagavā. Attamanā te bhikkhū bhagavato bhāsitaṁ abhinandun ti. [60]

以上，佛說完了。適意的彼等諸比丘，對佛所說大歡喜。 [60]

27. Mahā-Parinibbāna-Suttanta

(1)[1]

Evam me sutaṁ. Ekaṁ samayaṁ Bhagavā Rājagahe viharati Gijjhakūṭe pabbate. Tena kho pana samayena rājā Māgadho Ajātasattu Vedehiputto Vajjī abhiyātu-kāmo hoti. So evam āha: "Āhañhi 'me Vajjī evaṁ-mahiddhike evaṁ-mahânubhāve, ucchecchāmi Vajjī, vināsessāmi Vajjī, anaya-vyasanaṁ āpādessāmi Vajjī" ti.[1]

Atha kho rājā Māgadho Ajātasattu Vedehiputto Vassakāraṁ brāhmaṇaṁ Magadha-mahāmattaṁ āmantesi:

"Ehi tvaṁ brāhmaṇa yena Bhagavā ten' upasaṅkama, upasaṅkamitvā mama vacanena Bhagavato pāde sirasā vandāhi, appâbādham appâtaṅkaṁ lahuṭṭhānaṁ balaṁ phāsu-vihāraṁ puccha: 'Rājā bhante Māgadho Ajātasattu Vedehiputto Bhagavato pāde sirasā vandati, appâbādham appâtaṅkaṁ lahuṭṭhānaṁ balaṁ phāsu-vihāraṁ pucchatî ' ti evañ ca vadehi: 'Rājā bhante Māgadho Ajātasattu Vedehiputto Vajjī abhiyātu-kāmo. So evam āha: "Āhañhi 'me Vajjī evaṁ-mahiddhike evaṁ-mahânubhāve, ucchecchāmi Vajjī, vināsessāmi Vajjī, anaya-vyasanaṁ āpādessāmi Vajjī" ti'; Yathā ca te Bhagavā vyākaroti taṁ sādhukaṁ uggahetvā mamaṁ āroceyyāsi, na hi Tathāgatā vitathaṁ bhaṇantî " ti. [2]

---

[1] Dīgha 14, vol.ii pp.72-77. 日譯南傳 7 pp.27-35; cf. Aṅguttara 7, 20-21, vol.iv pp.17-22. 日譯南傳 20 pp.254-261.

27. 大般涅槃經【佛傳II】

(1) 七不衰法

如是我聞。一時世尊住在王舍城靈鷲山。那時，摩揭陀王韋提希之子阿闍世，有欲望攻伐跋祇。他如此說：「我要攻打此跋祇人們，如此大繁榮，如此大威力，我要破壞跋祇人們，我要使跋祇人們滅亡，我要使跋祇人們遭遇不幸、災厄。」 [1]

那時，摩揭陀王韋提希子阿闍世，對摩揭陀國大臣雨行婆羅門說：

「來吧！婆羅門！你到世尊所在處，到了之後，以頭禮拜世尊之足，以我的言語問候少病、少惱、起居輕爽、強健、安樂居住吧，即：『世尊！摩揭陀王韋提希子阿闍世，以頭禮拜世尊之足，問候少病、少惱、起居輕爽、強健、安樂居住。』然後如此說：『世尊！摩揭陀王韋提希子阿闍世，想要攻打跋祇人們。他如此說：「我要攻打如此大繁榮，如此大威力的跋祇人們，我要破壞跋祇人們，我要使跋祇人們滅亡，我要跋祇人們產生不幸、災厄。』； 然後，如彼世尊所解答，好好把持之後，希望你對我報告，因爲，如來不說非實〔語〕」。 [2]

"Evaṁ bho" ti kho Vassakāro brāhmaṇo Magadha-mahāmatto rañño Māgadhassa Ajātasattussa Vedehiputtassa paṭissutvā, bhaddāni bhaddāni yānāni yojāpetvā, bhaddaṁ yānaṁ abhirūhitvā, bhaddehi bhaddehi yānehi Rājagahamhā niyyāsi, yena Gijjhakūṭo pabbato tena pāyāsi, yāvatikā yānassa bhūmi yānena gantvā yānā paccorohitvā pattiko va yena Bhagavā ten' upasaṅkami, upasaṅkamitvā Bhagavatā saddhiṁ sammodi, sammodanīyaṁ kathaṁ sārāṇīyaṁ vītisāretvā eka-m-antaṁ nisīdi. Eka-m-antaṁ nisinno kho Vassakāro brāhmaṇo Magadha-mahāmatto Bhagavantaṁ etad avoca: [3]

"Rājā bho Gotama Māgadho Ajātasattu Vedehiputto bhoto Gotamassa pāde sirasā vandati, appâbādham appâtaṅkaṁ lahuṭṭhānaṁ balaṁ phāsu-vihāraṁ pucchati. Rājā bho Gotama Māgadho Ajātasattu Vedehiputto Vajjī abhiyātu-kāmo. So evaṁ āha: 'Āhañhi 'me Vajjī evaṁ-mahiddhike evaṁ-mahânubhāve, ucchecchāmi Vajjī, vināsessāmi Vajjī, anaya-vyasanaṁ āpādessāmi Vajjī' ti." [4]

Tena kho pana samayena āyasmā Ānando Bhagavato piṭṭhito ṭhito hoti Bhagavantaṁ vījamāno. Atha kho Bhagavā āyasmantaṁ Ānandaṁ āmantesi:

"Kin ti te Ānanda sutaṁ. Vajjī abhiṇhaṁ sannipātā sannipāta-bahulā ti ? " [5]

「是！朋友！」摩揭陀國大臣雨行婆羅門，對摩揭陀王韋提希之子阿闍世答應之後，令將諸牛繫於諸車之後，坐上牛車，以諸牛車從王舍城出發，往靈鷲山所在處前進，有多少車〔可行〕之地，就以車行，然後下車步行到世尊所在處，到了之後與世尊相見甚歡喜，交換可喜、可憶念之語，然後坐在一邊。坐在一邊的摩揭陀國大臣雨行婆羅門，對世尊說了此〔以下的話〕： [3]

「朋友瞿曇！摩揭陀王韋提希子阿闍世，以頭禮拜世尊之足，問候少病、少惱、起居輕爽、強健、安樂居住。朋友瞿曇！摩揭陀王韋提希子阿闍世，想要攻打跋祇人們。他如此說：『要攻打跋祇人們，如此大繁榮，如此大威力的跋祇人們，我要破壞跋祇人們，我要使此跋祇人們滅亡，我要跋祇人們產生不幸、災厄。』」 [4]

那時，阿難站在世尊的背後正爲世尊搧風。於是，世尊對尊者阿難說：「阿難！你曾聽過跋祇的人們常常集會多集會〔之事〕否？」 [5]

“Sutaṁ me taṁ bhante Vajjī abhiṇhaṁ sannipātā sannipāta-bahulā ti.”

“Yāvakīvañ ca Ānanda Vajjī abhiṇhaṁ sannipātā sannipāta-bahulā bhavissanti, vuddhi yeva Ānanda Vajjīnaṁ pāṭikaṅkhā no parihāni. Kin ti te Ānanda sutaṁ, Vajjī samaggā sannipatanti samaggā vuṭṭhahanti, samaggā Vajjī karaṇīyāni karontî ti?” [6]

“Sutaṁ me taṁ bhante Vajjī samaggā sannipatanti samaggā vuṭṭhahanti, samaggā Vajjī karaṇīyāni karontî ti. ”

“Yāvakīvañ ca Ānanda Vajjī samaggā sannipatissanti samaggā vuṭṭhahissanti, samaggā Vajjī karaṇīyāni karissanti, vuddhi yeva Ānanda Vajjīnaṁ pāṭikaṅkhā no parihāni. Kin ti te Ānanda sutaṁ Vajjī appaññattaṁ na paññāpenti, paññattaṁ na samucchindanti, yathā paññatte porāṇe Vajji-dhamme samādāya vattantî ti?” [7]

“Sutaṁ me taṁ bhante Vajjī appaññattaṁ na paññāpenti, paññattaṁ na samucchindanti, yathā paññatte porāṇe Vajji-dhamme samādāya vattantî ti.”

“Yāvakīvañ ca Ānanda Vajjī appaññattaṁ na paññāpessanti, paññattaṁ na samucchindissanti, yathā paññatte porāṇe Vajji-dhamme samādāya vattissanti, vuddhi yeva Ānanda Vajjīnaṁ pāṭikaṅkhā no parihāni. Kin ti te Ānanda sutaṁ Vajjī ye te Vajjīnaṁ Vajji-mahallakā te sakkaronti garukaronti mānenti pūjenti tesañ ca sotabbaṁ maññantî ti?” [8]

「世尊！我曾聽過，那跋祇的人們常常集會多集會。」

「阿難！若是跋祇的人們常常集會多集會存在之間，跋祇人們的繁榮正可期待，不衰亡。阿難！你曾聽過跋祇的人們和合集會、和合站起來、和合作應作〔之事〕否？ [6]

「世尊！我曾聽過，那跋祇的人們和合集會、和合站起來、和合作跋祇人們應作之事。」

「阿難！若是跋祇的人們和合集會、和合站起來、和合作跋祇人們應作的事之間，跋祇人們的繁榮正可期待，不衰亡。阿難！你曾聽過跋祇的人們，未設施者不設施，已設施者不斷絕，如古人所設施的跋祇族之法受持而運作否？ [7]

「世尊！我曾聽過，跋祇的人們對於未設施者不設施，已設施者不斷絕，如古人所設施的跋祇人之法受持而運作。」

「阿難！若是跋祇的人們，未設施者不設施，已設施者不斷絕，如古人所設施的跋祇族的法，受持而運作之間，阿難！跋祇人們的繁榮正可期待，不衰亡。阿難！你曾聽過跋祇的人們，他們對跋祇人們的跋祇高齡者，恭敬、尊重、奉承、供養，並且應聽、思量他們的〔話〕否？」 [8]

"Sutaṁ me taṁ bhante Vajjī ye te Vajjīnaṁ Vajji-mahallakā te sakkaronti garukaronti mānenti pūjenti tesañ ca sotabbaṁ maññantî ti."

"Yāvakīvañ ca Ānanda Vajjī ye te Vajjīnaṁ Vajji-mahallakā te sakkarissanti garukarissanti mānessanti pūjessanti tesañ ca sotabbaṁ maññissanti, vuddhi yeva Ānanda Vajjīnaṁ pāṭikaṅkhā no parihāni. Kin ti te Ānanda sutaṁ Vajjī yā tā kulitthiyo kula-kumāriyo tā na okassa pasayha vāsentî ti?" [9]

"Sutaṁ me taṁ bhante Vajjī yā tā kulitthiyo kula-kumāriyo tā na okassa pasayha vāsentî ti."

"Yāvakīvañ ca Ānanda Vajjī yā tā kulitthiyo kula-kumāriyo tā na okassa pasayha vāsessanti, vuddhi yeva Ānanda Vajjīnaṁ pāṭikaṅkhā no parihāni. Kin ti te Ānanda sutaṁ, Vajjī yāni tāni Vajjīnaṁ Vajji-cetiyāni, abbhantarāni ca bāhirāni ca, tāni sakkaronti garukaronti mānenti pūjenti tesañ ca dinna-pubbaṁ kata-pubbaṁ dhammikaṁ baliṁ no parihāpentî ti?" [10]

「世尊！我曾聽過，跋祇的人們，他們對跋祇人們的跋祇高齡者，恭敬、尊重、奉承、供養，並且應聽、思量他們的〔話〕。」

「阿難！若是跋祇的人們，他們對跋祇人們的跋祇高齡者，恭敬、尊重、奉承、供養，並且應聽、思量他們的〔話〕之間，阿難！跋祇人們的繁榮正可期待，不衰亡。阿難！你是否曾聽過，跋祇的人們，對良家婦女、良家女童子們，不以暴力揪出，而讓她們住否？」 [9]

「世尊！我曾聽過，跋祇的人們對良家婦女、良家女童子們，不以暴力揪出，而讓她們住。」

「阿難！若是跋祇的人們，對良家婦女、良家女童子們，不以暴力揪出，而讓她們住之間，阿難！跋祇人們的繁榮正可期待，不衰亡。阿難！你是否曾聽過，跋祇的人們，對凡是跋祇人們的〔城〕內與外的跋祇塔廟，都恭敬、尊重、奉承、供養，他們對以前所給予、以前所作，如法的供祭不廢除否？」 [10]

“Sutaṁ me taṁ bhante Vajjī yāni tāni Vajjīnaṁ Vajji-cetiyāni, abbhantarāni ca bāhirāni ca, tāni sakkaronti garukaronti mānenti pūjenti tesañ ca dinna-pubbaṁ kata-pubbaṁ dhammikaṁ baliṁ no parihāpentî ti.”

“Yāvakīvañ ca Ānanda Vajjī yāni tāni Vajjīnaṁ Vajji-cetiyāni, abbhantarāni ca bāhirāni ca, tāni sakkarissanti garukarissanti mānessanti pūjessanti tesañ ca dinna-pubbaṁ kata-pubbaṁ dhammikaṁ baliṁ no parihāpessanti, vuddhi yeva Ānanda Vajjīnaṁ pāṭikaṅkhā no parihāni. Kin ti te Ānanda sutaṁ Vajjīnaṁ arahantesu dhammikârakkhâvaraṇa-gutti su-saṁvihitā, kin ti anāgatā ca arahanto vijitaṁ āgaccheyyuṁ āgatā ca arahanto vijite phāsuṁ vihareyyun ti?” [11]

“Sutaṁ me taṁ bhante Vajjīnaṁ arahantesu dhammikârakkhâvaraṇa-gutti susaṁvihitā, kin ti anāgatā ca arahanto vijitaṁ āgaccheyyuṁ āgatā ca arahanto vijite phāsuṁ viharyyun ti.”

“Yāvakīvañ ca Ānanda Vajjīnaṁ arahantesu dhammikârakkhâvaraṇa-gutti susaṁvihitā bhavissanti, kin ti anāgatā ca arahanto vijitaṁ āgaccheyyuṁ āgatā ca arahanto vijite phāsuṁ viharyyun ti, vuddhi yeva Ānanda Vajjīnaṁ pāṭikaṅkhā no parihānî” ti. [12]

「世尊！我曾聽過，跋祇的人們，對凡是跋祇人們的〔領土〕內與外的跋祇塔廟，都恭敬、尊重、奉承、供養，他們對以前所給予、以前所作，如法的供祭不廢除。」

「阿難！若是跋祇的人們，對跋祇人們所有的〔領土〕內與外的跋祇塔廟，都恭敬、尊重、奉承、供養，他們對以前所給予、以前所作，如法的供祭不廢除之間，阿難！跋祇人們的繁榮正可期待，不衰亡。阿難！你是否曾聽過，跋祇人們之對於阿羅漢們，如法守護、防衛、善予配置；又任何未來的阿羅漢們希望來領土內，已來的阿羅漢們希望於領土內安住？[11]

「世尊！我曾聽過，跋祇人們之對於阿羅漢們，如法守護、防衛、善予配置；任何未來的阿羅漢們希望來領土內，已來的阿羅漢們希望於領土內安住。」

「阿難！若是跋祇人們之對於阿羅漢們，如法守護、防衛、善予配置；又任何未來的阿羅漢們希望來領土內，已來的阿羅漢們希望於領土內安住之間；阿難！跋祇人們的繁榮正可期待，不衰亡。」 [12]

Atha kho Bhagavā Vassakāraṁ brāhmaṇaṁ Magadha-mahāmattaṁ āmantesi: "Ekam idâhaṁ brāhmaṇa samayaṁ Vesāliyaṁ vihārāmi Sārandade cetiye, tatrâhaṁ Vajjīnaṁ ime satta aparihāniye dhamme desesiṁ, yāvakīvañ ca brāhmaṇa ime satta aparihāniyā dhammā Vajjīsu ṭhassanti, imesu ca sattasu aparihāniyesu dhammesu Vajjī sandissanti, vuddhi yeva brāhmaṇa Vajjīnaṁ pāṭikaṅkhā no parihānî ti." 【此段依 PTS 版本 Dīgha ii p.75 補充】

Evaṁ vutte Vassakāro brāhmaṇo Magadha-mahāmatto Bhagavantaṁ etad avoca:

"Eka-m-ekena pi bho Gotama aparihāniyena dhmmena samannāgatānaṁ Vajjīnaṁ vuddhi yeva pāṭikaṅkhā no parihāni, ko pana vādo sattahi aparihāniyehi dhammehi? Akaraṇīyā va bho Gotama Vajjī raññā Māgadhena Ajātasattunā Vedehiputtena yad idaṁ yuddhassa aññatra upalāpanāya aññatra mithu-bhedā. Handa ca dāni mayaṁ bho Gotama gacchāma, bahukiccā mayaṁ bahukaraṇīyā" ti. [13]

"Yassa dāni tvaṁ brāhmaṇa kālaṁ maññasî " ti.

Atha kho Vassakāro brāhmaṇo Magadha-mahāmatto bhagavato bhāsitaṁ abhinanditvā anumoditvā uṭṭhāy' āsanā pakkami. [14]

Atha kho Bhagavā acira-pakkante Vassakāre brāhmaṇe Magadha-mahāmatte āyasamantaṁ Ānandaṁ āmantesi: "Gaccha tvaṁ Ānanda yāvatikā bhikkhū Rājagahaṁ upanissāya viharanti, te sabbe upaṭṭhāna-sālāyaṁ sannipātehî " ti. [15]

然後，世尊對摩揭陀國大臣雨行婆羅門說：「婆羅門！一個時候，我住在毗舍離沙嵐吖塔廟時，我在那裡曾經爲跋祇人們開示過此七不衰法，婆羅門！但若此七不衰法，當於跋祇人們中存續，跋祇人們於此七不衰法中流傳之間；婆羅門！跋祇人們的繁榮正可期待，不衰亡。」

〔世尊〕如此說時，摩揭陀國大臣雨行婆羅門，對世尊如此說：「朋友瞿曇！具有一一的不衰法，跋祇人們的繁榮尚且可期待，不衰亡；何況具備七不衰法？朋友瞿曇！摩揭陀王韋提希之子阿闍世對跋祇人們，凡是除了講和、除了敵對之外，戰爭不應作。那麼，尊者瞿曇！我們要走了，我們許多事務，許多應作的。」 [13]

「婆羅門！現在若是你所思量適當的時候〔就離去吧！〕」。

於是，摩揭陀國大臣雨行婆羅門，對世尊所說，歡喜、感謝而從座起立，然後離去。 [14]

然後，世尊於摩揭陀國大臣雨行婆羅門離去不久時，對阿難說：「阿難！你去吧！凡是住在王舍城附近的比丘有多少，就使他們全部集合在講堂吧！ [15]

"Evaṁ bhante" ti kho āyasmā Ānando Bhagavato paṭissutvā yāvatikā bhikkhū Rājagahaṁ upanissāya viharanti te sabbe upaṭṭhāna-sālāyaṁ sannipātetvā yena Bhagavā ten' upsaṅkami, upasaṅkamitvā kho āyasmā Ānando Bhagavantaṁ abhivādetvā eka-m-antaṁ aṭṭhāsi, eka-m-antaṁ ṭhito kho āyasmā Ānando Bhagavantaṁ etad avoca: "sannipatito bhante bhikkhu-saṅgho, yassa dāni bhante Bhagavā kālaṁ maññsî" ti. [16]

Atha kho Bhagavā uṭṭhāy' āsanā yena upaṭṭhānasālā ten' upsaṅkami, upasaṅkamitvā paññatte āsane nisīdi, nisajja kho Bhagavā bhikkhū āmantesi:

"Satta vo bhikkhave aparihāniye dhamme desissāmi, taṁ suṇātha sādhukaṁ manasi-karotha bhāsissāmî " ti.

"Evaṁ bhante" ti kho te bhikkhū Bhagavato paccassosuṁ. Bhagavā etad avoca: [17]

"Yāvakīvañ ca bhikkhave bhikkhū abhiṇhaṁ sannipātā sannipāta-bahulā bhavissanti, vuddhi yeva bhikkhūnaṁ pāṭikaṅkhā no parihāni. [18]

"Yāvakīvañ ca bhikkhave bhikkhū samaggā sannipatissanti, samaggā vuṭṭhahissanti, samaggā saṅgha-karaṇīyāni karissanti, vuddhi yeva bhikkhave bhikkhūnaṁ pāṭikaṅkhā no parihāni. [19]

"Yāvakīvañ ca bhikkhave bhikkhū appaññattaṁ na paññāpessanti, paññattaṁ na samucchindissanti, yathā-paññattesu sikkhāpadesu samādāya vattissanti, vuddhi yeva bhikkhave bhikkhūnaṁ pāṭikaṅkhā no parihāni. [20]

「是，世尊！」如此，阿難尊者應答世尊之後，凡是住在王舍城附近的比丘有多少，就使他們全部集合在講堂；然後，到世尊所在處，到了之後向世尊敬禮，然後站在一邊，站在一邊的阿難對世尊如此說：「世尊！比丘僧已集合，現在就請世尊思量適當的時候〔光臨〕。」 [16]

於是，世尊從座起來之後，到講堂所在處，到達之後坐在已設置的座位，世尊坐好之後對諸比丘說：

「諸比丘！我當爲你們開示七不衰法，你們好好地注意聽它！我將要說。」

「是，世尊！」如此，諸比丘應答世尊，世尊說了此〔以下的話〕： [17]

「諸比丘！若是諸比丘常集會多集會之間，諸比丘的繁榮正可期待，不衰亡。 [18]

「諸比丘！若是諸比丘和合集會、和合站起來、和合作僧眾應作之間，諸比丘的繁榮正可期待，不衰亡。 [19]

「諸比丘！若是諸比丘對於未設施者不設施，已施設者不斷絕，如已設施諸學處受持而運作之間，諸比丘！諸比丘的繁榮正可期待，不衰亡。 [20]

"Yāvakīvañ ca bhikkhave bhikkhū ye te bhikkhū therā rattaññū cira-pabbajitā saṅgha-pitaro saṅgha-parināyakā te sakkarissanti garukarissanti mānessanti pūjessanti tesañ ca sotabbaṁ maññissanti, vuddhi yeva bhikkhave bhikkhūnaṁ pāṭikaṅkhā no parihāni. [21]

"Yāvakīvañ ca bhikkhave bhikkhū uppannāya taṇhāya ponobhavikāya na vasaṁ gacchanti, vuddhi yeva bhikkhave bhikkhūnaṁ pāṭikaṅkhā no parihāni. [22]

"Yāvakīvañ ca bhikkhave bhikkhū āraññakesu senâsanesu sâpekkhā bhavissanti vuddhi yeva bhikkhave bhikkhūnaṁ pāṭikaṅkhā no parihāni. [23]

"Yāvakīvañ ca bhikkhave bhikkhū paccattaṁ yeva satiṁ upaṭṭhāpessanti, kin ti anāgatā ca pesalā sabrahmacārī āgaccheyyuṁ āgatā ca pesalā sabrahmacārī phāsuṁ vihareyyun ti, vuddhi yeva bhikkhave bhikkhūnaṁ pāṭikaṅkhā no parihāni. [24]

"Yāvakīvañ ca bhikkhave ime satta aparihāniyā dhammā bhikkhūsu ṭhassanti imesu ca sattesu aparihāniyesu dhammesu bhikkhū sandissanti, vuddhi yeva bhikkhave bhikkhūnaṁ pāṭikaṅkhā no parihāni. [25]

「諸比丘！若是諸比丘對於，他們凡是有經驗的長老比丘、出家已久者，是僧伽之父、僧伽之指導者當要恭敬、尊重、奉承、供養，並且應聽、思維他們的〔話〕之間，諸比丘！諸比丘的繁榮正可期待，不衰亡。 [21]

「諸比丘！若是諸比丘，使已生後有之愛慾不至於影響之間，諸比丘！諸比丘的繁榮正可期待，不衰亡。 [22]

「諸比丘！若是諸比丘，有期望於寂靜處得坐臥所之間，諸比丘！諸比丘的繁榮正可期待，不衰亡。 [23]

「諸比丘！若是諸比丘，各自使正念現起，任何未來的溫和同梵行者希望來，已來的溫和同梵行者希望安住之間，諸比丘！諸比丘的繁榮正可期待，不衰亡。[24]

「諸比丘！若此等七不衰法續存於諸比丘中，諸比丘於此等七不衰法中流傳之間，諸比丘！諸比丘的繁榮正可期待，不衰亡。 [25]

(2)[1]

Tena kho pana samayena Sunīdha-Vassakārā Magadha-mahāmattā Pāṭaligāme nagaraṁ māpenti Vajjīnaṁ paṭibāhāya. Tena kho pana samayena sambahulā devatāyo sahassass' eva Pāṭaligāme vatthūni pariganḥanti. Yasmiṁ padese mahesakkhā devatā vatthūni pariganḥanti, mahesakkhānaṁ tattha raññaṁ rāja-mahāmattānaṁ cittāni namanti nivesanāni māpetuṁ. Yasmiṁ padese majjhimā devatā vatthūni pariganḥanti, majjhimānaṁ tattha raññaṁ rāja-mahāmattānaṁ cittāni namanti nivesanāni māpetuṁ. Yasmiṁ padese nīcā devatā vatthūni pariganḥanti, nīcānaṁ tattha raññaṁ rāja-mahāmattānaṁ cittāni namanti nivesanāni māpetuṁ. [1]

Addasā kho Bhagavā dibbena cakkhunā visuddhena atikkanta-mānusakena tā devatāyo sahassass' eva Pāṭaligāme vatthūni pariganḥantiyo. Atha kho Bhagavā rattiyā paccūsa-samayaṁ paccuṭṭhāya āyasmantaṁ Ānandaṁ āmantesi:

"Ko nu kho Ānanada Pāṭaligāme nagaraṁ māpentî ? " ti.

"Sunīdha-Vassakārā bhante Magadha-mahāmattā Pāṭaligāme nagaraṁ māpenti Vajjīnaṁ paṭibāhāyā" ti. [2]

---

[1] Dīgha XIV-1, 26-34, vol.ii pp.86-89. 日譯南傳 7 pp.49-53; Vinaya vol.i pp.228-230. 日譯南傳 3 pp.400-404; Udāna pp.87-90. 日譯南傳 23 pp.228-232.

(2) 華氏城營造

的確那時，摩揭陀〔國〕大臣須尼陀與雨行，爲防禦跋祇人們〔的侵入〕，在巴吒釐村營造城市。那時，上千的眾多神祇正在巴吒釐村取得宅地，凡是諸大權勢神祇取得宅地的地方；則諸大權勢國王、王之大臣的心，傾向希望在那地方建築住處。凡是諸中等的神祇取得宅地的地方；則諸中等國王、王之大臣的心，傾向希望在那地方建築住處。凡是諸低級神祇取得宅地的地方；則諸低級國王、王之大臣的心，傾向希望在那地方建築住處。 [1]

確實，世尊以超人的清淨天眼見到了，那上千的眾多神祇正在巴吒釐村取得宅地。於是，夜過後早晨時，起來之後對阿難說：

「阿難！究竟誰在巴吒釐村營造城市？」

「世尊！是摩揭陀國大臣須尼陀與雨行，爲防禦跋祇人們〔的侵入〕，在巴吒釐村營造城市。」 [2]

"Seyyathā pi Ānanda devehi Tāvatiṁsehi saddhiṁ mantetvā, evam eva kho Ānanda Sunīdha-Vassakārā Magadha-mahāmattā Pāṭaligāme nagaraṁ māpenti Vajjīnaṁ paṭibāhāya. Idhâhaṁ Ānanda addasaṁ dibbena cakkhunā visuddhena atikkanta-mānusakena sambahulā devatāyo sahassass' eva Pāṭaligāme vatthūni parigaṇhantiyo. Yasmiṁ padese mahesakkhā devatā vatthūni parigaṇhanti, mahesakkhānaṁ tattha raññaṁ rāja-mahāmattānaṁ cittāni namanti nivesanāni māpetuṁ. Yasmiṁ padese majjhimā devatā vatthūni parigaṇhanti, majjhimānaṁ tattha raññaṁ rāja-mahāmattānaṁ cittāni namanti nivesanāni māpetuṁ. Yasmiṁ padese nīcā devatā vatthūni parigaṇhanti, nīcānaṁ tattha raññaṁ rāja-mahāmattānaṁ cittāni namanti nivesanāni māpetuṁ. Yāvatā Ānanda ariyaṁ āyatanaṁ yāvatā vaṇippatho, idaṁ agga-nagaraṁ bhavissati Pāṭaliputtaṁ puṭa-bhedanaṁ. Pāṭaliputtassa kho Ānanda tayo antarāyā bhavissanti, aggito vā udakato vā mithubhedā vā" ti. [3]

Atha kho Sunīdha-Vassakārā Magadha-mahāmattā yena Bhagavā ten' upasaṅkamitvā Bhagavatā saddhiṁ sammodiṁsu, sammodanīyaṁ kathaṁ sārāṇīyaṁ vītisāretvā eka-m-antaṁ aṭṭhaṁsu. Eka-m-antaṁ ṭhitā kho Sunīdha-Vassakārā Magadha-mahāmattā Bhagavantaṁ etad avoca: "Adhivāsetu no Bhagavā bhavaṁ Gotamo ajjatanāya bhattaṁ saddhiṁ bhikkhu-saṅghenâ" ti. Adhivāsesi Bhagavā tuṇhī-bhāvena. [4]

Atha kho Sunīdha-Vassakārā Magadha-mahāmattā Bhagavato adhivāsanaṁ viditvā yena sako āvasatho ten' upasaṅkamiṁsu, upasaṅkamitvā sake āvasathe paṇītaṁ khādaniyaṁ bhojaniyaṁ paṭiyādāpetvā Bhagavato kālaṁ ārocāpesuṁ: "Kālo bho Gotama, niṭṭhitaṁ bhattan" ti. [5]

「阿難！猶如與三十三天商談過，阿難！如此，摩揭陀國大臣須尼陀與雨行，確實爲防禦跋祇人們〔的侵入〕，在巴吒釐村營造城市。阿難！在此，我以超人的清淨天眼見到了，那上千的眾多神祇正在巴吒釐村取得宅地。凡是在諸大權勢神祇取得宅地的地方；則諸大權勢國王、王的大臣的心，傾向希望在那地方建築住處。凡是在諸中等的神祇取得宅地的地方；則諸中等國王、王的大臣的心，傾向希望在那地方建築住處。凡是在諸低等神祇取得宅地的地方；則諸低等國王、王的大臣的心，傾向希望在那地方建築住處。阿難！凡是聖者居處、商人聚集之間，華氏城將是首都，是財貨集散地。阿難！確實，華氏城將有三災，由於火或水或失和。」 [3]

那時，摩揭陀〔國〕大臣須尼陀與雨行，來到世尊所在處之後，與世尊互相歡喜，互道可喜、可憶念的話之後，立在一邊。站立的摩揭陀〔國〕大臣須尼陀與雨行，對世尊說了此〔以下的話〕:「請尊者瞿曇同意與比丘僧一起〔領受〕今日的食事！」世尊默然承諾。 [4]

然後，摩揭陀國大臣須尼陀與雨行，知世尊的承諾之後，到自己的住處，到了之後，在自己的住處，令準備美味的硬食、軟食，令告知世尊是〔食事的〕時候，即:「尊者瞿曇！食事準備好了。」 [5]

Atha kho Bhagavā pubbaṇha-samayaṁ nivāsetvā patta-cīvaram ādāya saddhiṁ bhikkhu-saṅghena yena Sunīdha-Vassakārānaṁ Magadha-mahāmattānaṁ āvasatho ten' upasaṅkami, upasaṅkamitvā paññatte āsane nisīdi. Atha kho Sunīdha-Vassakārā Magadha-mahāmattā Buddha-pamukhaṁ bhikkhu-saṅghaṁ paṇītena khādaniyena bhojaniyena sahatthā santappesuṁ sampavāresuṁ. Atha kho Sunīdha-Vassakārā Magadha-mahāmattā Bhagavantaṁ bhuttāviṁ viditvā oṇīta-patta-pāṇiṁ aññataraṁ nīcaṁ āsanaṁ gahetvā eka-m-antaṁ nisīdiṁsu. [6]

Ekamantaṁ nisinne kho Sunīdha-Vassakāre Magadha-mahāmatte Bhagavā imāhi gāthāhi anumodi:

"Yasmiṁ padese kappeti vāsaṁ paṇḍita-jātiko
sīlavant' ettha bhojetvā saññate brahmacārayo,

Yā tattha devatā assu tāsaṁ dakkhiṇam ādise,
tā pūjitā pūjayanti mānitā mānayanti naṁ.

Tato naṁ anukampanti mātā puttaṁ va orasaṁ,
devatânukampito poso sadā bhadrāni passatî " ti.

Atha kho Bhagavā Sunīdha-Vassakāre Magadha-mahāmatte imāhi gāthāhi anumoditvā uṭṭhāy' āsanā pakkami. [7]

於是，世尊於早晨時，穿衣服之後取缽與上衣，然後，與比丘僧一起到了摩揭陀國大臣須尼陀與雨行的住處，到了之後，坐在已設備的座位上。那時，摩揭陀國大臣須尼陀與雨行，對佛爲首的比丘僧，親手以美味的硬食、軟食，提供令滿足。然後，摩揭陀國大臣須尼陀與雨行，知世尊食已，手已放下缽，即取較低座位而坐在一邊。 [6]

對已坐在一邊的摩揭陀國大臣須尼陀與雨行，世尊以這些偈感謝，即：

若是賢者之血統，所營造住處之地域，
於此養育有戒者，與自制清淨行者；

若諸神存在其處，當爲彼等獻供物，
彼等受供奉而供奉彼，受尊敬而尊敬之。

因此彼等憐憫他，如母對親生子，
諸神所憐憫之人，時常見諸吉祥。

世尊以這些偈〔表示〕感謝之後，起立而從座位離去。 [7]

Tena kho pana samayena Sunīdha-Vassakārā Magadha-mahāmattā Bhagavantaṁ piṭṭhito piṭṭhito anubaddhā honti. "Yen' ajja samaṇo Gotamao dvārena nikkhamissati taṁ Gotama-dvāraṁ nāma bhavissati, yena titthena Gaṅgaṁ nadiṁ tarissati taṁ Gotama-titthaṁ bhavissatî" ti. Atha kho Bhagavā yena dvārena nikkhami taṁ Gotama-dvāraṁ nāma ahosi. [8]

Atha kho Bhagavā yena Gaṅgā nadī ten' upsaṅkami. Tena kho pana samayena Gaṅgā nadī pūrā hoti samatitthikā kākappeyā. App' ekacce manussā nāvaṁ pariyesanti, app'ekacce uḷumpaṁ pariyesanti, app' ekacce kullaṁ bandhanti aparâparaṁ gantu-kāmā. Atha kho Bhagavā seyyathā pi nāma balavā puriso sammiñjitaṁ vā bāhaṁ pasāreyya pasāritaṁ vā bāhaṁ sammiñjeyya, evam eva Gaṅgāya nadiyā orima-tīre antarahito pārima-tīre paccuṭṭhāsi saddhiṁ bhikkhu-saṅghena. [9]

Addasā kho Bhagavā te manusse app' ekacce manussā nāvaṁ pariyesante, app' ekacce uḷumpaṁ pariyesante, app' ekacce kullaṁ bandhante aparâparaṁ gantu-kāme. Atha kho Bhagavā etam atthaṁ viditvā, tāyaṁ velāyaṁ imaṁ udānaṁ udānesi:

> "Ye taranti aṇṇavaṁ saraṁ setuṁ katvāna visajja pallalāni,
> kullaṁ hi jano pabandhati, tiṇṇā medhāvino janā" ti. [10]

但，那時摩揭陀〔國〕大臣須尼陀與雨行，跟隨在世尊的背後。「今天，沙門瞿曇若是出去所經由的門，那將成爲瞿曇門；若是從渡口渡過恆河，那將是瞿曇渡口」如此〔想〕。於是，世尊出去所經由的門，則名爲瞿曇門。 [8]

然後，世尊走近恆河，但那時，恆河水漲齊岸，烏可飲〔水的程度〕。又一類的人們尋求船舟，又一類的〔人們〕尋求筏，又一類的〔人們〕結綁籠筏欲往各處。那時，世尊與比丘眾，恰如有力男士將已彎曲的手臂伸直，將已伸直的手臂彎曲那樣〔迅速輕易〕地，於此岸消失，站立於彼岸。[9]

世尊見到了一類的人們正在尋求船舟，又一類的〔人們〕正在尋求筏，又一類的〔人們〕正在結綁籠筏欲往各處。於是，世尊知其義而於那時發出此感興語：

「凡是渡過河流者，造橋而捨棄諸湖沼，
眾人在結縛籠筏時，已渡者乃是賢慧之人。」 [10]

(3)[1]

Atha kho Bhagavato vassûpagatassa kharo ābādho uppajji, bāḷhā vedanā vattanti māraṇantikā. Tā sudaṁ Bhagavā sato sampajāno adhivāseti avihaññamāno. [1]

Atha kho Bhagavato etad ahosi: "Na kho me taṁ paṭirūpaṁ yo 'haṁ anāmantetvā upaṭṭhāke anapaloketvā bhikkhu-saṅghaṁ parinibbāyeyyaṁ. Yan nūnâhaṁ imaṁ ābādhaṁ viriyena paṭippaṇāmetvā jīvita-saṅkhāraṁ adhiṭṭhāya vihareyyan" ti. [2]

Atha kho Bhagavā taṁ ābādhaṁ viriyena paṭippaṇāmetvā jīvita-saṅkhāraṁ adhiṭṭhāya vihāsi. Atha kho Bhagavato so ābādho paṭippassambhi. [3]

Atha khoBhagavā gilānā vuṭṭhito acira-vuṭṭhito gelaññā vihārā nikkhamma vihāra-pacchāyāyaṁ paññatte āsane nisīdi. Atha kho āyasmā Ānando yena Bhagavā ten' upasaṅkami, upasaṅkamitvā Bhagavantaṁ abhivādetvā eka-m-antaṁ nisīdi. Ekam antaṁ nisinno kho āyasmā Ānando Bhagavantaṁ etad avoca: [4]

---

[1] Dīgha XVI-2, 23-26, vol.ii pp.99-101. 日譯南傳 7 pp.66-69; Saṁyutta v pp.152-154. 日譯南傳 16 上 pp.372-374.

(3) 留壽行與自洲法洲

那時，世尊於入雨安居時，發生了甚重的病，生起至死邊緣的激烈痛苦。世尊正念正知不受惱害而忍住。 [1]

那時，世尊有此〔想法〕，即：對我而言，我若不告知隨侍者，不交代僧眾而般涅槃【圓寂】，是不適當的。我應當以精進將此病逐出，留壽行而住。」 [2]

那時，世尊以精進將其病逐出，留壽行而住。於是，那世尊的病止息了。 [3]

於是，世尊已從病脫出而起，脫出而起不久即從病房出來，於住房陰影處已設置的座位上坐下來。那時，尊者阿難走近世尊所在處，走近之後向世尊行禮，然後坐在一邊。已坐在一邊的尊者阿難對世尊說了此〔以下的話〕： [4]

"Diṭṭhā me bhante Bhagavato phāsu, diṭṭhaṁ me bhante Bhagavto khamanīyaṁ. Api hi me bhante madhuraka-jāto viya kāyo, disā pi me na pakkhāyanti, dhammā pi maṁ na paṭibhanti Bhagavato gelaññena, api ca me bhante ahosi kācid eva assāsa-mattā, 'na tāva Bhagavā parinibbāyissati na yāva Bhagavā bhikkhu-saṅghaṁ ārabbha kiñcid eva udāharatî ' ti." [5]

"Kim pan' Ānanda bhikkhu-saṅgho mayi paccāsiṁsati? Desito Ānanda mayā dhammo anantaraṁ abāhiraṁ karitvā, na tatth' Ānanda Tathāgatassa dhammesu ācariya-muṭṭhi. Yassa nūna Ānannda evam assa 'Ahaṁ bhikkhu-saṅghaṁ pariharissāmî ' ti vā 'Mam' uddesiko bhikkhu-saṅgho' ti vā, so nūna Ānanda bhikkhu-saṅghaṁ ārabbha kiñcid eva udāhareyya. Tathāgatassa kho Ānanda na evaṁ hoti 'Ahaṁ bhikkhu-saṅghaṁ pariharissāmî ' ti vā 'Mam' uddesiko bhikkhu-saṅgho' ti vā. Kiṁ Ānanda Tathāgato bhikkhu-saṅghaṁ ārabbha kiñcid eva udāharissati? Ahaṁ kho pan' Ānanda etarahi jiṇṇo vuddho mahallako addha-gato vayo anuppatto, asītiko me vayo vattati. Seyyathā pi Ānanda jara-sakaṭaṁ vegha-missakena yāpeti, evam eva kho Ānanda vegha-missakena maññe Tathāgatassa kāyo yāpeti. Yasmiṁ Ānanda samaye Tathāgato sabba-nimittānaṁ manasikārā vedanānaṁ nirodhā animittaṁ ceto-samādhiṁ upasmpajja viharati, phāsu-kato Ānanda tasmiṁ samaye Tathāgatassa kāyo hoti. [6]

「世尊！世尊的安樂我見到了，世尊！世尊的堪忍我見到了。但是，世尊！由於世尊的病，我的身體好像醉得失控那般，我的方向不明，諸法也對我不出現；然而，世尊！無論如何有些微安慰，〔因爲〕有我的想法：『若世尊未宣示任何有關比丘僧的話之間，世尊當不圓寂。』」 [5]

「然而，比丘僧於我期待什麼？我所說的法，作無內無外[2]，阿難！如來的法中，那裡無教師的握拳[3]。阿難！若他有想：『我當要領導比丘眾』或者『指定比丘眾是我所有』的話，阿難！他就可能宣佈任何有關比丘眾的話。阿難！如來確實無如此：『我當要領導比丘眾』或者『指定比丘眾是我所有』的想法。阿難！如來爲何當要宣佈任何有關比丘眾的話？然而，阿難！我現在已老衰、年老、高齡、到達晚年時期，我的年齡有八十。阿難！恰如老車依革紐而行，如此，阿難！我想如來的身體正是依革紐而行。阿難！如來若在由於不作意一切相、由於一部分感受的滅，成就無相心定而住的時候，在那時候，如來的身體是愉快的。 [6]

---

[2] 作無內無外　日譯作：無分別內外

[3] 握拳　原語 muṭṭhi 指婆羅門的教師握住深奧教義，不輕易傳授弟子。

"Tasmā-t-ih' Ānanda atta-dīpā viharatha atta-saraṇā anañña-saraṇā, dhamm-dīpā dhamma-saraṇā anañña-saraṇā. Kathañ c' Ānanda bhikkhu atta-dīpo viharati atta-saraṇo anañña-saraṇo dhamma-dīpo dhamma-saraṇo anañña-saraṇo? [7]

"Idh' Ānada bhikkhu kāye kāyânupassī viharati ātāpī sampajāno satimā vineyya loke abhijjhā-domanassaṁ, vedanāsu...pe..., citte...pe..., dhammmesu dhammânupassī viharati ātāpī sampajāno satimā vineyya loke abhijjhā-domanassaṁ, evaṁ kho Ānanda bhikkhu atta-dīpo viharati atta-saraṇo anañña-saraṇo dhamma-dīpo dhamma-saraṇo anañña-saraṇo. [8]

"Ye hi keci Ānada etarahi vā mamaṁ vā accayena atta-dīpā viharissanti atta-saraṇā anañña-saraṇā, dhamm-dīpā dhamma-saraṇā anañña-saraṇā, tama-t-agge me te Ānanda bhikkhū bhavissanti ye keci sikkhā-kāmā " ti. [9]

「阿難！所以，在此，以自己爲洲，以自己爲歸依處，不以其他爲歸依處；以法爲洲，以法爲歸依處，不以其他爲歸依處而住吧！阿難！如何是比丘以自己爲洲，以自己爲歸依處，不以其他爲歸依處；以法爲洲，以法爲歸依處，不以其他爲歸依處而住？ [7]

「阿難！在此，比丘於身觀察身，正勤、正知、正見、應調伏世間上的貪、憂惱而安住；於諸受……中略……；於心……中略……；於諸法觀察法，正勤、正知、正見、應調伏世間上的貪、憂惱而安住；阿難！如此，是比丘以自己爲洲，以自己爲歸依處，不以其他爲歸依處；以法爲洲，以法爲歸依處，不以其他爲歸依處而住。 [8]

「確實，阿難！現在或是我死後，任何人若以自己爲洲，以自己爲歸依處，不以其他爲歸依處；以法爲洲，以法爲歸依處，不以其他爲歸依處而住者，凡是任何願望學習者，他們當是我的超越黑暗的比丘。」 [9]

(4)[1]

"Nanu evaṁ Ānanda mayā paṭigacc' eva akkhātaṁ, sabbeh' eva piyehi manāpehi nānā-bhāvo vinā-bhāvo aññathā-bhāvo. Taṁ kut' ettha Ānanda labbhā ? Yaṁ taṁ jātaṁ bhūtam saṅkhataṁ paloka-dhammaṁ taṁ vata mā palujjî ti n'etaṁ ṭhānaṁ vijjati. Yaṁ kho pan'etaṁ Ānanda Tathāgatena cattaṁ vantaṁ muttaṁ pahīnaṁ paṭinissaṭṭhaṁ, ossaṭṭho āyu-saṅkhāro. Ekaṁsena vācā Tathāgatena bhāsitā: 'Na ciraṁ Tathāgatassa parinibbānaṁ bhavissati, ito tiṇṇaṁ māsānaṁ accayena Tathāgato parinibbāyissatî ' ti. Taṁ vacanaṁ Tathāgato jīvitā-hetu puna paccāvamissatî ti, n'etaṁ ṭhānaṁ vijjati." [1]

"Āyām' Ānanda yena Mahā-vanaṁ Kūṭâgāra-sālā ten' upasaṅkamissāmâ " ti. "Evaṁ bhante" ti kho āyasmā Ānando Bhagavato paccāssosi. [2]

Atha kho Bhagavā āyasmatā Ānandena saddhiṁ yena Mahāvanaṁ Kūṭâgāra-sālā ten' upasaṅkami. Upasaṅkamitvā āyasmantaṁ Ānandaṁ āmantesi:

"Gaccha tvaṁ Ānanda, yāvatikā bhikkhū Vesāliṁ upanissāya viharanti, te sabbe upaṭṭhāna-sālāyaṁ sannipātehî" ti. [3]

---

[1] Dīgha XVI-3, 48-51, vol.ii pp.118-121. 日譯南傳 7 pp.93-96.

(4) 入滅三個月前

「阿難！豈非由我事先如此說過否？一切所愛的、適意的，成爲種種狀態、離別、其他狀態。於此，阿難！何以得至此？凡是生起的、存在的、所造的是壞滅之法，令其不壞滅，確實，見不到此道理。然而，阿難！凡是此都被如來所捨棄的、所吐出的、所解脫的、所斷除的、所捨離的，壽行已被放棄。話已被如來決定性地說過：『不久將有如來的般涅槃，從此經過三個月以後，如來將般涅槃』。如來因壽命而將收回此言，則無此道理。[1]

「阿難！我們走吧！我們到大林重閣講堂。」「是，世尊！」尊者阿難如此答應世尊。 [2]

於是，世尊與尊者阿難一起到達大林重閣講堂。到了之後對尊者阿難說：

「阿難！你去吧！住於毘舍離附近的諸比丘有多少就多少，將他們全部集合於講堂！」 [3]

"Evaṁ bhante" ti kho āyasmā Ānando Bhagavato paṭissutvā, yāvatikā bhikkhū Vesāliṁ upanissāya viharanti, te sabbe upaṭṭhāna-sālāyaṁ sannipātetvā, yena Bhagavā ten' upasaṅkami, upasaṅkamitvā Bhagavantaṁ abhivādetvā eka-m-antaṁ aṭṭhāsi. Ekamantaṁ ṭhito kho āyasmā Ānando Bhagavantaṁ etad avoca:

"Sannipatito bhante bhikkku-saṅgho. Yassa dāni bhante Bhagavā kālaṁ maññatî" ti. [4]

Atha kho Bhagavā yena upaṭṭhāna-sālā ten' upasaṅkami, upasaṅkamitvā paññatte āsane nisīdi. Nisajja kho Bhagavā bhikkhū āmantesi:

"Tasmā-t-iha bhikkhave ye vo mayā dhammā abhiññāya desitā, te vo sādhukaṁ uggahetvā āsevitabbā bhāvetabbā bahulī-kātabbā, Yatha-y-idaṁ brahmacariyaṁ addhaniyaṁ assa ciraṭṭhitikaṁ, tad assa bahujana-hitāya bahujana-sukhāya lokânukampāya atthāya hitāya sukhāya deva-manussānaṁ. Katame ca te bhikkhave dhammā mayā abhiññāya desitā, ye vo sādhukaṁ uggahetvā āsevitabbā bhāvetabbā bahulī-kātabbā, yatha-y-idaṁ brahmacariyaṁ addhaniyaṁ assa ciraṭṭhitikaṁ, tad assa bahujana-hitāya bahujana-sukhāya lokânukampāya atthāya hitāya sukhāya deva-manussānaṁ? Seyyathîdaṁ cattāro satipaṭṭhānā, cattāro sammappadhānā, cattāro iddhipādā, pañc'indriyāni pañca balāni satta bojjhaṅgā, ariyao aṭṭhaṅgiko maggo. Ime kho bhikkhave dhammā mayā abhiññāya desitā, te vo sādhukaṁ uggahetvā āsevitabbā bhāvetabbā bahulī-kātabbā, yatha-y-idaṁ brahmacariyaṁ addhaniyaṁ assa ciraṭṭhitikaṁ, tad assa bahujana-hitāya bahujana-sukhāya lokânukampāya atthāya hitāya sukhāya deva-manussānan" ti. [5]

「是，世尊！」尊者阿難如此答應世尊之後，住於毘舍離附近的諸比丘有多少就多少，將他們全部集合於講堂，然後走近世尊所在處，到了之後對世尊行禮，然後站立一邊。站立一邊的阿難對世尊說了此〔以下的〕話：「世尊！比丘眾已集合。世尊！現在，請世尊考慮時間。」 [4]

於是，世尊來到講堂，到了之後坐在已設置的座位上。世尊坐下之後對諸比丘說：

「諸比丘！在此，凡是由我證知之後爲你們所說的諸法，你們好好地學得那〔諸法〕之後，應當實行、修習、多作，因爲如此，梵行可能有長時久住；那可能是爲了眾多人的利益、爲了眾多人的安樂、爲了憐憫世間、爲了人天的利益、安樂。 諸比丘！哪些是由我證知之後爲你們所說諸法，你們若好好地學得之後，應當實行、修習、多作，如此，梵行可能有長時久住；那可能是爲了眾多人的利益、爲了眾多人的安樂、爲了憐憫世間、爲了人天的利益、安樂？ 那就是四念處、四正勤、四神足、五根、五力、七覺支、聖八支道【八正道】。諸比丘！確實，這些法是由我證知之後所說的，你們好好地學得那〔諸法〕之後，應當實行、修習、多作，如此，梵行可能有長時久住；那可能是爲了眾多人的利益、爲了眾多人的安樂、爲了憐憫世間、爲了人天的利益、安樂」。 [5]

Atha kho Bhagavā bhikkhū āmantesi:

"Handa dāni bhikkhave āmantayāmi vo, vaya-dhammā saṅkhārā, appamādena sampādetha, na ciraṁ Tathāgatassa parinibbānaṁ bhavissati, ito tiṇṇaṁ māsānaṁ accayena Tathāgato parinibbāyissatî " ti. [6]

Idam avoca Bhagavā, idaṁ vatvā Sugato athâparaṁ etad avoca Satthā:

"paripakko vayo mayhaṁ, parittaṁ mama jīvitaṁ,
pahāya vo gamissāmi, katam me saraṇam attano.

Appamattā satīmanto susīlā hotha bhikkhavo
susamāhita-saṅkappā sacittam anurakkhatha.

Yo imasmiṁ dhamma-vinaye appamatto vihessati,
pahāya jāti-saṁsāraṁ dukkhass' antaṁ karissatî " ti. [7]

然後，世尊對諸比丘說：

「那麼現在，諸比丘！我告訴你們，諸行是衰滅法，不放逸而努力吧！不久將有如來的完全寂滅，從此三個月以後，如來將完全寂滅」。 [6]

世尊說了此〔以上的話〕，善逝說此之後，師又再說了此〔以下的偈〕：

我的年齡已遍熟，我的壽命已少，
我將捨棄你們而去，我已作自己之歸依處。

諸比丘！你們當不放逸，有正念而具足善戒，
善於入定與思維，應保護自己之心。

凡是不放逸者，當住[2]於此法與律中，
捨棄生〔死〕輪迴，將作苦之終極。 [7]

---

[2] 原語 水野課本作 vihessati、高棉版(K)作 viharissati，同爲 viharati 的未來式。

(5)[1]

Atha khoBhagavā Bhoga-nagare yathâbhirantaṁ viharitvā āyasmantaṁ Ānandaṁ āmantesi:

"Āyām' Ānanda yena Pāvā ten' upasaṅkamissāmâ" ti. "Evaṁ bhante" ti kho āyasmā Ānando Bhagavato paccassosi. [1]

Atha kho Bhagavā mahatā bhikkhu-saṅghena saddhiṁ yena Pāvā tad avasari. Tatra sudaṁ Bhagavā Pāvāyaṁ viharati Cundassa kammāra- puttassa ambavane. [2]

Assosi kho Cundo kammāra-putto: "Bhagavā kira Pāvaṁ anuppatto Pāvāyaṁ viharati mayhaṁ ambavane" ti. atha kho Cundo kammāra-putto yena Bhagavā ten' upsaṅkami, upsaṅkamitvā Bhagavantaṁ abhivādetvā ekamantaṁ nisīdi, ekamantaṁ nisinnaṁ kho Cundaṁ kammāra-puttaṁ Bhagavā dhammiyā kathāya sandassesi samādapesi samuttejesi sampahaṁsesi. [3]

Atha kho Cundo kammāra-putto Bhagavatā dhammiyā kathāya sandassito samādapito samuttejito sampahaṁsito Bhagavantaṁ etad avoca: "Adhivāsetu me bhante Bhagavā svātanāya bhattaṁ saddhiṁ bhikkhu-saṅghenâ " ti. Adhivāsesi Bhagavā tuṇhī-bhāvena. [4]

---

[1] Dīgha XVI-4, 13-20, ii pp.126-128. 日譯南傳 7 pp.103-106; Udāna VIII-5,pp.81-82. 日譯南傳 23 pp.219-221.

(5) 純陀的供養

那時，世尊於菩伽城隨心所欲居住之後，對尊者阿難說：

「阿難！我們走吧！我們到波婆〔城〕。」「是，世尊！」尊者阿難如此回答世尊。 [1]

於是，世尊與大比丘眾一起進入波婆〔城〕。世尊正是住在波婆的鍛冶工兒子純陀的庵羅林。 [2]

鍛冶工的兒子純陀聽到了：「據說世尊已到達波婆，住在波婆內的我的庵羅林中」於是鍛冶工的兒子純陀到世尊所在處，到達之後向世尊行敬禮，然後坐在一邊，世尊以法語，對坐在一邊的鍛冶工的兒子純陀開示、勸導、讚歎鼓勵、令欣喜。 [3]

那時，因為世尊以法語所開示、勸導、讚歎鼓勵，而欣喜的鍛冶工的兒子純陀，對世尊說了此〔以下的話〕：「世尊！請世尊與比丘僧一起承諾我的明日的食物〔供養〕」。世尊以默然姿態承諾了。 [4]

Atha kho Cundo kammāra-putto Bhagavato adhivāsanaṁ viditvā, uṭṭhāy' āsanā Bhagavantaṁ abhivādetvā padakkhiṇaṁ katvā pakkami. [5]

Atha kho Cundo kammāra-putto tassā rattiyā accayena sake nivesane paṇītaṁ khādaniyaṁ bhojaniyaṁ paṭiyādāpetvā pahūtañ ca sūkara-maddavaṁ, Bhagavato kālaṁ ārocāpesi: "kālo bhante, niṭṭhitaṁ bhattan" ti. [6]

Atha kho Bhagavā pubbaṇha-samayaṁ nivāsetvā patta-cīvaram ādāya saddhiṁ bhikkhu-saṅghena yena Cundassa kammāra-puttassa nivesanaṁ ten' upsaṅkami, upsaṅkamitvā paññatte āsane nisīdi, nisajja kho Bhagavā Cundaṁ kammāra-puttaṁ āmantesi: "Yan te Cunda sūkara-maddavaṁ paṭiyattaṁ, tena maṁ parivisa, yaṁ aññaṁ khādaniyaṁ bhojaniyaṁ paṭiyattaṁ, tena bhikkhu-saṅghaṁ parivisâ" ti. [7]

"Evaṁ bhante" ti kho Cundo kammāra-putto Bhagavantaṁ paṭissutvā, yaṁ ahosi sūkara-maddavaṁ paṭiyattaṁ, tena Bhagavantaṁ parivisi, yaṁ pan' aññaṁ khādaniyaṁ bhojaniyaṁ paṭiyattaṁ, tena bhikkhu-saṅghaṁ parivisi. [8]

Atha kho Bhagavā Cundaṁ kammāra-puttaṁ āmantesi:

"Yan te Cunda sūkara-maddavaṁ avasiṭṭhaṁ, taṁ sobbhe nikhaṇāhi, nâhaṁ taṁ Cunda passāmi sadevake loke samārake sabrahmake sassamaṇa-brāhmaṇiyā pajāya sadeva-mnussāya yassa taṁ paribhuttaṁ sammā-pariṇāmaṁ gaccheyya aññatra Tathāgatassâ " ti. [9]

那時，鍛冶工的兒子純陀知道世尊的承諾之後，從座位起立向世尊禮拜之後，行右繞禮之後離去。[5]

於是，鍛冶工的兒子純陀於其夜過後，於自己的住處令準備美味硬食、軟食與許多旃檀木耳之後，令人為世尊告知時候：「世尊！是時候，食物已完成」。[6]

於是，世尊於早晨整理衣著之後，持衣缽與比丘僧一起到鍛冶工的兒子純陀的住處，到達之後坐在已設置的座位，世尊坐下來之後對鍛冶工的兒子純陀說：「純陀！凡是所準備的旃檀木耳，以那〔旃檀木耳〕給我吧！凡是所準備的其他的硬食、軟食，以那〔硬食、軟食〕分配給比丘僧吧！」。[7]

「是，世尊！」鍛冶工的兒子純陀答應世尊之後，以所有準備的旃檀木耳給世尊，又將所準備的其他硬食、軟食分配給比丘僧。 [8]

那時，世尊對鍛冶工的兒子純陀說：

「純陀！你將那所有殘餘的旃檀木耳，埋藏於深坑吧！純陀！我未見到與天、魔、梵共有的世界中，與沙門、婆羅門共存的人們，與天神共存的人類中，若其中的任何者受食它而可能進行正常消化的，除了如來」。 [9]

"Evaṁ bhante" ti kho Cundo kammāra-putto Bhagavanto paṭissutvā, yaṁ ahosi sūkara-maddavaṁ avasiṭṭhaṁ taṁ sobbhe nikhaṇitvā, yena Bhagavā ten' upsaṅkami, upsaṅkamitvā Bhagavantaṁ abhivādetvā ekamantaṁ nisīdi, ekamantaṁ nisinnaṁ kho Cundaṁ kammāra-puttaṁ Bhagavā dhammiyā kathāya sandassetvā samādapetvā samuttejetvā sampahaṁsetvā uṭṭhāya āsanā pakkami. [10]

Atha kho Bhagavato Cundassa kammāra-puttassa bhattaṁ bhuttāvissa kharo ābādho uppajji lohita-pakkhandikā pabāḷhā vedanā vattanti māraṇantikā. Tā sudaṁ Bhagavā sato sampajāno adhivāsesi avihaññamāno. [11]

Atha kho Bhagavā āyasmantaṁ Ānandaṁ āmantesi: "Āyām' Ānanda yena Kusināra ten' upsaṅkamissāmâ" ti. "Evaṁ bhante" ti kho āyasmā Ānando Bhagavato paccassosi. [12]

Cundassa bhattaṁ bhuñjitva kammārassâ ti me sutaṁ,
ābādhaṁ samphusī dhīro pabāḷhaṁ māraṇantikaṁ.

Bhuttassa ca sūkara-maddavena
vyādhippabāḷhā udapādi Satthuno.
Viriccamāno Bhagavā avoca:
"Gacchām' ahaṁ Kusināraṁ nagaran" ti. [13]

「是，世尊！」鍛冶工的兒子純陀答應世尊之後，將那所有殘餘的旃檀木耳埋藏於深坑，然後走近世尊所在處，走近之後對世尊行敬禮，然後坐在一邊，世尊以法語對坐在一邊的鍛冶工的兒子純陀開示、勸導、讚歎鼓勵、令欣喜，然後從座起立而離去。 [10]

那時，對於食用鍛冶工的兒子純陀的食物的世尊，嚴重的疾病生起，產生血痢引起致死邊緣的激烈疾病。世尊正是正念、正知、忍受那〔疾病〕，不受惱害。 [11]

那時，世尊對尊者阿難說：「阿難！我們走吧！我們到拘尸那羅吧！」「是，世尊！」尊者阿難如此答應世尊。 [12]

如此乃係我所聞：食用鍛冶工純陀之食物，
接觸玩固、致死邊緣之激烈疾病。

進食之後，因旃檀木耳
教主生起強烈疾病，
正在下痢之世尊如此說：
「我要去拘尸那城」。 [13]

(6)[1]

Atha kho Bhagavā āyasmantaṁ Ānandaṁ āmantesi: "Āyām' Ānanda yena Hiraññavatiyā nadiyā pārimatīraṁ yena Kusinārā-Upavattanaṁ Mallānaṁ sāla-vanaṁ ten' upasaṅkamissāmâ " ti.

"Evaṁ bhante" ti kho āyasmā Ānando Bhagavato paccassosi. [1]

Atha kho Bhagavā mahatā bhikkhu-saṅghena saddhiṁ yena Hiraññavatiyā nadiyā pārima-tīraṁ Kusinārā-Upavattanaṁ Mallānaṁ sāla-vanaṁ ten' upasaṅkami, upasaṅkamitvā āyasmantaṁ Ānandaṁ āmantesi:

"Iṅgha me tvaṁ Ānanda antarena yamaka-sālānam uttarasīsakaṁ mañcakaṁ paññāpehi, kilanto 'smi Ānanda, nipajjissāmî " ti.

"Evaṁ bhante" ti kho āyasmā Ānando Bhagavato paṭissutvā antarena yamaka-sālānam uttara-sīsakaṁ mañcakaṁ paññāpesi. [2]

Atha kho Bhagavā dakkhiṇena passena sīha-seyyaṁ kappesi pāde pādaṁ accādhāya sato sampajāno. [3]

Tena kho pana samayena yamaka-sālā sabba-phāliphullā akāla-pupphehi. Te Tathāgatassa sarīraṁ okiranti ajjhokiranti abhippakiranti Tathāgatassa pūjāya. Dibbāni pi candana-cuṇṇāni antalikkhā papatanti, tāni Tathāgatassa sarīraṁ okiranti ajjhokiranti abhippakiranti Tathāgatassa pūjāya. Dibbāni pi turiyāni antalikkhe vajjenti Tathāgatassa pūjāya. Dibbāni pi saṅgītāni antalikkhe vattanti Tathāgatassa pūjāya. [4]

---

[1] Dīgha XVI-5, 1-2, ii pp.137-138. 日譯南傳 7 pp.120-121.

(6) 沙羅雙樹

那時，世尊對尊者阿難說：「我們走吧！阿難！我們到熙連禪河彼岸的拘尸那羅城和跋單，末羅族的沙羅林吧！」

「是，世尊！」尊者阿難如此答應世尊。[1]

那時，世尊與大比丘僧一起到達熙連禪河彼岸，拘尸那羅城和跋單，末羅族的沙羅林，到達之後對尊者阿難說：

「那麼，阿難！你為我在沙羅雙樹間，設置頭向北的臥床吧！我是疲倦，阿難！我要躺下。」

「是，世尊！」尊者阿難如此答應之後，在沙羅雙樹間，設置了頭向北的臥床。[2]

於是，世尊以右脅作獅子臥，以腳置於腳上而正念正知。[3]

而那時，沙羅雙樹全部滿開非時花。它們為了供養如來，降落、散布、遍覆於如來的身體。諸天的旃檀粉末亦從空中落下，那些〔旃檀粉末〕為了供養如來，降落、散布、遍覆於如來的身體。諸天的器樂也為了供養如來，在空中演奏。諸天的合唱也為了供養如來而生起於空中。[4]

(7)[1]

"Cattār' imāni Ānanda saddhassa kula-puttassa dassanīyāni saṁvejanīyāni ṭhānāni. Katamāni cattāri? [1]

" 'Idha Tathāgato jāto' ti Ānanda saddhassa kula-puttassa dassanīyaṁ saṁvejanīyaṁ ṭhānaṁ.

" 'Idha Tathāgato anuttaraṁ sammā-sambodhiṁ abhisambuddho' ti Ānanda saddhassa kula-puttassa dassanīyaṁ saṁvejanīyaṁ ṭhānaṁ.

" 'Idha Tathāgatena anuttaraṁ dhamma-cakkaṁ pavattitan' ti Ānanda saddhassa kula-puttassa dassanīyaṁ saṁvejanīyaṁ ṭhānaṁ.

" 'Idha Tathāgato anupādisesāya nibbāna-dhātuyā parinibbuto' ti Ānanda saddhassa kula-puttassa dassanīyaṁ saṁvejanīyaṁ ṭhānaṁ. [2]

"Imāni kho Ānanda cattāri saddhassa kula-puttassa dassanīyāni saṁvejanīyāni ṭhānāni. Āgamissanti kho Ānanda saddhā bhikkhu-bhikkhuniyo upāsaka-upāsikāyo 'Idha Tathāgato jāto' ti pi, 'Idha Tathāgato anuttaraṁ sammā-sambodhiṁ abhisambuddho' ti pi, 'Idha Tathāgatena anuttaraṁ dhamma-cakkaṁ pavattitan' ti pi, 'Idha Tathāgato anupādisesāya nibbāna-dhātuyā parinibbuto' ti pi. [3]

---

1 Dīgha XVI-5, 8, ii pp.140-141. 日譯南傳 7 pp.124-125; cf. Aṅguttara ii pp.120-121. 日譯南傳 18 p.214.

(7) 四記念處

「阿難！此四〔處〕是有信的善男子應見、應起宗教心之處。那些四？」[1]

「所謂『如來在此處誕生』〔之處〕，阿難！是有信的善男子應見、應起厭離的宗教心之處。

「所謂『如來在此處澈悟正等覺』〔之處〕，阿難！是有信的善男子應見、應起厭離的宗教心之處。

「所謂『如來在此處轉無上法輪』〔之處〕，阿難！是有信的善男子應見、應起厭離的宗教心之處。

「所謂『如來在此處入無餘涅槃界』〔之處〕，阿難！是有信的善男子應見、應起厭離的宗教心之處。[2]

「阿難！確實，此四〔處〕是有信的善男子應見、應起厭離的宗教心之處。阿難！確實，有信的比丘、比丘尼、優婆塞、優婆夷將會來又如此〔說〕：『如來在此處誕生』，又〔說〕：『如來在此處澈悟正等覺』，又〔說〕：『如來在此處轉無上法輪』，又〔說〕：『如來在此處入無餘涅槃界』。[3]

"Ye hi keci Ānanda cetiya-cārikaṁ āhiṇḍantā pasanna-cittā kālaṁ karissanti, sabbe te kāyassa bhedā param maraṇā sugatiṁ saggaṁ lokaṁ upapajjissantî " ti. [4]

「阿難！實在的，凡是任何塔廟巡禮者、正在漫遊者有淨信心，將來死亡，他們全部於身體敗壞死後，將再生於善趣的天界」。 [4]

(8)[1]

Tena kho pana samayena Subhaddo nāma paribbājako Kusinārāyaṁ paṭivasati. Assosi kho Subhaddo paribbājako: "Ajj' eva kira rattiyā pacchime yāme samaṇassa Gotamassa parinibbānaṁ bhavissatî " ti. [1]

Atha kho Subhaddassa paribbājakassa etad ahosi: "sutaṁ kho pana me taṁ paribbājakānaṁ vuddhānaṁ mahallakānaṁ ācariya-pācariyānaṁ bhāsamānānaṁ: 'Kadāci karahaci Tathāgatā loke uppajjanti Arahanto Sammā-sambuddhā' ti. Ajja ca rattiyā pacchime yāme samaṇassa Gotamassa parinibbānaṁ bhavissati. Atthi ca me ayaṁ kaṅkhā-dhammo uppanno, evaṁ pasanno ahaṁ samaṇe Gotame, pahoti me samaṇo Gotamo tathā dhammaṁ desetuṁ yathā ahaṁ imaṁ kaṅkhā-dhammaṁ pajaheyyan" ti. [2]

---

[1] Dīgha XVI-5, 23-30, ii pp.148-153. 日譯南傳 7 pp.135-141.

(8) 須跋陀的出家

那時，名為須跋陀的遍歷者住於拘尸那羅。須跋陀遍歷者確實聽到了：「據說，今日後夜時分，將有沙門瞿曇的般涅槃。」 [1]

那時，須跋陀遍歷者有此〔想法〕：「我曾經聽過那些遍歷者的年高、長老的，師中之師常在說的：『稀有，諸如來、阿羅漢、正等覺生於世』。今日後夜時分，將有沙門瞿曇的般涅槃。而我有此疑問法生起，我對於沙門瞿曇有如此淨信，沙門瞿曇能為我，如我可能斷除此疑問法，那樣地開示法」。 [2]

Atha kho Subhaddo paribbājako yena Upavattanaṁ Mallānaṁ sālavanaṁ yen' āyasmā Ānando ten' upsaṅkami, upsaṅkamitvā āyasmantaṁ Ānandaṁ etad avoca:

"Sutaṁ me taṁ bho Ānanda paribbājakānaṁ vuddhānaṁ mahallakānaṁ ācariya-pācariyānaṁ bhāsamānānaṁ: 'Kadāci karahaci Tathāgatā loke uppajjanti Arahanto Sammā-sambuddhā' ti. Ajja ca rattiyā pacchime yāme samaṇassa Gotamassa parinibbānaṁ bhavissati. Atthi ca me ayaṁ kaṅkhā-dhammo uppanno, evaṁ pasanno ahaṁ samaṇe Gotame, pahoti me samaṇo Gotamo tathā dhammaṁ desetuṁ yathā ahaṁ imaṁ kaṅkhā-dhammaṁ pajaheyyaṁ. Svāhaṁ bho Ānanda labbeyyaṁ samaṇaṁ Gotamaṁ dassanāyâ " ti. [3]

Evaṁ vutte āyasmā Ānando Subhaddaṁ paribbājakaṁ etad avoca: "Alaṁ āvuso Subhadda, mā Tathāgataṁ viheṭhesi. Kilanto Bhagavâ " ti. [4]

Dutiyam pi kho Subhaddo paribbājako…pe…Tatiyam pi kho Subhaddo paribbājako āyasmantaṁ Ānandaṁ etad avoca:

"Sutaṁ me taṁ bho Ānanda paribbājakānaṁ vuddhānaṁ mahallakānaṁ ācariya-pācariyānaṁ bhāsamānānaṁ: 'Kadāci karahaci Tathāgatā loke uppajjanti Arahanto Sammā-sambuddhā' ti. Ajja ca rattiyā pacchime yāme samaṇassa Gotamassa parinibbānaṁ bhavissati. Atthi ca me ayaṁ kaṅkhā-dhammo uppanno, evaṁ pasanno ahaṁ samaṇe Gotame, pahoti me samaṇo Gotamo tathā dhammaṁ desetuṁ yathā ahaṁ imaṁ kaṅkhā-dhammaṁ pajaheyyaṁ. Svāhaṁ bho Ānanda labbeyyaṁ samaṇaṁ Gotamaṁ dassanāyâ " ti. [5]

於是，須跋陀遍歷者，走近和跋單末羅人們的沙羅林，尊者阿難所在處，到了之後對尊者阿難說此〔話〕:「朋友阿難！我曾經聽過那些遍歷者年高、長老的，師中之師常在說的:『稀有，諸如來、阿羅漢、正等覺生於世』。但今日後夜時分，將有沙門瞿曇的般涅槃。而我有此疑問法生起，我對於沙門瞿曇有如此淨信，沙門瞿曇能為我，如我可能斷除此疑問法，那樣地開示法。朋友阿難！那個我希望得以見到沙門瞿曇」。 [3]

如此說時，尊者阿難對須跋陀遍歷者說此〔話〕:「夠了！尊者須跋陀！不要使如來困擾！世尊疲乏。」 [4]

須跋陀遍歷者，又第二次……乃至……第三次又對阿難說此〔以下的話〕:「朋友阿難！我曾經聽過那諸遍歷者的年高、長老的師中之師常在說的:『稀有，諸如來、阿羅漢、正等覺生於世』。但今日後夜時分，將有沙門瞿曇的般涅槃。而我有生起此疑問法，我對於沙門瞿曇有如此淨信，沙門瞿曇能為我，如我可能斷除疑問法那樣地開示法。朋友阿難！那個我希望得以見到沙門瞿曇」。[5]

Tatiyam pi āyasmā Ānando Subhaddaṁ paribbājakaṁ etad avoca: "Alaṁ āvuso Subhadda, mā Tathāgataṁ viheṭhesi. Kilanto Bhagavâ " ti. [6]

Assosi kho Bhagavā āyasmato Ānadassa Subhaddena paribbājakena saddhiṁ imaṁ kathā-sallāpaṁ. Atha kho Bhagavā āyasmantaṁ Ānadaṁ āmantesi:

"Alaṁ Ānanda, mā Subhaddaṁ vāresi, labhataṁ Ānanda Subhaddo Tathāgataṁ dassanāya. Yaṁ kiñci maṁ Subhaddo pucchissati, sabbaṁ taṁ aññâpekho va pucchissati no vihesâpekho, yañ c'assâhaṁ puṭṭho vyākarissāmi taṁ khippam eva ājānissatî " ti. [7]

Atha kho āyasmā Ānando Subhaddaṁ paribbājakaṁ etad avoca: "gacch' āvuso Subhadda, karoti te Bhagavā okāsan" ti. [8]

Atha kho Subhaddo paribbājako yena Bhagavā ten' upasaṅkami, upasaṅkamitvā Bhagavatā saddhiṁ sammodi, sammodanīyaṁ kathaṁ sārāṇīyaṁ vītisāretvā ekamantaṁ nisīdi. Ekamantaṁ nisinno kho subḥaddo paribbājako Bhagavantaṁ etad avoca: [9]

雖然第三次，阿難還是說此〔以下的話〕:「夠了！尊者須跋陀！不要使如來困擾！世尊疲倦。」 [6]

世尊聽到了尊者阿難與須跋陀遍歷者的會話，於是世尊對阿難說：

「好了！阿難！不要妨礙須跋陀，阿難！須跋陀得以見如來。須跋陀若要問我任何〔問題〕，那都是希望知曉而問，非希望困擾，凡是他所問的，我當爲他解說，他將迅速了解那〔我所解說的〕」。 [7]

於是，尊者阿難對須跋陀遍歷者說:「去吧！尊者須跋陀！世尊爲你造作機會」。[8]

那時，須跋陀遍歷者走近世尊所在處，到了之後與世尊交換可喜可憶念的話，然後坐在一邊。坐在一邊的須跋陀遍歷者，對世尊說了以下的話：[9]

"Ye 'me bho Gotama samaṇa-brāhmaṇā saṅghino gaṇino gaṇâcariyā ñātā yasassino titthakarā sādhu-sammatā ca bahujanassa, seyyathîdaṁ Purāṇo Kassapo, Makkhali Gosālo, Ajita-Kesakambalī, Pakudho Kaccāyano, Sañjayo Belaṭṭhi-putto, Nigaṇṭho Nātha-putto, sabbe te sakāya paṭiññāya abbhaññaṁsu, sabbe 'va na abbhaññaṁsu, ekacce abbhaññaṁsu, ekacce na abbhaññaṁsû ? " ti. [10]

"Alaṁ Subhadda! Tiṭṭhat' etaṁ: 'Sabbe te sakāya paṭiññāya abbhaññaṁsu, sabbe va na abbhaññaṁsu, udāhu ekacce abbhaññaṁsu, ekacce na abbhaññaṁsû ? ' ti. Dhammaṁ te Subhadda desessāmi, taṁ suṇāhi, sādhukaṁ manasi-karohi, bhāsissāmî " ti. [11]

"Evaṁ bhante" ti kho Subhaddo paribbājako Bhagavato paccassosi, Bhagavā etad avoca:

"Yasmiṁ kho Subhadda dhamma-vinaye Ariyo Aṭṭhaṅgiko Maggo na upalabbhati, samaṇo pi tattha na upalabbhati, dutiyo pi tattha samaṇo na upalabbhati, tatiyo pi tattha samaṇo na upalabbhati, catuttho pi tattha samaṇo na upalabbhati. Yasmiñ ca kho Subhadda dhamma-vinaye Ariyo Aṭṭhaṅgiko Maggo upalabbhati, samaṇo pi tattha upalabbhati, dutiyo pi tattha samaṇo upalabbhati, tatiyo pi tattha samaṇo upalabbhti, catuttho pi tattha samaṇo upalabbhati. Imasmiṁ kho Subhadda dhamma-vinaye Ariyo Aṭṭhaṅgiko Maggo upalabbhati, idh' eva Subhadda samaṇo, idha dutiyo samaṇo, idha tatiyo samaṇo, idha catuttho samaṇo. Suññā parappavādā samaṇehi aññe, ime ca Subhadda bhikkhū sammā vihareyyuṁ, asuñño loko arahantehi assa. [12]

「朋友！瞿曇！此等所謂沙門、婆羅門、擁有僧伽者、擁有群眾者、群眾之師、被知者、有名聲者、教祖被多人所崇拜者，例如：不蘭迦葉、末伽梨俱舍利、阿耆多翅舍欽婆羅、婆浮陀迦旃延、散若夷毘羅胝子、尼乾陀若提子，他們全部都由自己宣言已證知，〔或〕全部正是未曾證知，〔或〕一部分已證知，一部分未曾證知？」 [10]

「夠了！須跋陀！停止此所謂：『他們全部都由自己宣布已證知，全部正是未曾證知，或許一部分已證知，一部分未曾證知？』須跋陀！我將為你開示法，聽它吧！好好作意！我將要說」。 [11]

「是，世尊！」確實，須跋陀遍歷者如此應答世尊，世尊說了此〔以下的話〕：

「須跋陀！確實，凡是於〔任何〕法、律中八支聖道未被得到，則在那裏〔第一果〕沙門也未被得到，在那裏第二〔果〕沙門也未被得到，在那裏第三〔果〕沙門也未被得到，在那裏第四〔果〕沙門也未被得到。須跋陀！確實，凡是於〔任何〕法、律中八支聖道被得到，則在那裏〔第一果〕沙門也被得到，在那裏第二〔果〕沙門也被得到，在那裏第三〔果〕沙門也被得到，在那裏第四〔果〕沙門也被得到。須跋陀！確實，於〔我的〕此法律中八支聖道被得到，須跋陀！在此正有〔第一果的〕沙門，在此有第二〔果〕沙門，在此有第三〔果〕沙門，在此有第四〔果〕沙門。其他人之中的論爭，對於沙門而言是空虛的，須跋陀！此諸比丘們願望正確安住，對於阿羅漢〔而言〕可能是非空虛的世界。 [12]

Ekūnatiṁso vayasā Subhadda
yaṁ pabbajiṁ kiṁ-kusalânvesī,
Vassāni paññāsa-samâdhikāni
yato ahaṁ pabbajito Subhadda,
ñāyassa dhammassa padesa-vattī.
Ito bahiddhā samaṇo pi natthi,

dutiyo pi samaṇo natthi, tatiyo pi samaṇo natthi, catuttho pi samaṇo natthi. Suññā parappavādā samaṇehi aññe, ime ca Subhadda bhikkhū sammā vihareyyuṁ, asuñño loko arahantehi assâ" ti. [13]

Evaṁ vutte Subhaddo paribbājako Bhagavantaṁ etad avoca: "Abhikkantaṁ bhante! Abhikkantaṁ bhante! Seyyathā pi bhante nikkujjitaṁ vā ukkujjeyya, paṭicchannaṁ vā vivareyya, mūḷhassa vā maggaṁ ācikkheyya, andhakāre vā telapajjotaṁ dhāreyya 'cakkhumanto rūpāni dakkhintî ' ti; evam eva Bhagavatā aneka-pariyāyena dhammo pakāsito. Esâhaṁ bhante Bhagavantaṁ saraṇaṁ gacchāmi dhammañ ca bhikkhu-saṅghañ ca. Labheyyāmâhaṁ Bhagavato santike pabbajjaṁ, labheyyaṁ upasampadan" ti. [14]

"Yo kho Subhadda añña-titthiya-pubbo imasmiṁ dhamma-vinaye ākaṅkhati pabbajjaṁ, ākaṅkhati upasampadaṁ, so cattāro māse parivasati. Catunnaṁ māsānaṁ accayena āraddha-cittā bhikkhū pabbājenti upasampādenti bhikkhu-bhāvāya. Api ca m'ettha puggala-vemattatā viditā " ti. [15]

「須跋陀！〔我〕從二十九歲
探求任何善而出家，
須跋陀！自從我出家以來
已過五十年，
爲正理正法活動於地方。
除此之外更無沙門〔果〕，

第二沙門亦無，第三沙門亦無，第四沙門亦無。其他人之中的論爭對於沙門而言是空虛的，須跋陀！但此等比丘們願望正確安住，對於阿羅漢而言可能是非空虛的世界。 [13]

〔世尊〕如此說時，須跋陀遍歷者對世尊說了此〔話〕：「偉哉！世尊！偉哉！世尊！例如倒者令起，或隱覆者令顯現，或對迷惑者指示道路，或於黑暗中持油燈〔希望〕『諸有眼者可見到諸景象』；正是如此，世尊以諸多法門說法。世尊！我要歸依世尊與法與比丘僧。我願望得於世尊的座下出家，願得具足戒」。 [14]

「須跋陀！凡是以前的異學者，希望於此法律中出家，請求具足戒的，他別住四個月。經過四個月之後，得到贊成的諸比丘讓〔他〕出家、受具足戒，成爲比丘。然而在此，個人的差別，是由我所知」。 [15]

"Sace bhante añña-titthiya-pubbā imasmiṁ dhamma-vinaye ākaṅkhantā pabbajjaṁ, ākaṅkhantā upasampadaṁ cattāro māse parivasanti. Catunnaṁ māsānaṁ accayena āraddha-cittā bhikkhū pabbājenti upasampādenti bhikkhu-bhāvāya, ahaṁ cattāri vassāni parivasissāmi catunnaṁ vassānaṁ accayena āraddha-cittā bhikkhū pabbājentu upasampādentu bhikkhu-bhāvāyâ "ti. [16]

Atha kho Bhagavā āyasmantaṁ Ānandaṁ āmantesi: "Tena h' Ānanda Subhaddaṁ pabbājethâ " ti. "Evaṁ bhante" ti kho āyasamā Ānando Bhagavato paccassosi. [17]

Atha kho Subhaddo paribbājako āysamantaṁ Ānandaṁ etad avoca: "Lābhā vo āvuso Ānanda, suladdhaṁ vo āvuso Ānanda, ye ettha Satthārā sammukhā antevāsâbhisekena abhisittā " ti. [18]

Alattha kho Subhaddo paribbājako Bhagavato santike pabbajjaṁ, alattha upasampadaṁ. Acirûpasampanno kho pan' āyasmā Subhaddo eko vūpakaṭṭho appamatto ātāpī pahitatto viharanto, na cirass' eva yass' atthāya kulaputtā sammad eva agārasmā anagāriyaṁ pabbajanti, tad anuttaraṁ brahmacariya-pariyosānaṁ diṭṭhe'va dhamme sayaṁ abhiññā sacchikatvā upasampajja vihāsi: "Khīṇā jāti, vusitaṁ brhmacariyaṁ, kataṁ karaṇīyaṁ, nâparaṁ itthattāyâ " ti abbhaññāsi. [19]

Aññataro kho pan' āyasmā Subhaddo arahataṁ ahosi. So Bhagavato pacchimo sakkhi-sāvako ahosî ti. [20]

「世尊！若是以前的諸異學者，希望於此法律中出家，請求具足戒的，別住四個月。經過四個月之後，得到贊成的諸比丘讓〔他們〕出家、受具足戒，成爲比丘；我將要別住四年，經過四年之後，得到贊成的諸比丘讓〔我〕出家、受具足戒，成爲比丘」。 [16]

於是，世尊對阿難說：「那麼，阿難！讓須跋陀出家吧！」「是，世尊！」阿難如此答應世尊。 [17]

那時，須跋陀遍歷者對阿難說了此〔話〕：「尊者阿難！確實是利得，尊者阿難！確實是善利，若是在此，於教主面前，以內弟子灌頂〔的儀式〕完成灌頂的話」。 [18]

須跋陀遍歷者得於世尊座下出家，得受了具足戒。而尊者須跋陀受具足戒不久，單獨遠離〔群眾〕而不放逸、熱心自勵精進安住；不久，證得那所謂諸善男子出家的正確目的——完成無上梵行，於現世由自己體悟、作證、成就〔超常智慧神通〕而住，即已知「生已盡，梵行已完成，應作已作，不再於此〔輪迴〕狀態」。 [19]

而尊者須跋陀，確實已是阿羅漢之一。他是世尊的最後的直接弟子。[20]

(9)[1]

Atha kho Bhagavā āyasmantaṁ Ānandaṁ āmantesi:

"Siyā kho pan' Ānanda tumhākaṁ evam assa: 'Atīta-satthukaṁ pāvacanaṁ, natthi no Satthā ' ti. Na kho pan' etaṁ Ānanda evaṁ daṭṭhabbaṁ. Yo vo Ānanda mayā Dhammo ca Vinayo ca desito paññatto, so vo mam' accayena Satthā. [1]

"Yathā kho pan' Ānanda etarahi bhikkhū aññamaññaṁ āvuso-vādena samudācaranti, na vo mam' accayena evaṁ samudācaritabbaṁ. Theratarena Ānanda bhikkhunā navakataro bhikkhu nāmena vā gottena vā āvuso-vādena vā samudācaritabbo, navakatarena bhikkhunā therataro bhikkhu 'bhante' ti vā 'āyasmā' ti vā samudācaritabbo. [2]

"Ākaṅkhamāno Ānanda saṁgho mam' accayena khuddânukhuddakāni sikkhāpadāni samūhantu.

"Channassa Ānanda bhikkhuno mam'accayena brahma-daṇḍo kātabbo" ti. [3]

"Katamo pana bhante brahma-daṇḍo?" ti.

"Channo Ānanda bhikkhu yaṁ iccheyya taṁ vadeyya, So bhikkhūhi n' eva vattabbo na ovaditabbo na anusāsitabbo" ti. [4]

---

[1] Dīgha XVI-6, 1-10, ii pp.154-158. 日譯南傳 7 pp.142-148; cf. Aṅguttara ii p.79f. Saṁyutta i pp.157-159.

(9) 最後的說法與涅槃

那時，世尊對尊者阿難說：「阿難！或許你們可能有此想法：『過去的師父的教語，不是我們的教師』。但是，阿難！你們對此，不可如此看。阿難！凡是由我曾經對你們開示、設施的法與律，我過世以後，它是你們的教師。 [1]

「然後，阿難！如現在諸比丘互相以『朋友！』之語稱呼，我過世以後，你們不可如此稱呼。阿難！較年輕的可以被較長老的比丘，以比丘的名或姓或『朋友！』之語稱呼；較長老的可以被較年輕的比丘，以『尊者！』或『具壽者！』稱呼。 [2]

「阿難！僧伽正有希望，我過世後，小小戒除去吧！

「阿難！我過世後，諸比丘應爲闡那作梵壇」。 [3]

「世尊！梵壇是什麼？」

「阿難！闡那比丘可以說那所要說的，而他不可與諸比丘說、教誨、訓誡」。 [4]

Atha kho Bhagavā bhikkū āmantesi:

"Siyā kho pana bhikkhave eka-bhikkhussâ pi kaṅkhā vā vimati vā Buddhe vā dhamme vā saṅghe vā magge vā paṭipadāya vā. Pucchatha bhikkhave. Mā pacchā vippaṭisārino ahuvattha: 'Sammukhī-bhūto no Satthā ahosi, na mayaṁ sakkhimha Bhagavantaṁ sammukhā paṭipucchitun' ti." [5]

Evaṁ vutte te bhikkhū tuṇhī ahesuṁ.

Dutiyam pi kho Bhagavā...... [6]

Tatiyam pi kho Bhagavā bhikkhū āmantesi:

"Siyā kho pana bhikkhave eka-bhikkhussâ pi kaṅkhā vā vimati vā Buddhe vā dhamme vā saṅghe vā magge vā paṭipadāya vā. Pucchatha bhikkhave. Mā pacchā vippaṭisārino ahuvattha: 'Sammukhī-bhūto no Satthā ahosi, na mayaṁ sakkhimha Bhagavantaṁ sammukhā paṭipucchitun' ti." [7]

Tatiyam pi kho te bhikkhū tuṇhī ahesuṁ.

Atha kho Bhagavā bhikkhū āmantesi:

"Siyā kho pana bhikkhave Satthu-gāravena pi na puccheyyātha. Sahāyako pi bhikkhave sahāyakassa ārocetû" ti.

Evaṁ vutte te bhikkhū tuṇhī ahesuṁ. [8]

Atha kho āyasmā Ānando Bhagavantaṁ etad avoca:

"Acchariyaṁ bhante! Abbhutaṁ bhante! Evaṁ pasanno ahaṁ bhante imasmiṁ bhikkhu-saṅghe, natthi eka-bhikkhussâ pi kaṅkhā vā vimati vā Buddhe vā dhamme vā saṅghe vā magge vā paṭipadāya vā" ti. [9]

然後，世尊對諸比丘說：

「諸比丘！或許有一比丘，或於佛，或於法，或於僧，或於道，或於行道上的疑惑或疑慮。你們問吧！諸比丘！不要以後有後悔：『我們在師面前，我們不能當面請問世尊』。」 [5]

〔世尊〕如此說時，他們諸比丘都是默然。

世尊〔說〕第二次，〔他們〕也是…… [6]

確實，世尊對諸比丘說第三次：

「諸比丘！或許有一比丘，或於佛，或於法，或於僧，或於道，或於行道上的疑惑或疑慮。你們問吧！諸比丘！不要以後有後悔：『我們曾經在師面前，我們不能當面請問世尊』。」 [7]

確實，世尊〔說〕第三次，他們諸比丘都是默然。

於是，世尊對諸比丘說：

「諸比丘！然而或許你們因為尊重師長而不問。諸比丘！但以朋友對朋友的〔心情〕說吧！」

〔世尊〕如此說時，他們諸比丘都是默然。 [8]

那時，尊者阿難對世尊說此，即：

「奇哉世尊！未曾有世尊！世尊！我於此比丘僧有如此淨信，無有一比丘，或於佛，或於法，或於僧，或於道，或於行道上的疑惑或疑慮。 [9]

"pasādā kho tvaṁ Ānanda vadesi. Ñāṇam eva h'ettha Ānanda Tathāgatassa: 'Natthi imasmiṁ bhikkhu-saṅghe, natthi eka-bhikkhussâ pi kaṅkhā vā vimati vā Buddhe vā dhamme vā saṅghe vā magge vā paṭipadāya vā. Imasmiṁ hi Ānanda pañcannaṁ bhikkhu-satānaṁ yo pacchimako bhikkhu so sotâpanno avinipāta-dhammo niyato sambodhi-parāyano " ti. [10]

Atha kho Bhagavā bhikkhū āmantesi:

"Handa dāni bhikkhave āmantayāmi vo: 'Vaya-dhammā saṅkhārā, appamādena sampādethâ' ti."

Ayaṁ Tathāgatassa pacchimā vācā. [11]

Atha kho Bhagavā paṭhamajjhānaṁ samāpajji. Paṭhamajjhānā vuṭṭhahitvā dutiyajjhānaṁ samāpajji. Dutiyajjhānā vuṭṭhahitvā tatiyajjhānaṁ samāpajji. Tatiyajjhānā vuṭṭhahitvā catutthajjhānaṁ samāpajji. Catutthajjhānā vuṭṭhahitvā ākāsânañcâyatanaṁ samāpajji. Ākāsânañcâyatana-samāpattiyā vuṭṭhahitvā viññāṇañcâyatanaṁ samāpajji. Viññāṇañcâyatana-samāpattiyā vuṭṭhahitvā ākiñcaññâyatanaṁ samāpajji. Ākiñcaññâyatana-samāpattiyā vuṭṭhahitvā nevasaññānâsaññâyatanaṁ samāpajji. Nevasaññānâsaññâyatana-samāpattiyā vuṭṭhahitvā saññā-vedayita-nirodhaṁ samāpajji. [12]

Atha kho āyasmā Ānando āyasmantaṁ Anuruddhaṁ etad avoca:

" Parinibbuto bhnte Anuruddha Bhagavā ? " ti.

"Na āvuso Ānanda Bhagavā parinibbuto, saññā-vedayita-nirodhaṁ samāpanno" ti. [13]

「阿難！你是依淨信說。然而在此，阿難！對於如來〔而言〕唯有智，即:『此比丘僧中沒有，一比丘也沒有，或於佛，或於法，或於僧，或於道，或於行道上的疑惑或疑慮。阿難！因爲此五百比丘中最後的那個比丘，他是預流者、不退轉法者、決定到達菩提彼岸者』。」 [10]

然後，世尊對諸比丘說：

「那麼，諸比丘！現在我要對你們說:『諸行是衰滅法，你們不放逸而精進吧！』。」

此是如來的最後言語。 [11]

然後，世尊進入初禪。從初禪出而進入第二禪。從第二禪出而進入第三禪。從第三禪出而進入第四禪。從第四禪出而進入空無邊處定。從空無邊處定出而進入識無邊處定。從識無邊處定出而入無所有處定。從無所有處定出而入非想非非想處定。從非想非非想處定出而入想受滅定。 [12]

那時，尊者阿難對阿那律說此：

「尊者阿那律！世尊已般涅槃？」

「朋友阿難！世尊非已般涅槃，是已入想受滅定」。 [13]

Atha kho Bhagavā saññā-vedayita-nirodha-samāpattiyā vuṭṭhahitvā nevasaññānâsaññâyatanaṁ samāpajji. Nevasaññānâsaññâyatana-samāpattiyā vuṭṭhahitvā ākiñcaññâyatanaṁ samāpajji. ākiñcaññâyatana-samāpattiyā vuṭṭhahitvā viññāṇañcâyatanaṁ samāpajji. Viññāṇañcâyatana-samāpattiyā vuṭṭhahitvā ākāsânañcâyatanaṁ samāpajji. Ākāsânañcâyatana-samāpattiyā vuṭṭhahitvā catutthajjhānaṁ samāpajji. Catutthajjhānā vuṭṭhahitvā tatiyajjhānaṁ samāpajji. Tatiyajjhānā vuṭṭhahitvā dutiyajjhānaṁ samāpajji. Dutiyajjhānā vuṭṭhahitvā paṭhamajjhānaṁ samāpajji. Paṭhamajjhānā vuṭṭhahitvā dutiyajjhānaṁ samāpajji. Dutiyajjhānā vuṭṭhahitvā tatiyajjhānaṁ samāpajji. Tatiyajjhānā vuṭṭhahitvā catutthajjhānaṁ samāpajji. Catutthajjhānā vuṭṭhahitvā samanantarā Bhagavā parinibbāyi. [14]

Parinibbute Bhagavati saha parinibbānā mahā-bhūmicālo ahosi bhiṁsanako lomahaṁso deva-dundubhiyo ca phaliṁsu.

Parinibbute Bhagavati saha parinibbānā Brahmā Sahampati imaṁ gāthaṁ abhāsi:

“ Sabbe ’va nikkhipissanti bhūtā loke samussayaṁ,
yathā etādiso Satthā loke appaṭipuggalo.
Tathāgato balappatto sambuddho parinibbuto” ti. [15]

Parinibbute Bhagavati saha parinibbānā Sakko devānam indo imaṁ gāthaṁ abhāsi:

“Aniccā vata saṅkhārā uppāda-vaya-dhammino,
uppajjitvā nirujjhanti, tesaṁ vūpasamo sukho” ti. [16]

然後，從想受滅定出，而入非想非非想定。從非想非非想定出，而入無所有處定。從無所有處定出，而入識無邊處定。從識無邊處定出，而入空無邊處定。從空無邊處定出而入第四禪。從第四禪出而入第三禪。從第三禪出而入第二禪。從第二禪出而入初禪。從初禪出而進入第二禪。從第二禪出而進入第三禪。從第三禪出而進入第四禪。世尊從第四禪出之後，直接般涅槃。 [14]

世尊般涅槃時，與般涅槃同時有大地震動，〔人們〕恐怖、身毛豎立，又諸天鼓破裂〔鳴？〕。

世尊般涅槃時，與般涅槃同時，娑婆〔世界〕主梵天說了此偈：

「一切生類，當放棄世間上的集積，
猶如師尊這樣，於世間上無比肩者，
已得威力、已成正等覺的如來已般涅槃」。 [15]

世尊般涅槃時，與般涅槃同時，釋提桓因說此偈：

確實諸行無常，是生滅法，
彼等生起而滅，寂靜是樂。 [16]

Parinibbute Bhagavati saha parinibbānā āyasmā Anuruddho imā gāthāyo abhāsi:

"Nâhu assāsa-passāso ṭhita-cittassa tādino,
anejo santim ārabbha yaṁ kālam akarī munī,
asallīnena cittena vedanaṁ ajjhavāsayi:
pajjotass' eva nibbānaṁ vimokho cetaso ahū" ti. [17]

Parinibbute Bhagavati saha parinibbānā āyasmā Ānando imaṁ gāthaṁ abhāsi:

"Tadā 'si yaṁ bhiṁsanakaṁ tadā 'si loma-haṁsanaṁ
sabbâkāravarûpete Sambuddhe parinibbute" ti. [18]

Parinibbute Bhagavati tattha ye te bhikkhū avīta-rāgā app' ekacce bāhā paggayha kandanti, chinna-papātaṁ papatanti āvaṭṭanti vivaṭṭanti: "Atikhippaṁ Bhagavā parinibbuto, atikhippaṁ Sugato parinibbuto, atikhippaṁ cakkhuṁ loke antarahitan" ti. [19]

Ye pana te bhikkhū vīta-rāgā te satā sampajānā adhivāsenti, "Aniccā saṅkhārā, taṁ kut' ettha labbhā " ti. [20]

世尊般涅槃時，與般涅槃同時，尊者阿那律說此等偈：

「不言入息出息，對於心已立者是如此，
彼已過世之牟尼，無貪欲者已得寂靜，
以不動之心，忍住苦受：
心已是解脫，猶如燈火之息滅」。 [17]

世尊般涅槃時，與般涅槃同時，尊者阿難說此偈：

「其時有恐怖，其時有身毛豎立，
具備一切高貴行相之正覺者，已般涅槃」。 [18]

世尊般涅槃時，凡是在那裡的那些比丘們，未離貪欲的一少部分伸臂而哭泣，猶如斷崖墜落那樣地倒下轉來轉去〔嘆言〕:「世尊般涅槃，過於迅速！善逝般涅槃，過於迅速！世間眼消失，過於迅速！」。 [19]

但凡是已離貪欲的那些比丘們，他們正念正智故能忍住，〔心想〕「諸行無常，在此如何可得那〔不滅〕」。 [20]

(10)[1]

Assosi kho Rājā Māgadho Ajāta-sattu Vedehi-putto: "Bhagavā kira Kusinārāyaṁ parinibbuto" ti. [1]

Atha kho Rājā Māgadho Ajāta-sattu Vedehi-putto Kosinārakānaṁ Mallānaṁ dūtaṁ pāhesi: "Bhagavā pi khattiyo ahaṁ pi khattiyo. Aham pi arahāmi Bhagavato sarīrānaṁ bhāgaṁ, aham pi Bhagavato sarīrānaṁ thūpañ ca mahañ ca karissāmî " ti. [2]

Assosuṁ kho Vesālikā Licchavī: "Bhagavā kira Kusinārāyaṁ parinibbuto" ti. Atha kho Vesālikā Licchavī Kosinārakānaṁ Mallānaṁ dūtaṁ pāhesuṁ: "Bhagavā pi khattiyo mayaṁ pi khattiyo. mayam pi arahāma Bhagavato sarīrānaṁ bhāgaṁ, mayam pi Bhagavato sarīrānaṁ thūpañ ca mahañ ca karissāmâ" ti. [3]

Assosuṁ kho Kāpilavatthavā Sakyā: "Bhagavā kira Kusinārāyaṁ parinibbuto" ti. Atha kho Kāpilavatthavā Sakyā Kosinārakānaṁ Mallānaṁ dūtaṁ pāhesuṁ: "Bhagavā amhākaṁ ñāti-seṭṭho. Mayam pi arahāma Bhagavato sarīrānaṁ bhāgaṁ, mayam pi Bhagavato sarīrānaṁ thūpañ ca mahañ ca karissāmâ" ti. [4]

---

[1] Dīgha XVI-6, 24-27, ii pp.164-167. 日譯南傳 7 pp.158-162.

(10) 舍利八分

韋提希子摩揭陀王阿闍世，聽到了：「據說，世尊於拘尸那伽羅般涅槃」。 [1]

於是，韋提希子摩揭陀王阿闍世，派遣使者對拘尸那伽羅的末羅族人們〔說〕：「世尊是剎帝利族，我也是剎帝利族，我也有資格供養世尊的舍利的部分，我也將要造世尊的舍利塔並祭祀」。 [2]

毘舍離的離車族人們，聽到了：「據說，世尊於拘尸那伽羅般涅槃」。於是毘舍離的離車族人們，派遣使者對拘尸那伽羅的末羅族人們〔說〕：「世尊是剎帝利族，我們也是剎帝利族，我們也有資格供養世尊的舍利的部分，我們也將要造世尊的舍利塔並祭祀」。 [3]

迦比羅衛城的釋迦族人們聽到了：「據說，世尊於拘尸那伽羅般涅槃」。於是迦比羅衛城的釋迦族人們，派遣使者對拘尸那伽羅的末羅族人們〔說〕：「世尊是我們的親族的最上者，我們也有資格供養世尊的舍利的部分，我們也將要造世尊的舍利塔並祭祀」。 [4]

Assosuṁ kho Allakappakā Bulayo: "Bhagavā kira Kusinārāyaṁ parinibbuto" ti. Atha kho Allakappakā Bulayo Kosinārakānaṁ Mallānaṁ dūtaṁ pāhesuṁ: "Bhagavā pi khattiyo mayaṁ pi khattiyo. Mayam pi arahāma Bhagavato sarīrānaṁ bhāgaṁ, mayam pi Bhagavato sarīrānaṁ thūpañ ca mahañ ca karissāmâ" ti. [5]

Assosuṁ kho Rāmagāmakā Koliyā: "Bhagavā kira Kusinārāyaṁ parinibbuto" ti. Atha kho Rāmagāmakā Koliyā Kosinārakānaṁ Mallānaṁ dūtaṁ pāhesuṁ: "Bhagavā pi khattiyo mayaṁ pi khattiyo. Mayam pi arahāma Bhagavato sarīrānaṁ bhāgaṁ, mayam pi Bhagavato sarīrānaṁ thūpañ ca mahañ ca karissāmâ" ti. [6]

Assosi kho Veṭhadīpako brāhmaṇo: "Bhagavā kira Kusinārāyaṁ parinibbuto" ti. Atha kho Veṭhadīpako brāhmaṇo Kosinārakānaṁ Mallānaṁ dūtaṁ pāhesi: "Bhagavā pi khattiyo, aham asmi brāhmaṇo. Aham pi arahāmi Bhagavato sarīrānaṁ bhāgaṁ, aham pi Bhagavato sarīrānaṁ thūpañ ca mahañ ca karissāmî" ti. [7]

Assosuṁ kho Pāveyyakā Mallā: "Bhagavā kira Kusinārāyaṁ parinibbuto" ti. Atha kho Pāveyyakā Mallā Kosinārakānaṁ Mallānaṁ dūtaṁ pāhesuṁ: "Bhagavā pi khattiyo, mayaṁ pi khattiyā. Mayam pi arahāma Bhagavato sarīrānaṁ bhāgaṁ, mayam pi Bhagavato sarīrānaṁ thūpañ ca mahañ ca karissāmâ" ti. [8]

遮羅頗的跋離族人們聽到了：「據說，世尊於拘尸那伽羅般涅槃」。於是遮羅頗的跋離族人們，派遣使者對拘尸那伽羅的末羅族人們〔說〕：「世尊是刹帝利族，我們也是刹帝利族，我們也有資格供養世尊的舍利的部分，我們也將要造世尊的舍利塔並祭祀」。[5]

羅摩村的拘利族人們聽到了：「據說，世尊於拘尸那伽羅般涅槃」。於是羅摩村的拘利族，派遣使者對拘尸那伽羅的末羅族人們〔說〕：「世尊是刹帝利族，我們也是刹帝利族，我們也有資格供養世尊的舍利的部分，我們也將要造世尊的舍利塔並祭祀」。 [6]

毘留提的婆羅門聽到了：「據說，世尊於拘尸那伽羅般涅槃」。於是毘留提的婆羅門，派遣使者對拘尸那伽羅的末羅族人們〔說〕：「世尊是刹帝利族，我是婆羅門，我也有資格供養世尊的舍利的部分，我也將要造世尊的舍利塔並祭祀」。[7]

波婆的末羅族人們聽到了：「據說，世尊於拘尸那伽羅般涅槃」。於是波婆的末羅族人們，派遣使者對拘尸那伽羅的末羅族人們〔說〕：「世尊是刹帝利族，我們也是刹帝利族，我們也有資格供養世尊的舍利的部分，我們也將要造世尊的舍利塔並祭祀」。[8]

Evaṁ vutte Kosinārakā Mallā te saṅghe gaṇe etad avocuṁ: "Bhagavā amhākāṁ gāmakkhette parinibbuto. Na mayaṁ dassāma Bhagavto sarīrānaṁ bhāgan" ti. [9]

Evaṁ vutte Doṇo brāhmaṇo te saṅghe gaṇe etad avoca:

"Suṇantu bhonto mama eka-vākyaṁ.
Amhākaṁ Buddho ahu khanti-vādo.
Na hi sādhu yaṁ uttama-puggalassa
sarīra-bhaṅge siya sampahāro.

Sabbe 'va bhonto sahitā samaggā
sammodamānā, karom' aṭṭha bhāge,
vitthārikā hontu disāsu thūpā,
bahujano cakkhumato pasanno" ti. [10]

"Tena hi brāhmaṇa tvaṁ yeva Bhagavato sarīrāni aṭṭhadhā samaṁ suvibhattaṁ vibhajāhî" ti.

"Evaṁ bho" ti kho Doṇo brāhmaṇo tesaṁ saṅghānaṁ gaṇānaṁ paṭissutvā Bhagavato sarīrāni aṭṭhadhā samaṁ suvibhattaṁ vibhajitvā te saṅghe gaṇe etad avoca: [11]

如此說時，拘尸那伽羅的末羅族人們，對那些群眾如此說：「世尊在我們的村莊領域般涅槃。我們當不給世尊的部分舍利」。 [9]

如此說時：陀那[2]婆羅門，對那群眾說此〔偈〕：

「諸位尊者！請聽我之一語。
我們世尊，曾經是忍辱說者。
若於最善人之舍利分配時，
或有衝突，實非適宜。

諸位尊者！一切唯有忍耐和合，
互相友誼，我作八分，
廣大散布，令諸方有塔，
眾多人類，成爲具眼者之淨信者。」 [10]

「那麼，婆羅門！就請你將世尊的舍利，妥善平分爲八份而分配吧！」

「是，朋友！」陀那婆羅門對那群眾答應之後，將世尊的舍利，妥善平分八份而分配之後，對於那群眾說此〔語〕： [11]

---

[2] 陀那 原語 Doṇa, 遊行經譯爲：香姓.

"Imaṁ me bhonto Kumbhaṁ dadantu, aham pi kumbhassa thūpañ ca mahañ ca karissāmî" ti.

Adaṁsu kho te Doṇassa brāhmaṇassa kumbhaṁ. [12]

Assosuṁ kho Pipphalivaniyā Moriyā: "Bhagavā kira Kusinārāyaṁ parinibbuto" ti. Atha kho Pipphalivaniyā Moriyā Kosinārakānaṁ Mallānaṁ dūtaṁ pāhesuṁ: "Bhagavā pi khattiyo, mayaṁ pi khattiyā. Mayam pi arahāma Bhagavato sarīrānaṁ bhāgaṁ, mayam pi Bhagavato sarīrānaṁ thūpañ ca mahañ ca karissāmâ" ti. [13]

"Natthi Bhagavato sarīrānaṁ bhāgo, vibhattāni Bhagavato sarīrāni, ito aṅgāraṁ harathâ " ti. te tato aṅgāraṁ haraṁsu. [14]

「諸位尊者！此瓶給我吧！我也要作瓶的塔並祭祀。」

確實，他們把瓶給了陀那婆羅門。 [12]

畢缽村的牟利族人們聽到了：「據說，世尊於拘尸那伽羅般涅槃」。於是畢缽村的牟利族人們，派遣使者對拘尸那伽羅的末羅族人們〔說〕：「世尊是刹帝利族，我們也是刹帝利族，我們也有資格供養世尊的舍利的部分，我們也將要造世尊的舍利塔並祭祀」。 [13]

「沒有世尊的舍利部份，世尊的舍利已分配完了，因此請帶回〔遺〕灰吧！所以，他們將灰帶回去了」。 [14]

Atha kho Rājā Māgdho Ajāta-sattu Vedehi-putto Rājagahe Bhagavato sarīrānaṁ thūpañ ca mahañ ca akāsi.

Vesālikā pi Licchavī Vesāliyaṁ Bhagavato sarīrānaṁ thūpañ ca mahañ ca akaṁsu.

Kāpilavatthavā pi Sakyā Kapilavatthusmiṁ Bhagavato sarīrānaṁ thūpañ ca mahañ ca akaṁsu.

Allakappakā pi Bulayo Allakappe Bhagavato sarīrānaṁ thūpañ ca mahañ ca akaṁsu.

Rāmagāmakā pi Koliyā Rāmagāme Bhagavato sarīrānaṁ thūpañ ca mahañ ca akaṁsu.

Veṭhadīpako pi brāhmaṇo Veṭhadīpe Bhagavato sarīrānaṁ thūpañ ca mahañ ca akāsi.

Pāveyyakā pi Mallā Pāvāyaṁ Bhagavato sarīrānaṁ thūpañ ca mahañ ca akaṁsu.

Kosinārakā pi Mallā Kusinārāyaṁ Bhagavato sarīrānaṁ thūpañ ca mahañ ca akaṁsu. [15]

Doṇo kumbhassa thūpañ ca mahañ ca akāsi.

Pipphalivaniyā pi Moriyā Pipphalivane aṅgārānaṁ thūpañ ca mahañ ca akaṁsu. [16]

Iti aṭṭh' assa sarīra-thūpā navamo kumbha-thūpo dasamo aṅgāra-thūpo.

Evam etaṁ bhūta-pubban ti. [17]

然後，韋提希子摩揭陀王阿闍世，於王舍城建造世尊的舍利塔並祭祀。

毘舍離的離車族人們，於毘舍離建造世尊的舍利塔並祭祀。

迦比羅衛城的釋迦族人們，於迦比羅衛城建造世尊的舍利塔並祭祀。

遮羅頗的跋離族人們，於遮羅頗建造世尊的舍利塔並祭祀。

羅摩村的拘利族人們，於羅摩村建造世尊的舍利塔並祭祀。

毘留提的婆羅門，於毘留提建造世尊的舍利塔並祭祀。

波婆的末羅族人們，於波婆建造世尊的舍利塔並祭祀。

拘尸那伽羅的末羅族人們，於拘尸那伽羅建造世尊的舍利塔並祭祀。

[15]

陀那〔婆羅門〕建造瓶塔並祭祀。

畢缽村的牟利族人們，於畢缽村建造灰塔並祭祀。 [16]

於是，可能有八舍利塔、第九瓶塔、第十灰塔。

如此是以前曾經有的。 [17]

28. Cunda-sutta[1]

"Pucchāmi muniṁ pahūta-paññaṁ
iti Cundo kammāra-putto
Buddhaṁ dhammassāmiṁ vīta-taṇhaṁ
dipaduttamaṁ sārathīnaṁ pavaraṁ:
Kati loke samaṇā ? Tad iṅgha brūhi." [83]

"Caturo samaṇā, na pañcamo 'tthi,
Cundâ ti Bhagavā
te te āvikaromi sakkhipuṭṭho:
magga-jino magga-desako ca,
magge jīvati, yo ca magga-dūsī." [84]

"Kam magga-jinaṁ vadanti buddhā ?
iti Cundo kammāra-putto
Maggajjhāyī kathaṁ atulyo hoti ?
Magge jīvati me brūhi puṭṭho,
atha me āvikarohi magga-dūsiṁ." [85]

---

[1] Sutta-nipāta 1-5, vv. 83-90 pp.16-17. 日譯南傳 24 p.32ff.; 長阿含卷 3 (大正 1 p.18bf); 有部毘奈耶雜事卷 37 (大正 24 p.390bf).

28. 四種沙門

鍛冶工子純陀〔問〕:「請問廣慧者牟尼、
佛陀、法主、離渴愛者、
二足之最上者、御者之最勝者,
世間有幾種沙門?即請說之。」 [83]

世尊〔答〕:「純陀!有四種沙門,無第五,
關於彼等,直接問我當爲你說明:
道之勝者,道之說示者,
於道中生活者,又所謂道之污穢者。」 [84]

鍛冶工子純陀〔問〕:「諸佛說誰爲道之勝者?
如何爲無比之道瞑想者?
請爲我說,所問之於道中生活者,
又請爲我說明道之污穢者。」 [85]

“Yo tiṇṇa-kathaṁkatho visallo
nibbānâbhirato ananugiddho
lokassa sadevakassa netā
tādiṁ magga-jinaṁ vadanti buddhā. [86]

Paramaṁ paraman ti yo ’dha ñatvā
akkhāti vibhajati idh’ eva dhammaṁ,
taṁ kaṅkhacchidaṁ muniṁ anejaṁ
dutiyaṁ bhikkhunam āhu magga-desiṁ. [87]

Yo dhammapade sudesite
magge jīvati saññato satīmā
anavajja-padāni sevamāno,
tatiyaṁ bhikkhunam āhu magga-jīvaṁ. [88]

Chadanaṁ katvāna subbatānaṁ,
pakkhandī kula-dūsako pagabbho
māyāvī asaññato palāpo
paṭirūpena caraṁ, sa magga-dūsī. [89]

若已渡過疑惑，離〔煩惱〕箭者，
喜樂涅槃，已不隨貪，
包含天之世界導師，
如此者，諸佛稱爲〔行〕道之勝者。 [86]

若在此世界中，知最高者爲最高，
在此世界中，唯有告知、分別[2]法，
彼已斷疑、不動搖之寂默者，
即第二，所謂比丘之說示道者。 [87]

若於善說法句之道中生活，
一邊依據，諸無過之〔法〕句，
而一邊自律，具有正念者，
是第三，所謂比丘之依道生活者。 [88]

裝飾爲諸善行者，
大膽、傲慢而污辱良家，
虛僞、無自制而談論，
行以相似〔殊勝法〕，彼即是道之污穢者。 [89]

---

[2] 分別 原語 vibhajati 或譯爲解釋，意爲辨別說明。

Ete ca paṭivijjhi yo gahaṭṭho
sutavā ariya-sāvako sapañño,
sabbe ne 'tādisā' ti ñatvā,
iti disvā na hāpeti tassa saddhā.
Kathaṁ hi duṭṭhena asampaduṭṭhaṁ
suddhaṁ asuddhena samaṁ kareyyâ ?" ti. [90]

若在家多聞有慧聖弟子
洞察彼等，
知彼等一切『如斯』，
如此見已，不退失其信；
因爲，〔彼〕何以可能將非污穢者與污穢者
清淨者與非清淨者作爲平等〔對待〕？ [90]

29. Vasala-sutta[1]

Evam me sutaṁ. Ekaṁ samayaṁ Bhagavā Sāvatthiyaṁ viharati Jetavane Anāthapiṇḍikassa ārāme. Atha kho Bhagavā pubbaṇha-samayaṁ nivāsetvā patta-cīvaram ādāya Sāvatthiṁ piṇḍāya pāvisi. [1]

Tena kho pana samayena Aggika-bhāradvājassa brāhmaṇassa nivesane aggi pajjalito hoti, āhutī paggahitā. Atha kho Bhagavā Sāvatthiyaṁ sapadānaṁ piṇḍāya caramāno yena Aggika-bhāradvājassa brāhmaṇassa nivesanaṁ ten' upasaṅkami. [2]

Addasā kho Aggika-bhāradvājo brāhmaṇo Bhagavantaṁ dūrato va āgacchantaṁ, disvāna Bhagavantaṁ etad avoca: "Tatr' eva muṇḍaka, tatr' eva samaṇaka, tatr' eva vasalaka tiṭṭhāhî " ti. [3]

Evaṁ vutte Bhagavā Aggika-bhāradvājaṁ brāhmaṇaṁ etad avoca: "Jānāsi pana tvaṁ brāhmaṇa vasalaṁ vā vasala-karaṇe vā dhamme? " ti. "Na khvâhaṁ bho Gotama jānāmi vasalaṁ vā vasala-karaṇe vā dhamme, sādhu me bhavaṁ Gotamo tathā dhammaṁ desetu, yathâhaṁ jāneyyaṁ vasalaṁ vā vasala-karaṇe vā dhamme" ti. [4]

"Tena hi brāhmaṇa suṇāhi, sādhukaṁ manasikarohi, bhāsissāmî " ti. "Evaṁ bho" ti kho Aggika-bhāradvājo brāhmaṇao Bhagavato paccasosi. Bhagavā etad avoca: [5]

---

[1] Sutta-nipāta 1-7, vv.116-142. 日譯南傳 24 p.42ff.

29. 賤民經

如此是我所聞。一時，佛住在舍衛城祇陀林給孤獨園。那時，世尊於早晨時，著衣持衣缽，爲托缽而入舍衛城。 [1]

但那時，事火婆羅門婆羅豆婆遮的住處裏有燃〔神〕火，供奉著供物。那時，世尊在舍衛城次第遊行托缽，來到事火婆羅門婆羅豆婆遮的住處。[2]

事火婆羅門婆羅豆婆遮見到了正從遠處來的世尊，見到之後對世尊如此說:「禿頭！就在那裏，假沙門！就在那裏，賤民！就在那裏站住！」 [3]

世尊被如此說時，對事火婆羅門婆羅豆婆遮如此說:「那麼，婆羅門！你知賤民或成爲賤民之法嗎？」「朋友瞿曇！確實我不知賤民或成爲賤民之法，請朋友瞿曇，如我所能知那樣地，爲我開示賤民或成爲賤民之法，則幸甚！」 [4]

「那麼，婆羅門！請聽吧！好好地注意，我將要說」。「是朋友！」事火婆羅門婆羅豆婆如此答應世尊。世尊說此〔以下的偈〕： [5]

"Kodhano upanāhī ca pāpa-makkhī ca yo naro
vipanna-diṭṭhi māyāvī, taṁ jaññā 'vasalo' iti. 116

Ekajaṁ vā dijaṁ vā pi yo 'dha pāṇāni hiṁsati,
yassa pāṇe dayā natthi, taṁ jaññā 'vasalo' iti. 117

Yo hanti parirundhati gāmāni nigamāni ca
niggāhako samaññāto, taṁ jaññā 'vasalo' iti. 118

Gāme vā yadi vâraññe yaṁ paresaṁ mamāyitaṁ
theyyā adinnaṁ ādiyati, taṁ jaññā 'vasalo' iti. 119

Yo have iṇam ādāya cujjamāno palāyati:
'na hi te iṇam atthî ' ti, taṁ jaññā 'vasalo' iti. 120

Yo ve kiñcikkha-kamyatā[2] panthasmiṁ vajataṁ[3] janaṁ
hantvā kiñcikkham ādeti, taṁ jaññā 'vasalo' iti. 121

Yo atta-hetu para-hetu dhana-hetu ca yo naro
sakkhi-puṭṭho musā brūti, taṁ jaññā 'vasalo' iti. 122

---

[2] kamyatā=kamyatāya.

[3] vajataṁ=vajantaṁ.

若人有忿者、有恨者， 又有僞善之惡者，
有缺失之見者、誑騙者，當知彼即是「賤民」。 116

在此世，凡是傷害一生，或二生[4]諸生類者，
對於生類無憐愍心者，當知彼即是「賤民」。 117

凡是殺害、包圍，諸村落與都市諸人民
被稱爲壓制者，當知彼即是「賤民」。 119

若於村落或林野，凡是他人之所有物
以盜心取非給予者，當知彼即是「賤民」。 119

凡是確實負債者，正被討債時，逃避〔而說〕：
「確實無負汝之債」，當知彼即是「賤民」。 120

確實爲了些少欲求，殺害行於路上諸人
而奪取些少物，當知彼即是「賤民」。 121

若被當作證人而問者，其人因自己、因他人，
或因財而說妄語者，當知彼即是「賤民」。 122

---

[4] 一生或二生 一生指胎、濕、化生，二生指卵生。

Yo ñātīnaṁ sakhānaṁ vā dāresu paṭidissati
sahasā sampiyena vā, taṁ jaññā 'vasalo' iti. 123

Yo mātaraṁ vā pitaraṁ vā jiṇṇakaṁ gata-yobbanaṁ
pahu santo na bharati, taṁ jaññā 'vasalo' iti. 124

Yo mātaraṁ vā pitaraṁ vā bhātaraṁ bhaginiṁ sasuṁ[5]
hanti roseti vācāya, taṁ jaññā 'vasalo' iti. 125

Yo atthaṁ pucchito santo anatthaṁ anusāsati,
paṭicchannena manteti, taṁ jaññā 'vasalo' iti. 126

Yo katvā pāpakaṁ 'mā maṁ jaññā' ti icchati,
yo paṭicchanna-kammanto, taṁ jaññā 'vasalo' iti. 127

Yo ve para-kulaṁ gantvā bhutvāna suci-bhojanaṁ,
āgataṁ na paṭipūjeti, taṁ jaññā 'vasalo' iti. 128

Yo brahmaṇaṁ vā samaṇaṁ vā aññaṁ vā pi vaṇibbakaṁ
musāvādena vañceti, taṁ jaññā 'vasalo' iti. 129

Yo brahmaṇaṁ vā samaṇaṁ vā bhatta-kāle upaṭṭhite
roseti vācā[6] na ca deti , taṁ jaññā 'vasalo' iti. 130

---

[5] sasuṁ=sassuṁ.

[6] vācā= vācāya.

若對於親戚友人之妻，以暴力或相愛
而相見〔交會〕者，當知彼即是「賤民」。 123

若父或母已過壯年衰老，有〔養護〕能力
而不養護者，當知彼即是「賤民」。 124

若對母或父，或兄弟姊妹義母傷害
或以語言令惱怒者，當知彼即是「賤民」。 125

若正在被問義，而教授不〔饒益之〕義，
隱蔽而談，當知彼即是「賤民」。 126

若作惡之後，希望「莫知我之〔所作〕」者，
若作隱密之行爲者，當知彼即是「賤民」。 127

實在若往他人家，食用清淨食物之後，
而〔他人〕來時不回敬者，當知彼即是「賤民」。 128

若對婆羅門或沙門，或其他行乞者，
以妄語欺騙者，當知彼即是「賤民」。 129

若對於食時出現之沙門，或婆羅門，
以語言惱害又不給與者，當知彼即是「賤民」。 130

Asataṁ[7] yo 'dha pabrūti mohena paliguṇṭhito
kiñcikkhaṁ nijigiṁsāno, taṁ jaññā 'vasalo' iti. 131

Yo c' attānaṁ samukkaṁse parañ ca-m-avajānāti,
nihīno sena mānena, taṁ jaññā 'vasalo' iti. 132

Rosako kadariyo ca pāpiccho maccharī saṭho
ahiriko anottāpī, taṁ jaññā 'vasalo' iti. 133

Yo Buddhaṁ paribhāsati atha vā tassa sāvakaṁ
paribbājaṁ gahaṭṭhaṁ vā, taṁ jaññā 'vasalo' iti. 134

Yo ve anarahā santo arahaṁ paṭijānāti
coro sabrahmake loke, esa kho vasalâdhamo.
Ete kho vasalā vuttā, mayā vo ye pakāsitā. 135

Na jaccā vasalo hoti, na jaccā hoti brāhmaṇo,
Kammanā vasalo hoti, kammanā hoti brāhmaṇo. 136

Tad aminā pi jānātha, yathā me 'daṁ nidassanaṁ:
caṇḍāla-putto sopāko Mātaṅgo iti vissuto, 137

---

[7] asataṁ=asantaṁ.

若在此世被愚癡所纏，一邊貪婪些微，
一邊說不實〔語〕，當知彼即是「賤民」。 131

若讚揚自己，而輕視他人，
因爲自慢而卑劣者，當知彼即是「賤民」。 132

惱害者、貪婪者、惡欲者、慳吝者、狡猾者、
無慚者、無愧者，當知彼即是「賤民」。 133

若誹謗佛陀，或又〔誹謗〕其弟子，
出家或在家者，當知彼即是「賤民」。 134

若實非阿羅漢，而自稱阿羅漢者，
即是含有梵天世間之賊，彼確實是最下賤者。
凡是我爲汝等所說明者，此等確實是被稱爲賤民。 135

非生來即是賤民，非生來即是婆羅門，
由行爲成爲賤民，由行爲成爲婆羅門。 136

其事亦由此應知，如由我說示此〔例〕：
旃陀羅[8]子殺犬者摩騰，相當有名， 137

---

[8] 旃陀羅 原語 caṇḍāla 印度最下級種族。

so yasaṁ paramaṁ patto Mātaṅgo yaṁ sudullabhaṁ,
āgañchuṁ tass' upaṭṭhānaṁ khattiyā brāhmaṇā bahū. 138

So deva-yānaṁ āruyha, virajaṁ so mahā-pathaṁ,
kāma-rāgaṁ virājetvā brahmalokûpago ahu,
na naṁ jāti nivāresi brahmalokûpapattiyā. 139

Ajjhāyaka-kule jātā brāhmaṇā manta-bandhavā,
te ca pāpesu kammesu abhiṇham upadissare, 140

diṭṭhe va dhamme gārayhā, samparāye ca duggati,
na ne jāti nivāreti duggaccā garahāya vā. 141

Na jaccā vasalo hoti, na jaccā hoti brāhmaṇo,
Kammanā vasalo hoti, kammanā hoti brāhmaṇo. 142 [6]

Evaṁ vutte Aggika-bhāradvājo brāhmaṇo Bhagavantaṁ etad avoca: "Abhikkantaṁ bho Gotama ! Abhikkantaṁ bho Gotama ! Seyyathā pi bho Gotama nikkujjitaṁ vā ukkujjeyya, paṭicchannaṁ vā vivareyya, mūḷhassa vā maggaṁ ācikkheyya, andhakāre vā tela-pajjotaṁ dhāreyya, 'cakkhumanto rūpāni dakkhintî ' ti; evam eva bhotā Gotamena aneka-pairyāyena dhammo pakāsito. Esâhaṁ bhavantaṁ Gotamaṁ saraṇaṁ gacchāmi dhammañ ca bhikkhu-saṅghañ ca, upāsakaṁ maṁ bhavaṁ Gotamo dhāretu ajjatagge pāṇupetaṁ saraṇaṁ gatan" ti. [7]

摩騰得到其極難得之，第一名聲，
眾多刹帝利、婆羅門，為彼而來供奉。 138

彼已登上離塵大道之天乘[9]，
已遠離欲貪，而成為到達梵天界者，
〔卑微〕生世不防止彼往生梵天界。 139

生於讀誦者之家，聖典關係者之諸婆羅門，
彼等若屢屢，現於諸惡業， 140

於現世應受苛責，又於未來往惡趣，
〔高貴〕生世不防止，彼等至惡趣或受苛責。 141

非生來即是賤民，非生來即是婆羅門，
由行為成為賤民，由行為成為婆羅門。 142 [6]

〔世尊〕如此說時，事火婆羅門婆羅豆婆對世尊如此說：「偉哉！尊者瞿曇！偉哉！尊者瞿曇！尊者瞿曇！例如，將倒者扶起，將覆蓋者揭開，為迷惑者指示道路，於黑暗中持油燈〔希望〕『有眼者見到諸形像』；如此，法被尊者瞿曇以種種方便說明。我要歸依彼尊者瞿曇，以及法與比丘僧，尊者瞿曇！請攝受我於今日起具有生命[10]〔之間〕歸依的優婆塞。 [7]

---

[9] 天乘 據日譯係指八等至，即四禪定及四無色定。

[10] 具有生命 原語 pāṇupeta，一般都譯為「盡形壽」。

30. Maṅgala-sutta[1]

Evam me sutaṁ. Ekaṁ samayaṁ Bhagavā Sāvatthiyaṁ viharati Jetavane Anātha-piṇḍikassa ārāme. Atha kho aññatarā devatā abhikkantāya rattiyā abhikkanta-vaṇṇā kevala-kappaṁ Jetavanaṁ obhāsetvā yena Bhagavā ten' uasaṅkami, upsaṅkamitvā Bhagavantaṁ abhivādetvā ekamantaṁ aṭṭhāsi. Ekamantaṁ ṭhitā kho sā devatā Bhagavantaṁ gāthāya ajjhabhāsi: [1]

"Bahū devā manussā maṅgalāni acintayuṁ
ākaṅkhamānā sotthānaṁ, brūhi maṅgalam uttamaṁ." 258

"Asevanā ca bālānaṁ paṇḍitānañ ca sevanā
pūjā ca pūjanīyānaṁ, etam maṅgalam uttamaṁ. 259

Paṭirūpadesa-vāso ca pubbe ca kata-puññatā
atta-sammāpaṇidhi ca, etam maṅgalam uttamaṁ. 260

Bāhusaccañ ca sippañ ca vinayo ca susikkhito
subhāsitā yā vācā, etam maṅgalam uttamaṁ. 261

Mātā-pitu-upaṭṭhānaṁ putta-dārassa saṅgaho
anākulā ca kammantā, etam maṅgalam uttamaṁ. 262

---

[1] sutta-nipāta II-4, vv.258-269. 日譯南傳 24 p.96ff.; Khuddaka-pāṭha V. 日譯南傳 23 p.3ff.

30. 大吉祥經

如此是我所聞。一時，世尊住在舍衛城的祇陀林給孤獨園。那時，有一容貌殊勝的神，於過半夜時，照耀祇陀林全部，然後來到世尊所在處，來到之後對世尊行敬禮，然後站在一邊。確實，那站在一邊的神以偈對世尊說： [1]

諸多天人眾，思念諸吉祥，
願望諸福祉，請說最上吉祥。 258

不親近諸愚者，而親近諸賢者，
供奉應供養者，此乃最上吉祥。 259

住於舒適地方，有往昔所作福，
自發正確誓願，此乃最上吉祥。 260

多聞又技巧，又善學戒律，
凡被善說語言，此乃最上吉祥。 261

對於父母之奉養，對於妻子之攝護，
與無混亂之事業，此乃是最上吉祥。 262

Dānañ ca dhamma-cariyā ca ñātakānañ ca saṅgaho
anavajjāni kammāni, etam maṅgalam uttamaṁ. 263

Ārati virati pāpā majjapānā ca saññamo
appamādo ca dhammesu, etam maṅgalam uttamaṁ. 264

Gāravo ca nivāto ca santuṭhī ca kataññutā
kālena dhamma-savanaṁ, etam maṅgalam uttamaṁ. 265

Khanti ca sovacassatā samaṇānañ ca dassanaṁ
kālena dhamma-sākacchā, etam maṅgalam uttamaṁ. 266

Tapo ca brahma-cariyā ca ariya-saccāna dassanaṁ
nibbāna-sacchikiriyā ca, etam maṅgalam uttamaṁ. 267

Phuṭṭhassa loka-dhammehi cittaṁ yassa na kampati
asokaṁ virajaṁ khemaṁ, etam maṅgalam uttamaṁ. 268

Etādisāni katvāna sabbattha-m-aparājitā
sabbattha sotthiṁ gacchanti, etam maṅgalam uttamaṁ. 269 [2]

布施與如法行爲，與諸親戚之攝護，
無諸罪過之作業，此乃是最上吉祥。 263

從惡厭棄遠離，又從飲酒制約，
於諸法不放逸，此乃最上吉祥。 264

敬重與謙遜，滿足與知恩，
適當時聞法，此乃最上吉祥。 265

忍辱與柔和，訪見諸沙門，
適當時法談，此乃最上吉祥。 266

苦行與梵行，與見〔四〕聖諦，
與作證涅槃，此乃最上吉祥。 267

與諸世間法接觸，其心不動搖，
無憂、離塵、安穩，此乃最上吉祥。 268

如此等行已，於一切處不敗〔於不善〕，
於一切處至平安，此乃是最上吉祥。 269 [2]

31. Udāna [1]

Evam me sutaṁ. Ekaṁ samayaṁ Bhagavā Gayāyaṁ viharati Gayāsīse. Tena kho pana samayena sambahulā jaṭilā sītāsu hemantikāsu rattīsu antaraṭṭhake himapāta-samaye Gayāyaṁ ummujjanti pi nimujjanti pi ummujja-nimujjaṁ pi karonti osiñcanti pi aggiṁ pi juhanti, iminā suddhî ti. [1]

Addasā kho Bhagavā te sambahule jaṭile sītāsu hemantikāsu rattīsu antaraṭṭhake himapāta-samaye Gayāyaṁ ummujjante pi nimujjante pi ummujja-nimujjaṁ karonte pi osiñcante pi aggiṁ pi juhante iminā suddhî ti. [2]

Atha kho Bhagavā etam atthaṁ viditvā tāyaṁ velāyaṁ imaṁ udānaṁ udānesi:

"Na udakena suci hoti, bahv' ettha nhāyati jano,
yamhi saccañ ca dhammo ca, so suci so ca brāhmaṇo" ti. [3]

---

1 Udāna I-9, p.6. 日譯南傳 23 p.92f.

31. 水浴不除罪垢

如此是我所聞。一時，世尊住在伽耶象頭山。但那時，有眾多結髮外道，於寒冬之夜，中間八日降雪時，在伽耶河中又浮又沉，又浮沉，又舉行灌水，又祭祀火神，〔以為〕因此而清淨。 [1]

確實，世尊見到了，諸多結髮外道，於寒冬之夜，中間八日降雪時，正在伽耶河中又浮又沉，又浮沉，又舉行灌水，又祭祀火神，〔以為〕因此而清淨。 [2]

然後，世尊知此意義之後，於那時自說此感興語：

非因水成為清淨，眾多人於此沐浴，

若有真實與法者，彼乃清淨彼是婆羅門。 [3]

32. Udāna[1]

Evam me sutaṁ. Ekaṁ samayaṁ Bhagavā Sāvatthiyaṁ viharati Jetavane Anātha-piṇḍikassa ārāme. Tena kho pana samayena sambahulā nānā-titthiyā samaṇā-brāhmaṇā paribbājakā Sāvatthiṁ piṇḍāya pavisanti nānā-diṭṭhikā nānā-khantikā nānā-rucikā nānā-diṭṭhinissaya-nissitā. [1]

Sant' eke samaṇa-brāhmaṇā evaṁ-vādino evaṁ-diṭṭhino: "Sassato loko, idam eva saccaṁ, mogham aññan" ti.

Sant' pan' eke samaṇa-brāhmaṇā evaṁ-vādino evaṁ-diṭṭhino: "Asassato loko, idam eva saccaṁ, mogham aññan" ti. [2]

Sant' eke samaṇa-brāhmaṇā evaṁ-vādino evaṁ-diṭṭhino: "Antavā loko, idam eva saccaṁ, mogham aññan" ti.

Sant' pan' eke samaṇa-brāhmaṇā evaṁ-vādino evaṁ-diṭṭhino: "Anantavā loko, idam eva saccaṁ, mogham aññan" ti. [3]

Sant' eke samaṇa-brāhmaṇā evaṁ-vādino evaṁ-diṭṭhino: " Taṁ jīvaṁ taṁ sarīraṁ, idam eva saccaṁ, mogham aññan" ti.

Sant' pan' eke samaṇa-brāhmaṇā evaṁ-vādino evaṁ-diṭṭhino: "Aññaṁ jīvaṁ aññaṁ sarīraṁ, idam eva saccaṁ, mogham aññan" ti. [4]

---

[1] Udāna VI-4, pp.66-69. 日譯南傳 23 pp.193-198.

32. 群盲摸象喻

如此是我所聞。一時，世尊住在舍衛城祇陀林給孤獨〔長者〕的遊園。那時，種種外道——沙門、婆羅門、遍歷者等，為了托缽進入舍衛城，〔他們〕是有種種見解、種種信仰、種種愛好、種種見依為所依止者。 [1]

有某些沙門、婆羅門是如此說者，如此見者，即：「世間是常住，唯有此是真實，其他是虛妄」；

又有某些沙門、婆羅門是如此說者，如此見者，即：「世間是無常，唯有此是真實，其他是虛妄」。 [2]

有某些沙門、婆羅門是如此說者，如此見者，即：「世間是有邊，唯有此是真實，其他是虛妄」；

又有某些沙門、婆羅門是如此說者，如此見者，即：「世間是無邊，唯有此是真實，其他是虛妄」。 [3]

有某些沙門、婆羅門是如此說者，如此見者，即：「生命即是身體」，唯有此是真實，其他是虛妄」；

又有某些沙門、婆羅門是如此說者，如此見者，即：「生命異於身體」，唯有此是真實，其他是虛妄」。 [4]

Sant' eke samaṇa-brāhmaṇā evaṁ-vādino evaṁ-diṭṭhino: "Hoti tathāgato param maraṇā, idam eva saccaṁ, mogham aññan" ti.

Sant' pan' eke samaṇa-brāhmaṇā evaṁ-vādino evaṁ-diṭṭhino: "Na hoti tathāgato param maraṇā, idam eva saccaṁ, mogham aññan" ti. [5]

Sant' eke samaṇa-brāhmaṇā evaṁ-vādino evaṁ-diṭṭhino: "Hoti ca na ca hoti tathāgato param maraṇā, idam eva saccaṁ, mogham aññan" ti.

Sant' pan' eke samaṇa-brāhmaṇā evaṁ-vādino evaṁ-diṭṭhino: "N' eva hoti na na hoti tathāgato param maraṇā, idam eva saccaṁ, mogham aññan" ti. [6]

Te bhaṇḍana-jātā kalaha-jātā vivādâpannā aññamaññaṁ mukha-sattīhi vitudantā viharanti: "Ediso dhammo, n'ediso dhammo." "N'ediso dhammo ediso dhammo" ti. [7]

Atha kho sambahulā bhikkhū pubbaṇha-samayaṁ nivāsetvā patta-cīvaram ādāya Sāvatthiṁ piṇḍāya pāvisiṁsu, Sāvatthiyaṁ piṇḍāya caritvā pacchā-bhattaṁ piṇḍapāta-paṭikkantā yena Bhagavā ten' upasaṅkamiṁsu, upasaṅkamitvā Bhagavantaṁ abhivādetvā ekamantaṁ nisīdiṁsu. Ekamantaṁ nisinnā kho te bhikkhū Bhagavantaṁ etad avocuṁ: [8]

"Idha bhante sambahulā nānā-titthiyā samaṇā-brāhmaṇā paribbājakā Sāvatthiyaṁ paṭivasanti nānā diṭṭhikā...pe...nissitā. Sant'...pe...ediso dhammo" ti. [9]

有某些沙門、婆羅門是如此說者，如此見者，即：「如來死後存在」，唯有此是真實，其他是虛妄」；

又有某些沙門、婆羅門是如此說者，如此見者，即:「如來死後不存在」，唯有此是真實，其他是虛妄」。 [5]

有某些沙門、婆羅門是如此說者，如此見者，即：「如來死後存在亦非存在」，唯有此是真實，其他是虛妄」；

又有某些沙門、婆羅門是如此說，如此見，即：「如來死後非存在亦非非存在」，唯有此是真實，其他是虛妄」。 [6]

他們發生議論，發生諍論，以致於爭論，經常以舌鋒互相打擊而住，即：「唯此是法，唯此非法」、「唯此非法，唯此是法」。 [7]

那時，眾多比丘於早晨，著衣之後，持缽帶衣，爲托缽而進入舍衛城，在舍衛城行乞而飯食之後，從托缽回來時往世尊所在處，到了之後對世尊行禮，然後坐在一邊。彼等坐在一邊的比丘們，對世尊說了此〔以下的話〕：[8]

世尊！此處有諸多種種外道，沙門、婆羅門、遍歷者居住於舍衛城，有種種見解……乃至……所依止者。有某些……乃至……唯此是法」。 [9]

“Aññatitthiyā bhikkhave paribbājakā andhā acakkhukā atthaṁ na jānanti, anatthaṁ na jānanti, dhammaṁ na jānanti, adhammaṁ na jānanti. Te atthaṁ ajānantā anatthaṁ ajānantā dhammaṁ ajānantā, adhammaṁ ajānantā bhaṇḍana-jātā…pe…ediso dhammo ti. [10]

“Bhūta-pubbaṁ bhikkhave imissāy’ eva Sāvatthiyaṁ aññataro rājā ahosi. Atha kho bhikkhave so rājā aññataraṁ purisaṁ āmantesi: ‘Ehi tvaṁ ambho purisa yāvatikā Sāvatthiyaṁ jaccandhā, te sabbe ekajjhaṁ sannipātehî ’ ti. [11]

“ ‘Evaṁ devâ ’ ti kho bhikkhave so puriso tassa rañño paṭissutvā yāvatikā Sāvatthiyaṁ jaccandhā, te sabbe gahetvā yena so rājā ten’ upasaṅkami, upasaṅkamitvā taṁ rājānaṁ etad avoca: ‘Sannipatitā kho te deva yāvatikā Sāvatthiyaṁ jaccandhā’ ti. [12]

“ ‘Tena hi bhaṇe jaccandhānaṁ hatthiṁ dassehî ’ ti. ‘Evaṁ devâ ’ ti kho bhikkhave puriso tassa rañño paṭissutvā jaccandhānaṁ hatthiṁ dassesi: ‘Ediso jaccandhā hatthī ’ ti. [13]

「諸比丘！外道的遍歷者們是愚暗無眼，不知是義理，不知非義理，不知是法，不知非法。他們正是〔住〕在不知是義理，不知非義理，不知是法，不知非法中產生議論……乃至……唯此是法」。 [10]

「諸比丘！以前，於此舍衛城曾經有某一國王。諸比丘！那時，那國王叫某一男人[2]：『愚人！你來吧！於舍衛城有多少的生盲，就將他們全部集合在一起！』。 [11]

「諸比丘！確實，那男人對國王答覆『是。國王』之後，於舍衛城有多少的生盲，就將他們全部抓起來之後，到國王所在處，到了之後對國王如此說：『國王！確實，於舍衛城有多少的生盲，已經將他們全部集合了』。 [12]

「『那麼，就讓諸生盲見象吧！』『是，國王！』諸比丘！男人對那國王答覆之後，讓諸生盲見象〔而說〕：『諸位生盲！唯此是象』。 [13]

---

[2] 日譯「家臣」可能是家臣中之一。

“Ekaccānaṁ jaccadhānaṁ hatthissa sīsaṁ dassesi: ‘Ediso jaccandhā hatthī ’ ti. Ekaccānaṁ jaccandhānaṁ hatthissa kaṇṇaṁ dassesi: ‘Ediso jaccandhā hatthī ’ ti. Ekaccānaṁ jaccandhānaṁ hatthissa dantaṁ dassesi: ‘Ediso jaccandhā hatthī ’ ti. Ekaccānaṁ jaccandhānaṁ hatthissa soṇḍaṁ dassesi: ‘Ediso jaccandhā hatthī ’ ti. Ekaccānaṁ jaccandhānaṁ hatthissa kāyaṁ dassesi: ‘Ediso jaccandhā hatthī ’ ti. Ekaccānaṁ...pādaṁ dassesi...ti. Ekaccānaṁ... piṭṭhiṁ dassesi...ti. Ekaccānaṁ ...naṅguṭṭhaṁ dassesi...ti. Ekaccānaṁ vāladhiṁ dassesi: ‘Ediso jaccandhā hatthī ’ ti. [14]

“Atha kho bhikkhave so puriso jaccandhānaṁ hatthiṁ dassetvā yena so rājā ten’ upasaṅkami, upasaṅkamitvā taṁ rājānaṁ etad avoa: ‘Diṭṭho kho tehi deva jaccandhehi hatthī, yassa dāni kālaṁ maññasî ’ ti. [15]

“Atha kho bhikkhave so rājā yena te jaccandhā ten’ upasaṅkami, upasaṅkamitvā te jaccandhe etad avoca: ‘Diṭṭho vo jaccandhā hatthī?’ ti. ‘Evaṁ deva Diṭṭho no hatthī’ ti. ‘Vadetha jaccandhā, Kīdiso hatthī ?’ ti. [16]

「讓一部分生盲見象的頭〔而說〕:『諸位生盲！這樣是象』。讓一部分生盲見象的耳朵〔而說〕:『諸位生盲！這樣是象』。讓一部分生盲見象的牙齒〔而說〕:『諸位生盲！這樣是象』。讓一部分生盲見象的鼻〔而說〕:『諸位生盲！這樣是象』。讓一部分生盲見象的身體〔而說〕:『諸位生盲！這樣是象』。讓一部分……見腳……。讓一部分……見背……。讓一部分……見尾……。讓一部分生盲見象的尾尖〔而說〕:『諸位生盲！這樣是象』。 [14]

「諸比丘！於是，那男人讓諸生盲見象之後，到那國王所在處，到了之後對那國王如此說:『國王！確實，已經讓諸生盲見過象了，現在請您考量適當的時間』。 [15]

「諸比丘！於是，那國王到諸生盲所在處，到了之後，對那生盲們如此說:『諸位生盲！你們見過象否？』『如是，國王！我們已見過象了』,『諸位生盲！你們說吧！象是甚麼樣？』 [16]

"Yehi bhikkhave jaccandhehi hatthissa sīsaṁ diṭṭhaṁ ahosi, te evaṁ āhaṁsu: 'Ediso deva hatthī, seyyathā pi kumbho' ti. Yehi bhikkhave jaccandhehi hatthissa kaṇṇo diṭṭho ahosi, te evaṁ āhaṁsu: 'Ediso deva hatthī, seyyathā pi suppo' ti. Yehi bhikkhave jaccandhehi hatthissa danto diṭṭho ahosi, te evaṁ āhaṁsu: 'Ediso…pe…pi phālo' ti. Yehi…soṇḍo… āhaṁsu: 'Ediso…pi naṅgalīsā' ti. Yehi …kāyo…āhaṁsu: 'Ediso…pi koṭṭho' ti. Yehi…pādo…āhaṁsu: 'Ediso…pi thūṇo' ti. Yehi…piṭṭhi diṭṭhā…āhaṁsu: 'Ediso…pi udukkhalo' ti. Yehi…naṅguṭṭhaṁ…diṭṭhaṁ ahosi, te evaṁ āhaṁsu: 'Ediso…pi musalo' ti. Yehi…vāladhi…āhaṁsu: 'Ediso…pi sammajjanī ' ti. [17]

"Te 'Ediso hatthī, n'ediso hatthī'; 'N'ediso hatthī, ediso hatthī' ti aññamaññaṁ muṭṭhīhi saṁyujjhiṁsu. Tena ca pana bhikkhave so rājā attamano ahosi, evam eva kho bhikkhave aññatitthiyā paribbājakā andhā acakkhukā…pe…ediso dhammo" ti. [18]

Atha kho Bhagavā etam atthaṁ viditvā tāyaṁ velāyaṁ imaṁ udānaṁ udānesi:

"Imesu kira sajjanti eke samaṇa-brāhmaṇā,
viggayha naṁ vivadanti janā ekaṅga-dassino" ti. [19]

「諸比丘！凡是見過象頭的諸生盲，他們都說：『國王！象是如此，猷如甕』。諸比丘！凡是見過象耳的諸生盲，他們都說：『國王！象是如此，猷如簸箕』。諸比丘！凡是見過象牙的諸生盲，他們都說：『……乃至……猷如犁刃』。凡是……象鼻……都說：『……猷如犁柄』。凡是……身體……都說：『……猷如穀倉』。凡是……腳……都說：『……猷如柱』。凡是見過背……都說:『……猷如臼』。凡是見過尾……都說:『……猷如杵』。凡是……尾尖……都說：『……猷如掃帚』。 [17]

「他們〔爭論〕『如此是象，如此非象』，『如此非象，如此是象』而互相以拳結交〔即毆打〕。然而，諸比丘！那國王卻是滿意，諸比丘！外道的遍歷者們正是如此愚暗無眼……乃至……如此是法」。 [18]

於是，世尊知此意義之後，於那時自說此感興語：

確實某些沙門婆羅門，執著於此等〔見〕，

見一部分之人們，執著那〔部分〕而爭論。 [19]

33. Dhamma-pada[1]

Mano-pubbaṅgamā dhammā mano-seṭṭhā mano-mayā,
manasā ce paduṭṭhena bhāsati vā karoti vā,
tato naṁ dukkham anveti cakkaṁ va vahato padaṁ. [1][2]

Mano-pubbaṅgamā dhammā mano-seṭṭhā mano-mayā,
manasā ce pasannena bhāsati vā karoti vā,
tato naṁ sukham anveti chāyā va anapāyinī. [2][3]

"Akkocchi mam, avadhi maṁ, ajini maṁ, ahāsi me,"
ye taṁ upanayhanti, veraṁ tesaṁ na sammati. [3][4]

"Akkocchi mam, avadhi maṁ, ajini maṁ, ahāsi me,"
ye taṁ na upanayhanti, veraṁ tesûpasammati. [4][5]

Na hi verena verāni sammant' idha kudācanaṁ,
averena ca sammanti; esa dhammo sanantano. [5][6]

---

1 日譯南傳 23 pp.17-84.

2 Netti 129; Dhs A. 68; Ud. Citta 23; 法句雙要 1; 出要心意 23.

3 Netti 133; Dhs A. 68; Ud. Citta 24; 法句雙要 2; 出要心意 24.

4 V i 349; M iii 154; J iii 212,488; Ud. Droha 9; 法句雙要 3; 出要忿怒 9.

5 V i 349; M iii 154; J iii 212,488; Ud. Droha 10; 法句雙要 4; 法集怨家 10.

6 V i 349; M iii 154; J iii 212,488; Ud. Droha 11; 法句雙要 5; 法集怨家 11.

33. 法句經【精選】

諸法意爲先行，以意爲主、意所成，
若以污穢意，談論或行爲，
則苦之隨彼，猶如輪之〔隨〕正在牽運者之足。 [1]

諸法意爲先行，以意爲主、意所成，
若以清淨意，談論或行爲，
則樂之隨彼，猶如影之〔隨形〕不離。 [2]

「彼罵我，彼打我，彼勝我，彼奪我的」；
凡是懷恨此種者，彼等之怨恨不寂止。 [3]

「彼罵我，彼打我，彼勝我，彼奪我的」；
凡是不懷恨此者，怨恨於彼等中寂止。 [4]

確實在此世於任何時，非以怨寂止諸怨，
但以無怨寂止，此是永恆之法。 [5]

Pare ca na vijānanti: "mayam ettha yamāmase,"
ye ca tattha vijānanti, tato sammanti medhagā. [6][7]

Asāre sāramatino sāre câsāradassino,
te sāraṁ nâdhigacchanti micchā-saṅkappa-gocarā. [11][8]

Sārañ ca sārato ñatvā asārañ ca asārato ,
te sāraṁ adhigacchanti sammā-saṅkappa-gocarā. [12][9]

Yathā agāraṁ ducchannaṁ vuṭṭhi samativijjhati,
evaṁ abhāvitaṁ cittaṁ rāgo samativijjhati. [13][10]

Yathā agāraṁ succhannaṁ vuṭṭhi na samativijjhati,
evaṁ subhāvitaṁ cittaṁ rāgo na samativijjhati. [14][11]

Appamādo amatapadaṁ, pamādo maccuno padaṁ,
appamattā na mīyanti, ye pamattā yathā matā. [21][12]

---

[7] V i 349; M iii 154; J iii 212,488; Ud. Droha 8; 法句雙要 6.

[8] 法句雙要 11; 出曜雙要 3; 法集相應 3; Abhidharma-samuccaya 107; Mah āyāna-sūtrālaṁkāra 82.

[9] 法句雙要 12; 出曜雙要 4; 法集相應 4; Ud. Yuga 4.

[10] Thag. 133; VM. 37; Ud. Citta 11; 法句雙要 13; 出曜心意 12; 法集護心 11.

[11] Thag. 134; VM. 37; Ud. Citta 17; 法句雙要 14; 出曜心意 14; 法集護心 12.

[12] J v 99; Netti 34; Ud. Apramāda 1; Pkt Dhp II 6; 法句放逸 1; 出曜無放逸 1; 法集放逸 1.

他人不了知：「吾等在此世，當自我抑制」，
在此世，凡是了知者，因此寂止諸爭論。 [6]

非真實思爲真實，而真實視爲非真實者，
彼等不了達真實，而〔住於〕邪思惟行境。 [11]

從真實知真實，又從非真實知非真實者，
彼等了達真實，而〔住於〕正思惟行境。 [12]

猶如屋蓋不密，雨流進〔屋內〕；
如此心不修習，貪侵入心裏。 [13]

猶如屋蓋周密，雨不流進〔屋內〕；
如此心善修習，貪不侵入心裏。 [14]

不放逸不死道，放逸即死之道；
不放逸者不死，若放逸猶如死。 [21]

Evaṁ visesato ñatvā appamādamhi paṇḍitā
appamāde pamodanti ariyānaṁ gocare ratā. [22][13]

Pamādam appamādena yadā nudati paṇḍito,
paññā-pāsādam āruyha asoko sokinim pajaṁ,
pabbataṭṭho va bhummaṭṭhe, dhīro bāle avekkhati. [28][14]

Phandanaṁ capalaṁ cittaṁ dūrakkhaṁ dunnivārayaṁ,
ujuṁ karoti medhāvī usukāro va tejanaṁ. [33][15]

Vārijo va thale khitto okamokata[16] ubbhato
pariphandat' idaṁ cittaṁ māradheyyaṁ pahātave. [34][17]

Yathā pi bhamaro pupphaṁ vaṇṇa-gandhaṁ aheṭhayaṁ
paleti rasam ādāya, evaṁ gāme munī care. [49][18]

Na paresaṁ vilomāni na paresaṁ katâkataṁ,
attano va avekkheyya katāni akatāni ca. [50][19]

---

13 Ud.Apramāda 2; Pkt Dhp II 7; 法句放逸 2; 出曜無放逸 2; 法集放逸 2.

14 Mil 387; Ud. Apramāda 4; Pkt Dhp II 10; 法句放逸 8; 出曜無放逸 4; 法集放逸 4 -5.

15 J i 40; Ud. Citta 8; Pkt Dhp III 5; 法句心意 1; 出曜心意 8; 法集護心 9.

16 okamokata=okamokato.

17 Ud. Citta 2; Pkt Dhp III 2; 出曜心意 2; 法集護心 2.

18 J i 349; netti 184; Ud. Puṣpa 8; Prātimokṣa-sūtra; 法句華香 7; 出要華 8; 法集華喻 9.

19 Ud. Puṣpa 9; Prātimokṣa-sūtra; 法句華香 8; 法集華喻 10.

諸賢者於不放逸，知如此殊勝，
喜於不放逸，樂於諸聖行境。 [22]

賢者若以不放逸，驅除放逸時，
無憂者登智慧樓，〔俯瞰〕有憂眾生；
猶如賢者立山頂，俯瞰立於地上諸愚者。 [28]

動搖、浮動、難守、難禁制之心，
賢慧者令其正直，如箭工令箭〔正直〕。 [33]

猶如水生者從住處，被抓出而投在陸地上；
振動此心，應捨棄魔之領域。 [34]

恰如密蜂，不傷害華之色香，
取其味而去，賢士如此行乞於村落。 [49]

不〔觀察〕他人之違逆，不〔觀察〕他人所作或無所作；
應觀察自己之所作，或無所作。 [50]

Yathā pi ruciram pupphaṁ vaṇṇavantaṁ agandhakaṁ,
evaṁ subhāsitā vācā aphalā hoti akubbato. [51][20]

Yathā pi ruciram pupphaṁ vaṇṇavantaṁ sagandhakaṁ,
evaṁ subhāsitā vācā saphalā hoti kubbato. [52][21]

Yathā pi puppha-rāsimhā kayrā[22] mālā-guṇe bahū,
evaṁ jātena maccena kattabbaṁ kusalaṁ bahuṁ. [53][23]

Na puppha-gandho paṭivātam eti,
na candanaṁ tagara-mallikā vā,
satañ ca gandho paṭivātam eti,
sabbā disā sappuriso pavāti. [54][24]

Candanaṁ tagaraṁ vā pi uppalaṁ atha vassikī,
etesaṁ gandha-jātānaṁ sīla-gandho anuttaro. [55][25]

Appa-matto ayaṁ gandho yâyaṁ tagara-candanī,
yo ca sīlavataṁ gandho vāti devesu uttamo. [56][26]

---

20 Thag 323; Ud. Puṣpa 6; 法句華香 9; 出曜華 6; 法集華喻 7.

21 Thag 324; Ud. Puṣpa 7; 法句華香 10; 出曜華 7; 法集華喻 8.

22 kayrā 依 Dhammapada-atthakathā I p.419 應爲 kayirā.

23 Ud. Puṣpa 12; 法句華香 11; 法集華喻 12.

24 A i 226; J iii 291; Mil 333; Ud. Śīla 16; 法句華香 12; 出曜戒 16; 法集持戒 18.

25 J iii 291; Mil 333; Ud. Śīla 17; 法句華香 13; 出曜戒 17; 法集持戒 19.

26 J iii 291; Mil 333; Ud. Śīla 18; 法句華香 14; 出曜戒 18.

恰如美麗之華，具有色而無香，
如此善說之語，無實行則無果。 [51]

恰如美麗之華，具有色又有香，
如此善說之語，有實行則有果。 [52]

恰如從華堆，可作許多華鬘；
如此由生人，應作許多善事。 [53]

華香不逆風而散去，
旃檀或多伽羅末利迦亦否，
善人之香逆風散去，
善士散發香於一切方。 [54]

旃檀或多伽羅，青蓮華又夏生華等，
此等所生香中，戒香爲無上。 [55]

凡此多伽羅或旃檀等，此香是微量，
凡諸有戒者之香最上，薰於諸天中。 [56]

Dīghā jāgarato rattī, dīghaṁ santassa yojanaṁ,
dīgho bālānaṁ saṁsāro saddhammaṁ avijānataṁ. [60][27]

Carañ ce nâdhigaccheyya seyyaṁ sadisam attano,
ekacaryaṁ daḷhaṁ kayrā[28], natthi bāle sahāyatā. [61][29]

"Puttā m' atthi dhanaṁ m' atthi" iti bālo vihaññati.
attā hi attano natthi. Kuto puttā ? Kuto dhanaṁ? [62][30]

Yo bālo maññati bālyaṁ paṇḍito vâ pi tena so,
bālo ca paṇḍitamānī, sa ve bālo ti vuccati. [63][31]

Yāvajīvam pi ce bālo paṇḍitaṁ payirupāsati,
na so dhammaṁ vijānāti, dabbī sūpa-rasaṁ yathā. [64][32]

Muhuttam api ce viññū paṇḍitaṁ payirupāsati,
khippaṁ dhammaṁ vijānāti, jivhā sūpa-rasaṁ yathā. [65][33]

---

[27] Ud. Anitya 19; 法句愚闇 1; 出曜無常 19; 法集有爲 20.

[28] kayrā 依 Dhammapada-atthakathāII p.23 應爲 kayirā.

[29] J iii 73; Ud. Droha 15; 法句愚闇 2; 出曜忿怒 15; 法集怨家 15.

[30] Ud. Anitya 20; 法句愚闇 4; 出曜無常 20; 法集有爲 21.

[31] Divy 490; 法句愚闇 6; 出曜親 22; 法集善友 18.

[32] 法句愚闇 7; 出曜親 13; 法集善友 13.

[33] 法句愚闇 8; 出曜親 14; 法集善友 14.

對於不眠者夜是長，對於疲勞者一由旬是長，
對於不知正法之愚者，輪迴乃是漫長。 [60]

若正在走時，未遇到勝過或相等於自己者，
應堅持獨行，〔寧願〕無諸愚昧之同伴。 [61]

「我有子，我有財」，如此愚者被困擾，
實際上自己非自己所有，何況子？何況財？ [62]

若愚癡者思量是愚癡，或由此彼乃是智者，
但愚昧而自傲為賢者，彼乃真可稱為愚者。 [63]

愚者即使終生，奉侍智者，
彼不了知法，猶如湯匙〔不知〕羹味。 [64]

智者奉侍賢者，即使寸刻，
快速了知法，猶如舌〔知〕羹味。 [65]

Caranti bālā dummedhā amitten' eva attanā
karontā pāpakaṁ kammaṁ yaṁ hoti kaṭukapphalaṁ. [66][34]

Na taṁ kammaṁ kataṁ sādhu yaṁ katvā anutappati,
yassa assu-mukho rodaṁ vipākaṁ paṭisevati. [67][35]

Tañ ca kammaṁ kataṁ sādhu yaṁ katvā nânutappati,
yassa patīto sumano vipākaṁ paṭisevati. [68][36]

Madhu vā maññatī bālo yāva pāpaṁ na paccati,
yadā ca paccatī pāpaṁ atha bālo dukkhaṁ nigacchati. [69][37]

Nidhīnaṁ va pavattāraṁ yaṁ passe vajja-dassinaṁ,
niggayha-vādiṁ tādisaṁ paṇḍitaṁ bhaje,
tādisaṁ bhajamānassa seyyo hoti na pāpiyo. [76][38]

Ovadeyyânusāseyya, asabbhā ca nivāraye,
Sataṁ hi so piyo hoti, asataṁ hoti appiyo. [77][39]

---

[34] S i 57; J iii 291; Netti 131; Ud. Karma 13; 法句愚闇 9; 出曜行 12.

[35] S i 57; J iii 291; Netti 132; Ud. Karma 14; 法句愚闇 10; 出曜行 13.

[36] S i 57; J iii 291; Ud. Karma 15; 法句愚闇 11; 出曜行 14.

[37] J iii 291; 法句愚闇 12; 出曜惡行 18.

[38] Thag 993; J iii 367; MNd 503; 法句明哲 1; 出曜行 7.

[39] Thag 994; J iii 367; MNd 503; Ud. Priya 26; 法句明哲 2; 法集愛樂 23.

諸劣慧愚者，與自己爲敵而行爲，
常造作惡業，那惡業有苦澀之果。 [66]

凡是作後懊悔，所作此業非善
一邊泣淚滿面，一邊受其果報。 [67]

若作後不懊悔，所作此業乃善
他將歡喜悅意，而享受其果報。 [68]

當惡未成熟之間，愚者思如密，
但若惡成熟時，那時愚者受苦。 [69]

若見到認識罪，而呵責者時，
應親近如此智者，如對告知寶藏者，
對於正親近如此〔智者〕之人而言，成爲更好而不成更惡。 [76]

願望教誡願望教導，願望從卑劣事防護，
確實他成爲善人所愛，成爲惡人所憎恨。 [77]

Na bhaje pāpake mitte, na bhaje purisâdhame,
Bhajetha mitte kalyāṇe, bhajetha purisuttame. [78][40]

[40] 法句明哲 3; 出曜親 3; 法集善友 3.

不願望親近諸惡友，不願望親近諸最劣人，
而願望親近諸善友，並願望親近諸最善人。 [78]

(33. Dhamma-pada 2)

Dhamma-pīti sukhaṁ seti vippasannena cetasā,
ariyappavedite dhamme sadā ramati paṇḍito. [79][41]

Udakaṁ hi nayanti nettikā,
usukārā namayanti tejanaṁ,
dāruṁ namayanti tacchakā,
attānaṁ damayanti paṇḍitā. [80][42]

Selo yathā eka-ghano vātena na samīrati,
evaṁ nindā-pasaṁsāsu na samiñjanti paṇḍitā. [81][43]

Yathā pi rahado gambhīro vippasanno anāvilo,
evaṁ dhammāni sutvāna vippasīdanti paṇḍitā. [82][44]

Sabbattha ve sappurisā cajanti,
na kāma-kāmā lapayanti santo,
sukhena phuṭṭhā atha vā dukkhena,
n' uccâvacaṁ paṇḍitā dassayanti. [83][45]

---

[41] 法句明哲 4; 出曜樂 16; 法集樂 15.

[42] M ii 105; Thag 19; Dhp 145; Ud. Udaka 10; 法句明哲 6; 出曜水 11; 法集水喻 10.

[43] Mil 386; VM 5 cf. A ii 379; V i 185; Thag 643; Ud. Yuga 49; 法句明哲 7; 出曜雙要 52; 法集相應 44.

[44] Ud. Udaka 11; 法句明哲 8; 出曜水 9; 法集水喻 11.

[45] Ud. Sukha 52; 法句明哲 9; 出曜樂 53.

喜愛法者，因心明淨快樂而臥，
智者時常，樂於聖者所教法中。 [79]

治水者引導水，
製箭者矯治箭，
木匠雕飾木材，
智者調御自己。 [80]

猶如堅固岩，不因風而動搖，
如此諸智者，於毀譽中不動。 [81]

猶如深池，明淨無濁，
如此智者，多聞法而明朗。 [82]

確實，諸善人於一切處捨棄，
寂靜不談諸欲事，
所接觸樂或苦，
智者不顯示高興或低沉。 [83]

Na atta-hetu na parassa-hetu
na puttam icche na dhanaṁ na raṭṭhaṁ,
n'iccheyy' adhammena samiddhim attano,
sa sīlavā paññavā dhammiko siyā. [84][46]

Sahassam api ce vācā anatthapada-saṁhitā,
ekam attha-padaṁ seyyo yaṁ sutvā upasammati. [100][47]

Sahassam api ce gāthā anatthapada-saṁhitā,
ekaṁ gāthā-padaṁ seyyo yaṁ sutvā upasammati. [101][48]

Yo ca gāthā-sataṁ bhāse anatthapada-saṁhitā,
ekaṁ dhamma-padaṁ seyyo yaṁ sutvā upasammati. [102][49]

Yo sahassaṁ sahassena saṅgāme mānuse jine,
ekañ ca jeyya-m-attānaṁ sa ve saṅgāmajuttamo. [103][50]

Abhittharetha kalyāṇe pāpā cittaṁ nivāraye,
dandhaṁ hi karoto puññaṁ pāpasmiṁ ramatī mano. [116][51]

---

[46] Pkt Dhp VI 3; 法句明哲 10.

[47] Ap 478; Pkt Dhp V 2; Mvu iii 434; 法句述千 1; 出曜廣衍 1; 法集廣衍 1.

[48] Ap 478; Pkt Dhp V 4; Mvu iii 434; Ud. Sahasra 2; 法句述千 2.

[49] Ap 478; Pkt Dhp V 3; Ud. Sahasra 1; 法句述千 3; 出曜廣衍 2; 法集廣衍 2.

[50] J i 314; Ap 478; Mvu iii 434; Ud. Ātma 3; 法句述千 4; 出曜我 3; 法集己身 3.

[51] 法句惡行 1; 出曜惡行 23; 法集罪障 22.

不因自己，不爲他人，
不欲求子、財、國土，
不依非法欲求自己之繁榮，
彼可能是持戒、有慧、如法者。 [84]

即使上千之語，若聚集無益之句；
不如於一益句，若聽聞而得寂靜。 [100]

即使上千之偈，若聚無益之句；
不如於一偈句，若聞而得寂靜。 [101]

若說一百偈，聚無益之句；
不如一法句，聞已得寂靜。 [102]

若於戰場，征服百萬人；
但勝一己，彼實最上戰勝者。 [103]

急速於諸善，心可防護諸惡；
因緩於造福，意即喜樂於惡。 [116]

Pāpañ ce pūriso kayrā, na taṁ kayrā punappunaṁ,
na tamhi chandaṁ kayrātha, dukkho pāpassa uccayo. [117][52]

Puññañ ce pūriso kayrā[53], kayrāth' enaṁ punappunaṁ,
tamhi chandaṁ kayrātha, sukho puññassa uccayo. [118][54]

Mâppamaññetha pāpassa "na man taṁ āgamissati,"
udabindu-nipātena udakumbho pi pūrati,
bālo pūrati pāpassa thoka-thokam pi ācinaṁ. [121][55]

Mâppamaññetha puññassa "na man taṁ āgamissati,"
udabindu-nipātena udakumbho pi pūrati,
dhīro pūrati puññassa thoka-thokam pi ācinaṁ. [122][56]

Na antalikkhe, na samudda-majjhe,
na pabbatānaṁ vivaraṁ pavissa,
na vijjati so jagatippadeso,
yatthaṭṭhito muñceyya pāpa-kammā. [127][57]

---

52 法句惡行 3; 出曜惡行 21; 法集罪障 20.

53 kayrā 應爲 kayirā ，其次之 kayrātha 亦應爲 kayirātha.

54 法句惡行 4; 出曜惡行 22; 法集罪障 21.

55 Ud. Udaka 5; 法句惡行 9; 出曜水 5; 法集水喻 5.

56 Ud. Udaka 6; 法句惡行 10; 出曜水 6; 法集水喻 6.

57 Pv 21; Mil 150, 151; Divy 532,561; Ud. Karma 5; 法句惡行 21; 出曜行 5; 法集業 6.

若人可能作惡，不可再度造作之，
於此不可意欲作，惡之集積是苦。 [117]

若人可能造福，可再度造作之，
於此可意欲作，福之集積是樂。 [118]

勿輕視惡而以爲：「彼將不對我而來，」
因水滴下落，水缸亦充滿，
惡之漸堆積，愚者亦充滿。 [121]

勿輕視福而以爲：「彼將不對我而來，」
因水滴下落，水缸亦充滿，
福之漸堆積，賢者亦充滿。 [122]

非於虛空，非在海中，
非入山之間隙，凡是他所在之處，
無不被知，而可從惡業逃逸之地方。 [127]

Sabbe tasanti daṇḍassa, sabbe bhāyanti maccuno,
attānaṁ upamaṁ katvā na haneyya na ghātaye. [129][58]

Sabbe tasanti daṇḍassa, sabbesaṁ jīvitaṁ piyaṁ
attānaṁ upamaṁ katvā na haneyya na ghātaye. [130][59]

Aneka-jāti-saṁsāraṁ sandhāvissaṁ[60] anibbisaṁ
gahakārakaṁ gavesanto, dukkhā jāti punappunaṁ. [153][61]

Gahakāraka! Diṭṭho 'si puna gehaṁ na kāhasi,
sabbā te phāsukā bhaggā, gaha-kūṭaṁ visaṅkhitaṁ,
visaṅkhāra-gataṁ cittaṁ taṇhānaṁ khayaṁ ajjhagā. [154][62]

Attānam eva paṭhamaṁ paṭirūpe nivesaye,
ath' aññaṁ anusāseyya, na kilisseyya paṇḍito. [158][63]

Attanañ ce tathā kayrā[64] yath' aññaṁ anusāsati,
sudanto vata dametha, attā hi kira duddamo. [159][65]

---

58 Mil 145; 法句刀杖 1; 出曜念 2.

59 J iii 292; Ud. Priya 19; 出曜念 20; 法集愛樂 16.

60 sandhāvissaṁ= sandhāvisaṁ.

61 S i 16; J i 76; Dhs A 46; Ud. Citta 6; 法句老耄 8; 出曜心意 6; 法集護心 6.

62 J i 76; Ud. Citta 7; 法句老耄 9; 出曜心意 7; 法集護心 7.

63 J ii 441, iii 333; Ud. Ātma 7; 法句愛身 2; 出曜我 6; 法集己身 7.

64 kayrā 應爲 kayirā.

65 Ud. Ātma 8; 法句愛身 3; 出曜我 8; 法集己身 9.

一切〔眾生〕畏懼杖罰，一切〔眾生〕恐怖死，
自己作爲比喻，不可傷害不可殺。 [129]

一切〔眾生〕畏懼杖罰，一切〔眾生〕之生命可愛，
自己作爲比喻，不可傷害不可殺。 [130]

經多生輪迴，尋求造屋者，
一直未得見，重複由苦生。 [153]

造屋者！汝已被發現，不要再造屋，
汝之一切椽桷破壞，屋頂已撤離，
心已離行之類，到達愛之滅盡。 [154]

首先爲自己，安置於適當處，
然後教誡他人，智者可能不污染。 [158]

若如教誡他人，那樣自己實行，
善被調教者可調教〔他人〕，因爲自己實難調教。 [159]

Attā hi attano nātho. Ko hi nātho paro siyā?
attanā hi sudantena nāthaṁ labhati dullabhaṁ. [160][66]

Sukarāni asādhūni attano ahitāni ca,
yaṁ ve hitañ sādhuñ ca, taṁ ve parama-dukkaraṁ. [163][67]

Attanā va kataṁ pāpaṁ attanā saṅkilissati,
attanā akataṁ pāpaṁ attanā va visujjhati,
suddhī asuddhī paccattaṁ nâñño aññaṁ visodhaye. [165][68]

Yo ca pubbe pamajjitvā pacchā so nappamajjati,
so 'maṁ lokaṁ pabhāseti abbhā mutto va candimā. [172][69]

Yassa pāpaṁ kataṁ kammaṁ kusalena pithīyati,
so 'maṁ lokaṁ pabhāseti abbhā mutto va candimā. [173][70]

Ekaṁ dhammaṁ* atītassa musāvādissa jantuno
vitiṇṇa-paralokassa natthi pāpaṁ akāriyaṁ. [176][71]

---

66 Ud. Ātma 12~26; 法句愛身 4.

67 法句愛身 7; 出曜惡行 16; 法集罪障 15.

68 MNd 32; Kv 525, 527; CNd. 116; 法句愛身 9; 出曜惡行 11.

69 M ii 104; Thag 871; Pkt Dhp II 13; Ud. Prakīrṇaka 5; 法句放逸 15; 出曜雜 5; 法集清淨 5.

70 M ii 104; Thag 872; Ud. Prakīrṇaka 9; 法句放逸 18; 出曜雜 9.

71 It 18; Ud. Karma 1; 法句世俗 12; 出曜行 1. * dhammaṁ 依 dhammapadatthakathā III p.182 爲 saccaṁ.

確實自己是自己之主。其他有誰可能是主？
由於自己善被調教時，即得難得之主。 [160]

易行而不善者，對自己無益，
凡是確實有益又善者，那確實最難行。 [163]

由自己所造惡，由自己污染，
非由自己造惡，由自己清淨，
各自之清淨非清淨，非他人令他人清淨。 [165]

若人雖以前曾經放逸，之後他不放逸，
他照耀此世間，猶如離雲之月。 [172]

若他所作惡業，被善所覆蓋，
他照耀此世間，猶如離雲之月。 [173]

有一真理，對於過去說謊之人，
捨棄他世之人，無惡不作。 [176]

(33. Dhammapada 3)

Kiccho manussa-paṭilābho, kicchaṁ maccāna[72] jīvitaṁ,
kicchaṁ saddhamma-savanaṁ, kiccho buddhānam uppādo. [182][73]

Sabba-pāpass' akaraṇaṁ, kusalassûpasampadā,
sacitta-pariyodapanaṁ, etaṁ buddhāna sāsanaṁ. [183][74]

Khanti paramaṁ tapo titikkhā,
nibbānaṁ paramaṁ vadanti buddhā,
na hi pabbajito parûpaghātī,
samaṇo hoti paraṁ viheṭhayanto. [184][75]

Anupavādo anupaghāto pātimokkhe ca saṁvaro,
mattaññutā ca bhattasmiṁ pantañ ca sayanâsanaṁ,
adhicitte ca āyogo, etaṁ buddhāna sāsanaṁ. [185][76]

Sukho buddhānam uppādo, sukhā sadhamma-desanā,
sukhā saṅghassa sāmaggī, samaggānaṁ tapo sukho. [194][77]

---

72 maccāna=maccānaṁ (Dhammapadatthakathā III p.235).

73 法句述佛 5.

74 D ii 49; Netti 43, 81, 171, 186; Mvu iii 420; Prātimokṣa-sūtra; 法句述佛 11; 出曜惡行 1; 法集罪障 1.

75 D ii 49; Prātimokṣa-sūtra; 法句述佛 9; 出曜泥洹 2; 法集圓寂 2.

76 D ii 49f.; Ud. 43; Prātimokṣa-sūtra; 法句述佛 10; 出曜心意 54; 法集護心 38cd-39.

77 法句述佛 21; 出曜樂 24; 法集樂 23.

得人身難，活命亦難，
聞正法難，佛出世難。 [182]

諸惡不作，眾善具足，
淨化自心，是諸佛教。 [183]

忍辱忍耐是最上苦行，
涅槃最勝是諸佛所說，
確實無傷害他之出家人，
無正使他人困擾之沙門。 [184]

無非難無惱害，攝護諸戒，
又於食知節量，邊地坐臥，
精勤於增上心[78]，是諸佛教。 [185]

佛出世爲樂，聞正法爲樂，
僧和合爲樂，諸和合者之修行爲樂。 [194]

---

[78] 增上心即禪定.

Jayaṁ veraṁ pasavati, dukkhaṁ seti parājito,
upsanto sukhaṁ seti hitvā jaya-parājayaṁ. [201][79]

Jighacchā paramā rogā, saṅkhārā paramā dukkhā,
etaṁ ñatvā yathā-bhūtaṁ, nibbānaṁ paramaṁ sukhaṁ. [203][80]

Ārogya paramā lābhā, santuṭṭhī paramaṁ dhanaṁ,
vissāsa paramā ñāti, nibbānaṁ paramaṁ sukhaṁ. [204][81]

Sādhu dassanam ariyānaṁ, sannivāso sadāsukho,
adassanena bālānaṁ niccam eva sukhī siyā. [206][82]

Bāla-saṅgata-cārī hi dīgham addhāna[83] socati,
dukkho bālehi saṁvāso amitten'eva sabbadā,
dhīro ca sukha-saṁvāso ñātīnaṁ va samāgamo. [207][84]

Akkodhena jine kodhaṁ, asādhuṁ sādhunā jine,
jine kadaryaṁ dānena, saccenâlika-vādinaṁ. [223][85]

---

79 S i 83; Pkt Dhp IX 19; Avadānaśataka I 57; 法句安寧 6; 出曜樂 1; 法集樂 1.

80 Pkt Dhp IX 2; 法句泥洹 3; 出曜泥洹 7; 法集圓寂 7.

81 Pkt Dhp IX 1; 法句泥洹 2; 出曜泥洹 6; 法集圓寂 6.

82 Pkt Dhp IX 14; Ud. Sukha 25; 法句安寧 10; 出曜樂 27; 法集樂 26.

83 addhāna=addhānaṁ.

84 Pkt Dhp IX 15-16ab; Ud. Sukha 26; 法句安寧 12; 出曜樂 28; 法集樂 27.

85 J ii 4; Ud. Krodha 19; 法句忿怒 4; 出曜恚 18; 法集瞋恚 20.

勝利者生怨，敗北者臥苦，
寂靜者臥樂，捨棄勝與敗。 [201]

饑餓最大病，諸行最大苦，
如實知此已，涅槃最上樂。 [203]

無病最上利，知足最上財，
信賴最上親，涅槃最上樂。 [204]

善哉見聖者，共住者常樂，
因不見愚者，即可有常樂。 [206]

與愚者同行，實長時憂愁，
與諸愚者共住是苦，一切時如敵，
慧者共住，樂如諸親戚集會。 [207]

以無忿勝忿，以善勝不善，
以施勝吝嗇，以實勝妄語。 [223]

Saccaṁ bhaṇe, na kujjheyya, dajjā appasmi yācito,
etehi tīhi ṭhānehi gacche devāna santike. [224][86]

Anupubbena medhāvī thoka-thokaṁ khaṇe khaṇe
kammāro rajatass'eva niddhame malam attano. [239][87]

Ayasā va malaṁ samuṭṭhitaṁ,
tad uṭṭhāya tam eva khādati,
evaṁ atidhona-cārinaṁ
saka-kammāni nayanti duggatiṁ. [240][88]

Asajjhāya-malā mantā, anuṭṭhāna-malā gharā,
malaṁ vaṇṇassa kosajjaṁ, pamādo rakkhato malaṁ. [241][89]

Sudassanaṁ vajjaṁ aññesaṁ, attano pana duddasaṁ,
paresaṁ hi so vajjāni opunāti[4] yathā bhusaṁ,
attano pana chādeti kaliṁ va kitavā saṭho. [252][90]

---

[86] 法句忿怒 5; 出曜恚 20; 法集瞋恚 14.

[87] Kv 108, 219; Ud. Kāma 10; 法句塵垢 3; 出曜欲 10.

[88] Netti 129; Ud. Karma 19; 法句塵垢 4; 出曜行 19; 法集業 18.

[89] A iv 195; 法句塵垢 5.

[4] opunāti 應爲 opuṇāti (Dhammapadatthakathā III p.235).

[90] 出曜觀 1; 法集觀察 1.

應說真實，不可怒，雖是少被乞當施，
由此三因，可往諸天面前。 [224]

智者依次第，於刹那刹那，
分分除自垢，如冶工鍛銀。 [239]

猶如從鐵所生垢，
彼生起後即食此〔鐵〕；
如此自己所造業，
引導放任行者至惡趣。 [240]

不誦是經典之垢，不勤是家庭之垢，
懈怠是美貌之垢，放逸是守衛之垢。 [241]

他人之過失易見，但自己之〔過失〕難見，
彼散佈他人之罪，確實如〔撒〕稻穀，
隱匿自己之邪惡，如狡猾之賭博者。 [252]

Na tāvatā dhamma-dharo yāvatā bahu bhāsati,
yo ca appam pi sutvāna, dhammaṁ kāyena passati[5],
sa ve dhamma-dharo hoti yo dhammaṁ nappamajjati. [259][91]

Na tena thero bhavati yen' assa phalitaṁ siro,
Paripakko vayo tassa mogha-jiṇṇo ti vuccati. [260][92]

Maggān' aṭṭhaṅgiko seṭṭho, saccānaṁ caturo padā,
virāgo seṭṭho dhammānaṁ, dipadānañ ca cakkhumā. [273][93]

Na santi puttā tanayā na pitā na pi bandhavā,
antakenâdhipannassa natthi ñātīsu tāṇatā. [288][94]

Seyyo ayo-gulo[6] bhutto tatto aggi-sikhûpamo,
yañ ce bhuñjeyya dussīlo raṭṭha-piṇḍaṁ asaññato. [308][95]

Akataṁ dukkataṁ seyyo, pacchā tapati dukkataṁ,
kataṁ ca sukataṁ seyyo, yaṁ katvā nânutappati. [314][96]

---

5 passti 依水野教授認為可能是 phassti=phusati.

91 Pkt Dhp II 5; Ud. Aparamāda 21; 法句奉持 4; 出曜無放逸 21; 法集放逸 20.

92 Ud. Śramaṇa 11; 法句奉持 5; 出曜沙門 11; 法集沙門 11.

93 Kv 600; Netti 188; Pkt Dhp I 30; Ud. Mārga 4; 法句道行 1; 出曜道 4; 法集正道 4.

94 Ud. Anitya 40; 法句無常 17; 出曜無常 39; 法集有為 38.

6 gulo 應為 guḷo (Dhammapadatthakathā III p.481).

95 V iii 90; It 43; Pkt Dhp VI 10;Ud. Karma 2; 法句地獄 3; 出曜行 2; 法集業 2.

96 S i 49, 5o; Pkt Dhp VII 6; Ud. Yuga 41-42; 法句地獄 9; 出曜雙要 44cd-45ab; 法集相應 33cd-34ab.

非所說多少，即持法多少，
雖少聞，若以身接觸法，
若於法不放逸，彼實爲持法者。 [259]

非因彼頭髮白，所以成爲長老，
彼之年齡成熟，稱爲徒然衰老。 [260]

諸道中八支最勝，諸真諦中四句〔最勝〕，
諸法中離欲最勝，二足者中具眼〔最勝〕。 [273]

死神到來時，非諸子非父，
非諸親戚中，有能救護者。 [288]

若食國人飯團，而破戒無節制，
寧可食鐵丸，灼熱如火燄。 [308]

不作勝於作惡，作惡以後受苦，
作善較勝於作，若作後無苦惱。 [314]

Avajje vajja-matino, vajje câvajja-dassino,
micchādiṭṭhi-samādānā sattā gacchanti duggatiṁ. [318][97]

Vajjañ ca vajjato ñatvā, avajjañ ca avajjato,
Sammādiṭṭhi-samādānā sattā gacchanti suggatiṁ. [319][98]

No ce labhetha nipakaṁ sahāyaṁ
saddhiṁcaraṁ sādhu-vihāri dhīraṁ,
rājā va raṭṭhaṁ vijitaṁ pahāya,
eko care mātaṅg' araññe va nāgo. [329][99]

Ekassa caritaṁ seyyo, natthi bāle sahāyatā,
eko care, na ca pāpāni kayirā,
appossukko mātaṅg' araññe va nāgo. [330][100]

Sabba-dānaṁ dhamma-dānaṁ jināti,
sabbaṁ rasaṁ dhamma-raso jināti,
sabbṁ ratiṁ dhamma-ratī jināti,
taṇhakkhayo sabba-dukkhaṁ jināti. [354][101]

---

97 法句地獄 15.

98 法句地獄 16.

99 V i 350; M iii 154; J iii 488cf. Sn 46; Ap 9; Ud. Droha 14; 法句象喻 10; 出曜忿怒 14;法集怨家 12.

100 V i 350; M iii 154; J iii 488; Ud. Droha 16; 法句象喻 11; 出曜忿怒 16; 法集怨家 14.

101 法句愛欲 25; 出曜泥洹 33; 法集圓寂 36.

非過失思爲過失，於過失見爲非過失，
持有邪見諸眾生，當往惡趣。　[318]

由過失知過失，由非過失知非過失，
持有正見諸眾生，當往善趣。　[319]

若未得謹慎之朋友、
賢明而安住於善之同行者，
如王捨棄被征服國土，
而獨行如森林中之象。　[329]

寧可獨行，不親近諸愚者，
應當獨行，但不可行諸惡，
如森林中之象，無關心貪欲。　[330]

法施勝一切施，
法味勝一切味，
法樂勝一切樂，
愛盡勝一切苦。　[354]

Natthi jhānaṁ apaññassa, paññā natthi ajhāyato,
yamhi jhānañ ca paññā ca, sa ve nibbāna-santike. [372][102]

Yo have daharo bhikkhu yuñjate buddha-sāsane,
so 'maṁ lokaṁ pabhāseti abbhā mutto va candimā. [382][103]

Divā tapati ādicco, rattiṁ ābhāti candimā,
sannaddho khatyo[7] tapati, jhāyī tapati brāhmaṇo,
atha sabbaṁ aho rattiṁ buddho tapati tejasā. [387][104]

Bāhita-pāpo ti brāhmaṇo, samacaryā samaṇo ti vuccati,
pabbājayaṁ attano malaṁ, tasmā pabbajito ti vuccati. [388][105]

Na câham brāhmaṇam brūmi yoni-jaṁ matti-sambhavaṁ,
bho[8]-vādī nāma so hoti, sa ve hoti sakiñcano,
akiñcanaṁ anādānaṁ, tam ahaṁ brūmi brāhmaṇaṁ. [396][106]

Aviruddhaṁ viruddhesu, atta-daṇḍesu nibbutaṁ,
Sâdānesu anādānaṁ, tam ahaṁ brūmi brāhmaṇaṁ. [406][107]

---

[102] Pkt Dhp B 16; Ud. Bhikṣu 25; 法句沙門 12; 出曜沙門 28; 法集苾芻 17.
[103] 法句放逸 17; 出曜雜 7; 法集清淨 8.
[7] khatyo 應爲 khattiyo (Dhammapadatthakathā IV p.148).
[104] S ii 284; Pkt Dhp B 7; 法句梵志 5; 出曜梵志 82-83; 法集梵志 65.
[105] Ud. Śramaṇa 15; 法句梵志 7; 出曜梵志 15; 法集梵志 13.
[8] bho 乃是對熟悉的同輩或下輩之稱呼.
[106] Sn 620; 法句梵志 14; 出曜梵志 17; 法集梵志 15.

無智慧者無禪定，無禪定者無智慧，
凡有禪定與智慧，他確實靠近涅槃。 [372]

凡是年少之比丘，確實勤行佛教，
彼將照耀此世界，如月脫離黑雲。 [382]

日照晝，月耀夜，
刹帝利武裝輝煌，婆羅門禪定光耀，
然而，佛以威光照耀一切晝夜。 [387]

棄惡即為婆羅門，寂靜行者稱為沙門，
正在驅出自己污垢，故稱為出家者。 [388]

但我不因母胎生，而稱為婆羅門，
彼乃呼「喂」者，彼確實有所得；
無所得無執取，我稱彼為婆羅門。 [396]

於諸敵對者中不敵對，於諸持棒者中平靜，
於諸執著者中不執著，我稱呼彼為婆羅門。 [406]

---

[107] Sn 630; 法句梵志 24; 出曜梵志 45; 法集梵志 37.

Hitvā ratiñ câratiñ ca, sīti-bhūtaṁ nirûpadhiṁ,
Sabba-lokâbhibhuṁ vīraṁ, tam ahaṁ brūmi brāhmaṇaṁ. [418][108]

Yassa pure ca pacchā ca majjhe ca natthi kiñcanaṁ,
akiñcanaṁ anādānaṁ, tam ahaṁ brūmi brāhmaṇaṁ. [421][109]

108 Sn 642; 法句梵志 35.
109 Sn 645; AA i 363; 法句梵志 38; 出曜梵志 32; 法集梵志 38.

捨棄樂與不樂之後，成爲清涼無依著[9]，
征服諸世間之英雄，我稱呼彼爲婆羅門。 [418]

凡是於前後中間，無所有，
無所得無執取，我稱彼爲婆羅門。 [421]

---

[9] 無依著 原語 nirûpadhi, 係指無隨煩惱(Dhammapadatthakathā IV p.225).

34. Gāthā

(1)[1]

Ye dhammā hetuppabhavā, tesaṁ hetuṁ Tathāgato āha,
tesañ ca yo nirodho, evaṁvādī mahā-samaṇo.

(2)[2]

Yathā pi dukkhe vijjante sukhaṁ nāma pi vijjati,
evaṁ bhave vijjamāne vibhavo pi icchitabbako.

Yathā pi uṇhe vijjante aparaṁ vijjati sītalaṁ,
evaṁ tividhaggi vijjante nibbānaṁ icchitabbakaṁ.

Yathā pi pāpe vijjante kalyāṇam pi vijjati,
evam eva jāti vijjante ajātam pi icchitabbakaṁ.

---

[1] Ninaya i pp.40, 41. 日譯南傳 3 pp.73,75 .

[2] Jātaka i p.4. 日譯南傳 28 p.9; Buddha-vaṁsa p.7. 日譯南傳 41 p.220f.

34. 偈頌

(1) 緣起頌

諸法從因生起，如來曾說其因，
亦說彼等之滅，大沙門如此說。

(2) 涅槃路

猶如苦存在時，所謂樂亦存在，
如此有存在時，非有亦可欲求。

猶如熱存在時，另有寒之存在，
如此三種火[3]存在時，涅槃[4]是可欲求。

猶如惡存在時，善巧亦是存在，
如此生存在時，不生亦可欲求。

---

[3] 三種火，喻貪瞋癡三種煩惱爲火。

[4] 涅槃 原語 nibbāna 意爲滅火，喻爲滅貪瞋癡三種煩惱火。

(3)[5]

Atītaṁ nânvāgameyya nappaṭikaṅkhe anāgataṁ;
yad atītam pahīnan taṁ, appattañ ca anāgataṁ.

Paccuppannañ ca yo dhammaṁ tattha tattha vipassati,
asaṁhīram asaṅkuppaṁ taṁ vidvā-m-anubrūhaye.

Ajj' eva kiccam ātappaṁ; ko jaññā maraṇaṁ suve?
na hi no saṅgaran tena mahāsenena maccunā.

Evaṁ-vihārim ātāpiṁ ahorattam atanditaṁ,
taṁ ve bhaddeka-ratto ti santo ācikkhante munī.

---

[5] Majjhima iii pp.187,190,193,200. 日譯南傳 11 下 pp.246f, 252f, 257f, 271f.

(3) 賢善一夜偈

不追回過去，不期待未來，
凡過去已捨，而未來未到。

但若現在法，處處觀察之，
不惑不搖動，智者當增進。

今日當熱心作，誰知翌日死？
確實無不作戰，與大死魔軍。

如此住者熱心，晝夜無懈怠，
彼實為賢善一夜，是諸寂靜者所說。

(4) Thera-gāthā[6]

Yathā eka-puttasmiṁ piyasmiṁ kusalī siyā,
evaṁ sabbesu pāṇesu sabbattha kusalo siyā. [33]

Yaṁ karoti naro kammam kalyāṇaṁ yadi pāpakaṁ,
tassa tass' eva dāyādo yaṁ yaṁ kammaṁ pakubbati. [144]

Accayanti ahorattā, jīvitaṁ uparujjhati,
āyu khīyati maccānaṁ kunnadīnaṁ va odakaṁ. [145]

Atha pāpāni kammāni karaṁ bālo na bujjhati;
pacchâssa kaṭukaṁ hoti, vipāko hi 'ssa pāpako. [146]

Yañ hi kayirā tañ hi vade, yañ na kayirā na taṁ vade,
akarontaṁ bhāsamānaṁ parijānanti paṇḍitā. [226]

---

[6] Kuddaka 8. 日譯南傳 25.

(4) 長老偈 【精選】

猶如於一愛子，有善利行爲，
如此於諸生類、一切處行善。　[33]

凡是人造業，若是善或惡，
各各製造業，各各繼承之。　[144]

晝夜已過去，生命即喪失，
人之壽命盡，如小河之水。　[145]

正在作諸惡業，此愚者不覺醒，
後成爲其辛苦，乃因彼之惡報。　[146]

若確實要作可說之，若不要作不可說之，
說而不做者，諸賢者皆知。　[226]

Yo 'dha koci manussesu para-pāṇāni hiṁsati,
asmā lokā paramhā ca ubhayā dhaṁsate naro. [237]

Yo ca mettena cittena sabba-pāṇânukampati,
bahuṁ hi so pasavati puññaṁ tādisako naro. [238]

Unnatā sukha-dhammena dukkha-dhammena v'onatā,
dvayena bālā haññanti yathābhūtaṁ adassino. [662]

Ye ca dukkhe sukhasmiñ ca majjhe sibbanim accagū,
ṭhitā te indakhīlo va, na unnata-onatā. [663]

Na h'eva lābhe nâlābhe na yase na ca kittiyā
na nindāyaṁ pasaṁsāya na te dukkhe sukhamhi ca, [664]

Sabbattha te na lippanti udabindu va pokkhare,
sabbattha sukhitā vīrā sabbattha aparājitā. [665]

Dhammena ca alābho yo, yo ca lābho adhammiko;
alābho dhammiko seyyo yañ ce lābho adhammiko. [666]

Yaso ca appabuddhīnaṁ, viññūnaṁ ayaso ca yo;
ayaso ca seyyo viññūnaṁ, na yaso appabuddhinaṁ. [667]

在此世於人類中，凡任何殺害其他生物者，
〔殺生之〕人，由此世他〔世〕兩處墮落。 [237]

凡是以慈心，憐憫一切生類者，
彼如此之人，因而生諸多福德。 [238]

因樂法高昂，由苦法低落，
諸愚者不如實見，被二〔法〕所害。 [662]

若於苦於樂於中，已超越愛著者，
彼等確立如門柱，不受高舉低降。 [663]

確實不因得無得，不於名聲與稱譽，
彼不於毀謗讚揚，不於辛苦與安樂， [664]

彼於一切處不被污染，如蓮葉上一滴水，
諸勇者於一切處安樂，於一切處不敗退。 [665]

若依法無利得，與非法有利得相比；
若非法有利得，則依法無利得較勝。 [666]

若少悟者有名聲，與有智者無名聲；
寧可有智無名聲，不要少悟有名聲。 [667]

Dummedhehi pasaṁsā ca, viññūhi garahā ca yā;
garahā ’va seyyo viññūhi yañ ce bālappasaṁsanā. [668]

Sukhañ ca kāma-mayikaṁ, dukkhañ ca pavivekiyaṁ;
Pavivekiyaṁ dukkhaṁ seyyo yañ ce kāma-mayaṁ sukhaṁ. [669]

Jīvitañ ca adhammena, dhammena maraṇañ ca yaṁ;
maraṇaṁ dhammikaṁ seyyo yañ ce jīve adhammikaṁ. [670]

Dāyādakā tassa dhanaṁ haranti,
satto pana gacchti yena-kammaṁ;
na miyyamānaṁ dhanam anveti kiñci,
puttā ca dārā ca dhanañ ca raṭṭhaṁ. [781]

Na dīgham āyuṁ labhate dhanena,
Na câpi vittena jaraṁ vihanti;
Appañ hi naṁ jīvitam āhu dhīrā
Asassataṁ vipariṇāma-dhammaṁ. [782]

Addhā daliddā ca phusanti phassaṁ,
bālo ca dhīro ca tath’eva phuṭṭho;
bālo hi bālyā vadhito va seti,
dhīro ca na vedhati phassa-phuṭṭho. [783]

若被劣慧者稱讚，與被其有慧者呵責；
與其被愚者稱讚，寧可被有慧者呵責。 [668]

欲愛所生之樂，與遠離中之苦；
與其欲愛所生之樂，寧可遠離中之苦。 [669]

若依非法活命，與依法而死；
與其非法活命，寧可如法而死。 [670]

諸繼承者持其財物而去，
但眾生依其所作業而去；
諸子妻室與財產與領土，
任何財物不隨正在死者。 [781]

不能以財獲得長壽，
亦不能以富滅衰老；
賢者說彼壽命短少，
是無常是變壞之法。 [782]

確實諸貧者亦接觸觸境，
如此愚者與賢者亦接觸；
愚者因無知被打擊而臥倒，
但賢者被觸境所觸不動搖。 [783]

Tasmā hi paññā va dhanena seyyo
yāya vosānaṁ idhâdhigacchati,
abyosittā[7] hi bhavâbhavesu
pāpa-kammāni karonti mohā. [784]

Tam eva vācaṁ bhāseyya yāy'attānaṁ na tāpaye
pare ca na vihiṁseyya; sā ve vācā subhāsitā. [1227]

Piya-vācam eva bhāseyya yā vācā paṭinanditā
yaṁ anādāya pāpāni paresaṁ bhāsate piyaṁ. [1228]

Saccaṁ ve amatā vācā, esa dhammo sanantano;
sacce atthe ca dhamme ca āhu santo patiṭṭhitā. [1229]

Yaṁ buddho bhāsatī vācaṁ khemaṁ nibbāna-pattiyā
dukkhass'antakiriyāya, sa ve vācānam uttamā. [1230]

---

7 abyosittā 依 PTS.版應爲 abyositatthā=avyositatthā.

因爲慧確實勝於財，
由於彼〔慧〕而於此世得到終結，
確實於諸有非有不終結者，
由於愚癡而造諸惡業。 [784]

應當說此語，若不由此苦惱自己，
亦不傷害他，確實其語是被善說。 [1227]

應當說愛語，若對方所歡喜之語，
所說是愛語，若是不取他人之惡。 [1228]

不死之語是真實，此乃係永恆之法；
眾人所說寂靜者，確立於真義與法。 [1229]

凡是佛所說安穩語，乃係爲了得到涅槃，
乃係爲了苦之終結，確實爲諸語中之最上。 [1230]

(5) Therī-gāthā[8]

Ko nu te idam akkhāsi ajānantassa ajānato[9]?
'Udakâbhisecanā nāma pāpa-kammā pamuccati.' [240]

Saggaṁ nūna gamissanti sabbe maṇḍūka-kacchapā,
nāgā ca suṁsumārā ca ye c'aññe udake-carā? [241]

Orabbhikā sūkarikā macchikā miga-bandhakā,
corā ca vajjha-ghātā ca ye c' aññe pāpa-kammino,
udakâbhisecanā te pi pāpa-kammā pamuccare. [242]

Sace imā nadiyo te pāpaṁ pubbekataṁ vaheyyuṁ,
puññaṁ p'imā vaheyyuṁ, tena tvaṁ paribāhiro assa. [243]

---

8 Kuddaka 9. 日譯南傳 25,

9 ajānato=ajānanto.

(5) 長老尼偈

究竟那一無知者，對無知之你說此事？
「所謂以水灌頂，從諸惡業脫離。」 [240]

究竟一切蛙與龜，諸龍與鱷魚等，
凡是其他於水中游行者，是否將往天上？ [241]

宰羊者、屠豬者，捕魚人、獵鹿者，
盜賊與執行死刑，凡其他作惡業者，
彼等亦以水灌頂，而可脫離諸惡業。 [242]

若此等諸河川，能運去汝往昔所作惡業，
此等亦能運去福德，因此汝成爲無所有者。 [243]

35. Jātaka

(1) Rohiṇī-jātaka[1]

Atīte Bārāṇasiyaṁ Brahmadatte rajjaṁ kārente Bodhisatto seṭṭhikule nibbattitvā pitu accayena seṭṭhiṭṭhānaṁ pāpuṇi. Tassâpi Rohiṇī nāma dāsī ahosi. Sā pi attano vīhipaharaṇaṭṭhānaṁ āgantvā nipannaṁ mātaraṁ: "Makkhikā me amma vārehî " ti vuttā evam evaṁ musalena paharitvā mātaraṁ jīvakkhayaṁ pāpetvā rodituṁ ārabhi. Bodhisatto taṁ pavattiṁ sutvā: "Amitto pi hi imasmiṁ loke paṇḍito va seyyo" ti cintetvā imaṁ gāthaṁ āha: [1]

Seyyo amitto medhāvī yañ ce bālânukampako,
passa Rohiṇikaṁ jammiṁ, mātaraṁ hantvāna socatî ti.

Bodhisatto paṇḍitaṁ pasaṁsanto imāya gāthāya dhammaṁ desesi. [2]

---

[1] J 45, i p.248f. 日譯南傳 28 p.486f.

35 本生譚

(1) 赤牛女本生譚

往昔，當梵與王於波羅奈治國時，菩薩生於長者家，父親過世後得長者地位。他亦有名爲赤牛的女傭。她來到自己的搗米場之後，被臥著的母親說 :「女兒啊！爲我防止蒼蠅吧！」而如〔搗米〕那樣地，以杵打母親以致於命盡，而開始哭。菩薩聽到此事之後，即〔想〕:「即使非友，確實，此世間賢者較勝！」然後說此偈： [1]

若是愚蠢之同情者，不如智慧之非友者，
請看粗野之赤牛女，殺害母親之後悲傷。

菩薩一邊稱讚智者，一邊以此偈開示法。 [2]

(2) Kaṇḍina-jātaka[2]

Atīte Magadha-raṭṭhe Rājagahe magadha-rājā rajjaṁ kāresi. Magadha-vāsikānaṁ sassa-samaye migānaṁ mahā-paripantho hoti. Te araññe pabbata-pādaṁ pavisanti. Tattha eko araññavāsi-pabbateyya-migo ekāya gāmanta-vāsiniyā migapotikāya saddhiṁ santhavaṁ katvā tesaṁ migānaṁ pabbata-pādato oruyha puna gāmantaṁ osaraṇa-kāle migapotikāya paṭibaddha-cittattā tehi saddhiṁ yeva otari. [1]

Atha naṁ sā āha: "Tvaṁ kho si ayya pabbateyyo bāla-migo, gāmanto ca nāma sāsaṅko sappaṭibhayo, mā amhehi saddhiṁ otarāhî " ti. So tassā paṭibaddha-cittatāya anivattitvā saddhiṁ yeva agamāsi. Magadha-vāsino: "Idāni migānaṁ pabbata-pādā otaraṇa-kālo" ti ñatvā magge paṭicchanna-koṭṭhakesu tiṭṭhanti. Tessam pi dvinnaṁ āgamana-magge eko luddako paṭicchanna-koṭṭhake ṭhito hoti. [2]

Miga-potikā manussa-gandhaṁ ghāyitvā: "Eko luddako ṭhito bhavissatî " ti taṁ bāla-migaṁ purato katvā sayaṁ pacchato ahosi. Luddako ekena sarappahārena migaṁ tatth'eva pātesi. Miga-potikā tassa viddha-bhāvaṁ ñatvā uppatitvā vāta-gatiyā palāyi. Luddako koṭṭhakā nikkhamitvā migaṁ okkantitvā aggiṁ katvā vītaccikesu aṅgāresu madhura-maṁsaṁ pacitvā khāditvā pānīyaṁ pivitvā avasesaṁ lohita-bindūhi paggharantehi kācenâdāya dārake tosento gharaṁ agamāsi. [3]

---

[2] J 13, i p.154f. 日譯南傳 28 p.303f.

(2) 結節本生譚

昔日，摩揭陀王於摩揭陀國，王舍城執政時。當摩揭陀住民收穫時期，對於諸鹿有大災難。牠們進入森林中的山麓。其中一隻住森林山間的鹿，與住聚落邊的幼小雌鹿成爲親交，當眾鹿從山麓下來再回到村落邊時，被幼小雌鹿牽繫心性，就與牠們一起下來。 [1]

於是，那〔雌鹿〕對那〔雄鹿〕說：「實在，你是無知的山鹿，而所謂村落邊是有疑懼、恐怖的，不要跟我們一起下去！」因爲他對她已牽繫心性，所以不回而一起去。摩揭陀住民們知道：「此時是諸鹿從山麓下來的時候」而站在路上的許多隱密小屋裏。他們兩隻來的路上也有一獵人站在隱密小屋裏。 [2]

幼小雌鹿嗅到人臭之後，知：「有一獵人站著」即將那無知的雄鹿置於前，而自己在後。獵人以一箭射擊雄鹿，即令於當場倒下了。幼小雌鹿知其被射穿之狀態，而跳起來順風勢逃跑。獵人從小屋出來將雄鹿切斷之後起火，然後於無火燄的炭火上煮美味之肉，吃後喝水，然後以殘餘之有血滴的，讓小孩子們歡喜而回家去。 [3]

Tadā Bodhi-satto tasmiṁ vana-saṇḍe devatā hutvā nibbatto hoti. So taṁ kāraṇaṁ disvā: "Imassa bāla-migassa maraṇaṁ n'eva mātaraṁ nissāya na pitaraṁ nissāya, atha kho kāmaṁ nissāya, kāma-nimittamhi sattā sugati yāva hattha-cchedā duggatiyañ ca pañcavidha-bandhanādi-nānappakāraṁ dukkhaṁ pāpuṇanti. Paresaṁ maraṇa-dukkhuppādanam pi nāma imasmiṁ loke garahitam eva, yaṁ janapadaṁ mātugāmo vicāreti anusāsati so itthipariṇāyako janapado garahito va, ye sattā mātugāmassa vasaṁ gacchanti te pi garahitā" ti ekāya gāthāya tīṇi garaha-vatthūni dassetvā vana-devatāsu sādhu-kāraṁ datvā gandha-pupphādīhi pūjayamānāsu madhurena sarena taṁ vana-saṇḍaṁ unnādento imāya gāthāya dhammaṁ deseti: [4]

Dhir-atthu kaṇḍinaṁ sallaṁ purisaṁ gaḷha-vedhinaṁ,
dhir-atthu taṁ janapadaṁ yatth' itthī pariṇāyikā,
te câ pi dhikkitā sattā ye itthīnaṁ vasaṁ gatâ ti.

Evaṁ ekāya gāthāya tīṇi garaha-vatthūni dassetvā Bodhisatto vanaṁ unnādetvā Buddhalīḷhāya dhammaṁ desesi. [5]

那時，菩薩成爲神而生於那深林。祂見到此因緣〔而想〕:「此愚鹿的死既非爲了母親亦非爲了父親，就是爲了愛欲。諸衆生於愛欲中，雖是善趣也會得到斷手或五種束縛等種種之苦。使他人產生死的痛苦，在此世間確實受非難，凡是讓婦女監督教訓的地方，那婦女指導的地方受非難。凡是諸衆生依賴婦女的權力，他們也受非難。」以一偈顯示三種受非難之事，然後對於諸林神給予稱讚之後，以諸香花供奉時，以甜美的聲音使深林響起，並以此偈開示法： [4]

以箭射穿人者，當有災禍，
若婦女領導之國土，當有災禍，
若依靠婦女權勢者，彼等衆生亦當受輕視。

如此以一偈顯示三種受非難事之後，菩薩使深林響起，而開示佛陀殊勝的法。 [5]

(3) Nakkhatta-jātaka[3]

Atīte Bārāṇasiyaṁ Brahmadatte rajjaṁ kārente nagara-vāsino janapada-vāsīnaṁ dhītaraṁ vāretvā divasaṁ ṭhapetvā attano kulûpakaṁ ājīvikaṁ pucchiṁsu: "Bhante, ajja amhākaṁ ekā maṅgala-kiriyā, sobhanaṁ nu kho nakkhattan?" ti. So "Ime attano ruciyā divasaṁ ṭhapetvā idāni maṁ pucchantî " ti kujjhitvā "Ajja nesaṁ maṅgala-antarāyaṁ karissāmî " ti cintetvā: "Ajja asobhanaṁ nakkhattaṁ, sace karotha mahā-vināsaṁ pāpuṇissthâ " ti āha. Te tassa saddahitvā nâgamiṁsu. [1]

Janapada-vāsino tesaṁ anāgamanaṁ ñatvā: "Te ajja divasaṁ ṭhapetvā pi na āgatā, kin no tehî " ti aññesaṁ dhītaraṁ adaṁsu. Nagara-vāsino puna-divase āgantvā dārikaṁ yāciṁsu. Janapada-vāsino: "Tumhe nagara-vāsino nāma chinna-hirikā gahapatikā, divasaṁ ṭhapetvā dārikaṁ na gaṇhittha, mayaṁ tumhākaṁ anāgamana-bhāvena aññesaṁ adamhâ" ti. "Mayaṁ ājīvikaṁ paṭipucchitvā 'nakkhattaṁ na sobhanan' ti nâgatā, detha no dārikan" ti. "Amhehi tumhākaṁ anāgamana-bhāvena aññesaṁ dinnā, idāni dinna-dārikaṁ kathaṁ puna ānessāmâ ?" ti. [2]

---

[3] J 49, i p.257f. 日譯南傳 28 p.505f.

(3) 星宿本生譚

往昔，當梵與王於波羅奈治國時，住於都市的人們選擇住鄉下人們的女子爲妻，設定日子之後，向自己信仰的邪命外道請問：「尊者！今天我們有一應作的慶典，星亮不亮？」他〔想〕：「這些人已設定自己喜歡的日子，現在要問我」而生氣之後想：「今日在他們慶典之間，我將要作〔對他們不利的事〕。」然後就說：「今天的星不亮，你們如果要作，則大壞事將會來臨。」他們信任他〔所說〕就不去了。 [1]

住鄉下的人們知道他們不來〔而想〕：「他們設定今天而不來，他們能對我們如何！」而將女兒嫁給別人了。住於都市的人們，翌日來而乞求女子。住鄉下的人們〔說〕：「你們住都市的人們，所謂無恥的家主們，設定日子而不來娶女子，我們因爲你們不來的情況下給予別人了。」「我們請問活命者，他說『星不亮』所以不來，請將女兒嫁給我們吧！」「我們因爲你們不來的情況下嫁給別人了，現在，已經嫁給別人的女子，我們如何再帶回來呢？」 [2]

Evaṁ tesu aññamaññaṁ kalahaṁ karontesu eko nagaravāsi-paṇḍita-puriso ekena kammena janapadaṁ gato. Tesaṁ nagaravāsīnaṁ “Mayaṁ ājīvikaṁ pucchitvā nakkhattassa asobhanabhāvena nâgatā” ti kathentānaṁ sutvā “Nakkhattena ko attho? Nanu dārikāya laddha-bhāvo va nakkhattan? ” ti vatvā imaṁ gātham āha: [3]

Nakkhattaṁ paṭimānetaṁ attho bālaṁ upaccagā,
Attho atthassa nakkhattaṁ, kiṁ karissanti tārakā ? ti.

Nagara-vāsino kalahaṁ katvā dārikaṁ alabhitvā va agamaṁsu. [4]

如此，他們互相正在爭論的時候，一個住都市的智者因爲某事來到鄉村。聽道彼住都市的人們正在說的「我們請問活命者，〔他說〕『星不亮』所以不來。」之後說：「依賴星有甚麼利益？豈非女子所得狀況就是星？」然後說此偈。 [3]

期待星之愚人，幸福從他離去，
幸福即幸福星，諸星將能奈何？

住都市的人爭論之後，沒有得到女子而去。 [4]

(4) Ārāmadūsaka-jātaka[4]

'Na ve anatthakusalenâ' ti. Idaṁ Satthā aññatarasmiṁ Kosala-gāmake uyyāna-dūsakaṁ ārabbha kathesi. Satthā kira Kosalesu cārikaṁ caramāno aññataraṁ gāmakaṁ sampāpuṇi. Tatth' eko kuṭumbiko Tathāgataṁ nimantetvā attano uyyāne nisīdāpetvā Buddha-pamukhassa saṅghassa dānaṁ datvā "bhante yathā-ruciyā imasmiṁ uyyāne vicarathâ" ti āha. [1]

Bhikkhū uṭṭhāya uyyāna-pālaṁ gahetvā uyyāne vicarantā ekaṁ aṅgaṇaṭṭhānaṁ disvā uyyāna-pālaṁ pucchiṁsu: "Upāsaka imaṁ uyyānaṁ aññattha sandacchāyaṁ, imasmim pana ṭhāne koci rukkho vā gaccho vā natthi, kin nu kho kāraṇan?" ti. "Bhante imassa uyyānassa ropana-kāle eko gāma-dārako udakaṁ siñcanto imasmiṁ ṭhāne rukkha-potake ummūlaṁ katvā mūlappamāṇena udakaṁ siñci. Te rukkha-potakā milāyitvā matā, iminā kāraṇena idaṁ ṭhānam aṅgaṇaṁ jātan" ti. [2]

Bhikkhū Satthāraṁ upasaṅkamitvā etam atthaṁ ārocesuṁ, Satthā: "Na bhikkhave so gāma-dārako idān' eva ārāma-dūsako, pubbe pi ārāma-dūsako yevâ" ti vatvā atītaṁ āhari: [3]

Atīte Bārāṇasiyaṁ Brahmadatte rajjaṁ kārante Bārāṇasiyaṁ nakkhattaṁ ghosa-yiṁsu. Nakkhatta-bherisadda-savana-kālato paṭṭhāya sakala-nagara-vāsino nakkhatta-nissitakā hutvā vicaranti. [4]

---

4 J 46, i p.249f. 日譯南傳 28 p.488ff.

(4) 毀園本生譚

「實非由無利之善」。此是教主(佛)曾經說過，有關毀壞拘薩羅國某村莊中園林的故事。據傳說：佛在拘薩羅國人們之間正在遊行中，到達某村落。那裏有一資產家請如來在自己的園林坐，然後供養以佛爲首的僧伽之後說：「世尊！請隨意在此園林散步！」 [1]

比丘們〔從坐位〕站起來帶了園丁之後，在園林中遊步時見到一空地， 然後問了園丁：「信士！此遊園到處都有樹蔭，而此處無任何樹或草叢，究竟爲什麼原因？」〔園丁答：〕「尊者！當此園林的種植時期，有一澆水的村童將此處的幼樹連根拔起，然後隨根之大小注入水。那些樹枯萎而死亡，因此緣故此處成爲空地。」 [2]

比丘們走近教主之後報告此事，教主說：「諸比丘！那村童不只是今生是毀損園林者，前生也就是毀損園林者。」然後帶出過去世： [3]

過去世當梵與王於波羅奈治國時，宣布於波羅奈城舉行祭典。從聞到祭典的鼓聲時，開始成爲祭典依止者而遊行。 [4]

Tadā rañño uyyāne bahū makkaṭā vasanti. Uyyāna-pālo cintesi: "Nagare nakkhattaṁ ghuṭṭhaṁ, ime vānare 'Udakaṁ siñcathâ' ti vatvā ahaṁ nakkhattaṁ kīḷissāmî " ti jeṭṭhaka-vānaraṁ upsaṅkamitvā: "Samma vānara-jeṭṭhaka, imaṁ uyyānaṁ tumhākam pi bahûpakāraṁ, tumhe ettha puppha-phala-pallavāni khādatha, nagare nakkhattaṁ ghuṭṭhaṁ, ahaṁ nakkhattaṁ kīḷissāmi, yāvâhaṁ āgacchāmi tāva imasmiṁ uyyāne rukkha-potakesu udakaṁ siñcituṁ sakkhissathâ?" ti pucchi. "Sādhu, siñcissāmî " ti . "Tena hi appamattā hothâ " ti udakaṁ siñcanatthāya tesaṁ cammaṇḍe c'eva dārukuṭe ca datvā gato. [5]

Vānarā cammaṇḍe c'eva dārukuṭe ca gahetvā rukkha-potakesu udakaṁ siñcanti. Atha ne vānara-jeṭṭhako evam āha: "Bho vānarā, udakaṁ nāma rakkhitabbaṁ, tumhe rukkha-potakesu udakaṁ siñcantā uppāṭetvā uppāṭetvā mūlaṁ oloketvā gambhīra-gatesu mūlesu bahuṁ udakaṁ siñcatha agambhīra-gatesu mūlaṁ appaṁ, pacchā amhākaṁ udakaṁ dullabhaṁ bhavissatî " ti. Te "sādhû" ti sampaṭicchitvā tathā akaṁsu. [6]

Tasmiṁ samaye eko paṇḍita-puriso rājuyyāne te vānare tathā karonte disvā evam āha: "Bho vānarā, kasmā tumhe rukkha-potake uppāṭetvā uppāṭetvā mūlappamāṇena udakaṁ siñcathâ?" ti. Te "Evaṁ no vānara-jeṭṭhako ovadatî " ti āhaṁsu. So taṁ vacanaṁ sutvā: "Aho vata bho bālā apaṇḍitā 'atthaṁ karissāmâ' ti anattham eva karontî" ti cintetvā imaṁ gātham āha: [7]

那時，很多猿猴住在國王的遊園。遊園的園丁想：「已公佈在城市祭典，我當對這些猴子說『請你們澆水』然後遊樂祭典。」就走近猴王而問：「朋友！猴王！此遊園對於你們也有多饒益，你們在這裏吃花卉、果實、幼芽吧！已公佈在城市祭典，我當遊樂祭典，直到我回來之間，你們將能給此遊園內的幼樹澆水嗎？」〔猴王回答〕「好，我當會澆水。」〔園丁說〕「那麼你們不要懈怠喔！」然後把澆水需要的皮囊和木壺給他們之後就去了。 [5]

諸猴就拿了皮囊和木壺，對幼樹澆水。那時，猴王對牠們如此說：「喂！諸猴子！所謂水應被珍惜，你們正在對幼樹澆水時，一一拔起來看看根之後，對於深入的根澆多些水，非深入之根少些，以後水將會難得。」牠們同意而回答「好」之後依照所說而作。 [6]

那時，一賢士在國王遊園，見到這些猴子們正在如此做，之後如此說：「喂！猴子們！你們爲什麼對幼樹一一拔起來，依根的〔大小〕量灌水？」他們說：「如此是我們的猴王教導的。」彼賢士聽此語之後想：「咦！確實有些愚昧無智者〔想〕：『我們將要做有意義的事』但做無意義的事。」然後說了此偈： [7]

Na ve anatthakusalena atthacariyā sukhâvahā,
hāpeti atthaṁ dummedho kapi ārāmiko yathā ti.

Evaṁ so paṇḍita-puriso imāya gāthāya vānara-jeṭṭhakaṁ garahitvā attano parisaṁ ādāya uyyānā nikkhami. [8]

Satthā "Na bhikkhave esa gāmdārako idān' eva ārāma-dūsako,pubbe pi ārāma-dūsako yevâ " ti vatvā imaṁ dhamma-desanaṁ āharitvā anusandhiṁ ghaṭetvā jātakaṁ samodhānesi: "Tadā vānara-jeṭṭhako ārāma-dūsaka-gāmadārako ahosi, paṇḍita-puriso pana aham evâ " ti. [9]

確實非由無利之善，乃是利行帶來幸福；
無智慧者失去利益，如充當園丁之猿猴。

如此，彼賢士以此偈呵責猴王，然後帶了自己的隨從者離開遊園。 [8]

教主說：「諸比丘！那村童不只是今生是毀損園林者，前生也就是毀損園林者。」然後說出此法語，連帶結論而結合本生：「那時的猴王是毀損園林的村童，而賢士就是我。」 [9]

(5) Kaṭṭhahāri-jātaka[5]

Atīte Bārāṇasiyaṁ Brahmadatto rājā mahantena yasena uyyānaṁ gantvā tattha pupphaphala-lobhena vicaranto uyyāna-vanasaṇḍe gāyitvā gāyitvā dārūni uddharamānaṁ ekaṁ itthiṁ disvā paṭibaddha-citto saṁvāsaṁ kappesi. [1]

Taṁ khaṇaṁ yeva bodhisatto tassā kucchiyaṁ yeva paṭisandhiṁ gaṇhi. Tāvad eva tassā vajira-pūritā viya garukā kucchi ahosi. Sā gabbhassa patiṭṭhita-bhāvaṁ ñatvā "Gabbho me deva patiṭṭhito" ti āha. Rājā aṅguli-muddikaṁ datvā: "Sace dhītā hoti imaṁ vissajjetvā poseyyāsi, sace putto hoti muddikāya saddhiṁ mama santikaṁ āneyyāsî " ti vatvā pakkāmi. Sā pi paripāka-gabbhā Bodhisattaṁ vijāyi. [2]

Tassa ādhāvitvā paridhāvitvā vicaraṇa-kāle keḷi-maṇḍale kīḷantassa evaṁ vattāro honti: "Nippitiken' amhā pahatā " ti. Taṁ sutvā Bodhisatto mātu santikaṁ gantvā "Amma ko mayhaṁ pitā ?" ti pucchi. "Tāta tvaṁ Bārāṇasi-rañño putto" ti. "Amma atthi pana koci sakkhī ? ti. "Tāta rājā imaṁ muddikaṁ datvā 'Sace dhītā hoti imaṁ vissajjetvā poseyyāsi, sace putto hoti imāya muddikāya saddhiṁ āneyyāsî 'ti vatvā gato" ti. "Amma evaṁ sante kasmā pitu santikaṁ nânesî ?" ti. [3]

---

5 J 7, i p134f. 日譯南傳 28 p.268f.

(5) 採薪女本生譚

昔日，梵與王於波羅奈具有大名聲，往遊園之後，在那裏為了求花果，於遊園內一邊走一邊唱歌，見到正在採薪的婦女，起染心而做性行為。 [1]

就在那一剎那，菩薩即於她的胎內結生。忽然她的胎宮變成好像充滿金剛那麼樣重。她知道胎內的止住狀況(懷孕)而說：「我懷孕了」。國王給與指環之後說：

「若是女子，則賣此而養育，若是男子，則與指環一起帶來我的面前。」然後離去。她也因胎兒成熟而生下了菩薩。 [2]

當他會跑而到處跑時，對正在遊戲場繞跑遊戲的他，有些人如此說：「我們被無父親的打了。」菩薩聽到此語而往母親面前，然後問：「媽媽！誰是我的父親？」「孩子！你是波羅奈國王的兒子。」「媽媽！但有任何證人？」「孩子！國王給與此指環之後說：『若是女子，則賣此而養育，若是男子，則與此指環一起帶來我的面前』然後離去。」「媽媽！既然是如此，為何不帶去父親的面前？」 [3]

Sā puttassa ajjhāsayaṁ ñatvā rāja-dvāraṁ gantvā rañño ārocāpesi, rañño ca pakkosāpitā pavisitvā rājānaṁ vanditvā “Ayaṁ te deva putto” ti āha. Rājā jānanto pi parisa-majjhe lajjāya “Na mayhaṁ putto” ti āha. “Ayaṁ te deva muddikā, imaṁ sañjānāsî “ ti. “Ayam pi mayhaṁ muddikā na hotî “ ti. “Deva idāni ṭhapetvā sacca-kiriyaṁ añño mama sakkhī natthi, sacâyaṁ dārako tumhe paṭicca jāto ākāse tiṭṭhatu, no ce bhūmiyaṁ patitvā maratû ” ti Bodhisattaṁ pāde gahetvā ākāse khipi. Bodhisatto ākāse pallaṅkaṁ ābhujitvā nisinno madhurassarena pitu dhammaṁ kathento imaṁ gātham āha:

Putto ty-âhaṁ mahārāja, tvaṁ maṁ posa janâdhipa,
Aññe pi devo poseti, kiñca deva sakaṁ pajan ti. [4]

Rājā Bodhisattassa ākāse nisīditvā evaṁ dhammaṁ desentassa sutvā “Ehi tāta, aham eva posessāmi, aham eva posessāmî ” ti hatthaṁ pasāresi. Hatthasahassaṁ pasārayittha. Bodhisatto aññassa hatthe anotaritvā rañño va hatthe otaritvā aṅke nisīdi. Rājā tassa oparajjaṁ datvā mātaraṁ agga-mahesim akāsi. So pitu accayena Kaṭṭha-vāhana-rājā nāma hutvā dhammena rajjaṁ kāretvā yathā-kammaṁ gato. [5]

她了解兒子的意向之後，去王門令人報告國王，與國王的迎賓使者進入而對王禮拜之後說：「國王！此是你的兒子」。王雖知但於眾人之中因害羞而說：「不是我的兒子」。「國王！此是你的指環，你應了解這個」。「這個也不是我的」。「國王！現在除了誓言之外，沒有我的證人，如果這孩子是由於你而生，則住立於空中；如果不是，則掉落地上而死亡。」〔她說了之後〕抓起菩薩的雙腳投於空中。菩薩於空中結跏趺坐，以甘美的聲音為父親開示法而說此偈：

大王！我乃是汝之子，人主！汝應當養育我；
王亦養育其他之人眾，國王！何況自己親人。 [4]

國王聽到菩薩坐在空中說如此法之後〔說〕：「來吧！兒子！我即將養育，我即將養育」而伸出手。〔同時有〕千手伸出。菩薩不降落在其他諸手，就降落在國王的手上，然後坐在膝上。國王給他副王位，立母親為王妃。他於父親去世後成為名稱嘎達瓦哈那王而依法執行政權，然後隨業去了。 [5]

(6) Makhādeva-jātaka[6]

Atīte Videha-raṭṭhe Mithilāyaṁ Makhādevo nāma rājā ahosi dhammiko dhamma-rājā. So caturâsīti-vassasahassāni kumāra-kīḷaṁ tathā oparajjaṁ tathā mahārajjaṁ katvā dīgham addhānaṁ khepetvā eka-divasaṁ kappakaṁ āmantesi: "Yadā me samma kappaka sirasmiṁ phalitāni passeyyāsi atha me āroceyyāsî " ti. [1]

Kappako pi dīgham addhānaṁ khepetvā eka-divasaṁ rañño añjana-vaṇṇānaṁ kesānaṁ antare ekam eva phalitaṁ disvā "Deva ekan[7] te phalitaṁ dissatî " ti ārocesi, "Tena hi me samma taṁ phalitaṁ uddharitvā pāṇimhi ṭhapehî " ti ca vutto suvaṇṇa-saṇḍāsena uddharitvā rañño pāṇimhi patiṭṭhāpesi. [2]

Tadā rañño caturâsīti-vassasahassāni āyuṁ avasiṭṭhaṁ hoti. Evaṁ sante pi phalitaṁ disvā va maccu-rājānaṁ āgantvā samīpe ṭhitaṁ viya attānaṁ āditta-paṇṇasālaṁ paviṭṭhaṁ viya ca maññamāno saṁvegaṁ āpajjitvā "Bāla makhādeva yāva phalitass'uppādā va ime kilese jahituṁ nâsakkhî " ti cintesi. Tass'evaṁ phalita-pātubhāvaṁ āvajjantassa āvajjantassa anto-ḍāho uppajji, sarīrā sedā mucciṁsu, sāṭakā pīḷetvā apanetabbâkārappattā ahesuṁ. [3]

---

[6] J 9, i p.137f. 日譯南傳 28 p.274f.

[7] 依 PTS 本 J 9, i p.138 改爲 ekan.

(6) 摩迦王本生譚

昔日，昆提訶國的彌稀羅城有名爲摩迦提婆的國王，是護持法的法王。他八萬四千年爲遊樂童子，如此〔年數〕做副王，如此〔年數〕做大王，而經過長時期，有一天對理髮師說：「朋友理髮師！如果於我的頭上發現白髮時，即希望你告訴我。」 [1]

理髮師也經過長時期，有一天於國王的青黑色頭髮之間見到一根白髮，然後報告：「國王！您的一根白髮被見到。」〔理髮師被國王〕說：「那麼，朋友！將那一根白髮拔起來放在我的手掌上吧！」就以金鑷子拔起來放在國王的手掌上。 [2]

那時，國王的壽命剩餘八萬四千年。雖有如此，但見到白髮就好像死王來臨而站在附近，猶如進入火燒的葉屋一般，陷入怖畏-，而思維：「愚昧的摩迦提婆！直到白髮生起，還不能斷除這些煩惱。」對於如此再次思考白髮出現的他，內生火熱，身體出汗，衣服壓迫得，已是到達需要脫除的狀態。 [3]

So "Ajj'eva mayā nikkhamitvā pabbajituṁ vaṭṭatî " ti kappakassa satasahassuṭṭhānaṁ gāmavaraṁ datvā jeṭṭha-puttaṁ pakkosāpetvā "Tāta mama sīse phalitaṁ pātubhūtaṁ, mahallako 'mhi jāto, bhuttā kho pana me mānusakā kāmā, idāni dibbakāme pariyesissāmi, nekkhamma-kālo mayhaṁ, tvaṁ imaṁ rajjaṁ paṭipajja, ahaṁ pana pabbajitvā Makhādevambavan'uyyāne vasanto samaṇa-dhammaṁ karissāmî " ti āha. [4]

Taṁ evaṁ pabbajitu-kāmaṁ amaccā upasaṅkamitvā "Deva kiṁ tumhākaṁ pabbajjā-kāraṇan?" ti pucchiṁsu. Rājā phalitaṁ hatthena gahetvā amaccānaṁ gātham āha:

Uttamaṅgaruhā mayhaṁ ime jātā vayoharā
pātubhūtā devadūtā, pabbajjā-samayo mamâ ti. [5]

So evaṁ vatvā taṁ divasam eva rajjaṁ pahāya isi-pabbajjaṁ pabbajitvā tasmiñ ñeva Makhādevambavane viharanto caturâsīti-vassa-sahassāni cattāro brahmavihāre bhāvetvā aparihīnajjhāne ṭhito kālaṁ katvā brahma-loke nibbattitvā puna tato cuto Mithilāyaṁ yeva Nimi nāma rājā hutvā osakkamānaṁ attano vaṁsaṁ ghaṭetvā tatth'eva ambavane pabbajitvā brahmavihāre bhāvetvā puna brahmalokûpago ahosi. [6]

他(國王)〔說〕「今日正是適合我出家」而給予理髮師可收穫十萬〔價值〕的村落，然後令人迎接長子之後說：「兒子啊！我的頭頂出現白髮，已成爲老年，而且人類的諸欲我已經享受過了，現在我將要尋求諸天欲樂，是我的出家時機，你來執行此政務吧！我出家之後，即將住在摩迦提婆芒果園，修行沙門法。」 [4]

諸大臣來到如此想要出家的他〔國王〕面前而請問：「國王您的出家原因是甚麼？」國王以手拿起白髮而對諸大臣說偈：

頭部生長此等， 奪去吾之年紀；
天使已經出現， 是吾出家時機。 [5]

他如此說了之後，那天即捨棄王位而出家成仙人，就一直於那摩迦提婆芒果園住八萬四千年，修習四梵住而停住於不退禪定，死後生於梵天界；然後又從那裏死亡，即於彌稀羅城成爲名叫呢秘的國王，連繫正在繼續的自己的傳統，然後就在那裏的芒果園出家之後修習四梵住，然後再到梵天界。 [6]

(7) Bhojājānīya-jātaka[8]

'Api passena semāno' ti. Idaṁ Satthā jetavane viharanto ekaṁ ossaṭṭha-viriyaṁ bhikkhuṁ ārabbha kathesi. Tasmiṁ hi samaye Satthā taṁ bhikkhuṁ āmantetvā "Bhikkhave pubbe paṇḍitā anāyatane pi viriyaṁ akaṁsu, pahāraṁ laddhā pi n'eva ossajiṁsû" ti vatvā atītaṁ āhari. [1]

Atīte Bārāṇasiyaṁ Brahmadatto rajjaṁ kārente Bodhisatto bhojâjānīya-sindhava-kule nibbatto sabbâlaṁkāra-sampanno Bārāṇasi-rañño maṅgala-asso ahosi. So satasahassagghanikāya suvaṇṇa-pātiyaṁ yeva nānaggarasa-sampannaṁ tivassika-sālibhojanaṁ bhuñjati catujātika-gandhûpalittāyam eva bhūmiyaṁ tiṭṭhati. Taṁ ṭhānaṁ rattakambalasāṇi-parikkhittaṁ upari suvṇṇatāra-khacitaṁ celavitānaṁ samosarita-gandhadāma-māladāmaṁ avijahita-gandhatelappadīpaṁ hoti. Bārāṇasi- rajjaṁ pana apatthentā rājāno nāma natthi. [2]

Ekaṁ samayaṁ satta rājāno Bārāṇasiṁ parikkhipitvā "Amhākaṁ rajjaṁ vā detu yuddhaṁ vā" ti Bārāṇasi-rañño paṇṇaṁ pesayiṁsu. Ṛājā amacce sannipātetvā taṁ pavattiṁ ācikkhitvā "Idāni kiṁ karoma tātâ?" ti pucchi. "Deva, tumhehi tāva ādito va yuddhāya na gantabbaṁ, asukaṁ nāma assârohaṁ pesetvā yuddhaṁ kāretha, tasmiṁ asakkonte pacchā jānissāmâ " ti. [3]

---

[8] J 28, i p.178ff. 日譯南傳 28 p.344ff.

(7) 駿馬王本生譚

「雖是橫臥者」。此是教主(佛陀)住在祇陀林精舍時，說有關一廢棄精進的比丘的〔故事〕。那時，教主招呼那比丘之後說：「諸比丘！以前諸賢者雖在非場所[9]也精進，即使已受傷也不廢棄精進。」然後引述過去世： [1]

過去世，梵與王於波羅奈執行政權時，菩薩生於辛頭國的駿馬良種，成爲具備一切裝飾的波羅奈國王的吉祥馬。牠吃價値一萬黃金器皿中盛有種種美味的超過三年的稻米飯食物，站在塗染四種香料的地上。那住處，有紅色布幕圍繞，上面鑲嵌金星的天幕，會合香繩華蔓，香油燈不斷。但沒有所謂不欲望波羅奈國王位的國王。 [2]

某一時，七位國王包圍了波羅奈城，然後送信給波羅奈國王：「政權交給我們！否則戰爭！」〔波羅奈〕國王集合諸大臣之後告示此事，然後問：「諸愛卿！現在我們怎麼辦？」「國王！起初您不可去戰爭，像這樣的就遣派所謂騎士去作戰吧！不能〔戰勝〕之後，我們才來了解(想辦法)。」 [3]

---

9 非場所 原語 anāyatane **指**非理想或無希望的場所。

Rājā taṁ pakkosāpetvā, "Sakkhissasi tāta sattahi rājûhi yuddhaṁ kātun?" ti āha. "Deva, sace bhojâjānīya-sindhavaṁ labhāmi, tiṭṭhantu satta rājāno, sakala-Jambudīpe rājûhi saddhiṁ yujjhituṁ sakkhissāmī " ti. "Tāta, bhojâjānīya-sindhavo vā hotu añño vā, yaṁ icchasi taṁ gahetvā yuddhaṁ karohī " ti. [4]

So "Sādhu devâ " ti rājānaṁ vanditvā pāsādā oruyha bhojâjānīya-sindhavaṁ āharāpetvā suvammitaṁ katvā attanā pi sabbasannāha-sannaddho khaggaṁ bandhitvā sindhavapiṭṭhi-vara-gato nagarā nikkhamma vijju viya vicaramāno paṭhamaṁ balakoṭṭhakaṁ bhinditvā ekaṁ rājānaṁ jīva-gāham eva gahetvā āgantvā nagare balassa niyyādetvā puna gantvā dutiyaṁ balakoṭṭhakaṁ bhinditvā tatiyan ti evaṁ pañca rājāno jīva-gāhaṁ gahetvā chaṭṭhaṁ balakoṭṭhakaṁ bhinditvā chaṭṭhassa rañño gahita-kāle bhojâjānīyo pahāraṁ labhi. Lohitaṁ paggharati, vedanā balavatiyo vattanti. [5]

國王召見他，而說：「愛卿！你能與七王作戰嗎？」〔騎士答：〕「國王！如果我得到辛頭產的駿馬的話，豈止七王，我可能與閻浮提全體的國王作戰。」「愛卿！或是辛頭產的駿馬或是其他，若是你想要的，就帶去作戰吧！」 [4]

那〔騎士答：〕「是，國王！」向國王行禮之後從高樓下來，然後令帶來辛頭產的駿馬，然後作完全武裝之後，自己也裝備一切武具，佩帶刀劍之後跨上駿馬背，出城之後，一邊如雷光奔馳一邊破壞第一陣營，生捕一國王然後回來交給城內軍隊，之後再去破壞第二陣營，然後第三，如此生捕五個國王，破壞第六陣營之後，捕第六國王時駿馬受傷。流血，產生極度痛苦。 [5]

Assâroho tassa pahata-bhāvaṁ ñatvā bhojâjānīya-sindhavaṁ rāja-dvāre nipajjāpetvā sannāhaṁ sithilaṁ katvā aññaṁ assaṁ sannayhituṁ āraddho. Bodhisatto mahāphāsuka-passena nipanno va akkhīni ummīletvā assârohaṁ disvā "Ayaṁ aññaṁ assaṁ sannayhati, ayañ ca asso sattamaṁ balakoṭṭhakaṁ bhinditvā sattamaṁ rājānaṁ gaṇhituṁ na sakkhissati, mayā kata-kammaṁ vinassissati, appaṭisamo assâroho pi nassissati, rājā pi parahatthaṁ gamissati, ṭhapetvā maṁ añño asso sattamaṁ balakoṭṭhakaṁ bhinditvā sattamaṁ rājānaṁ gahetuṁ samattho nāma natthî " ti nipannako va assârohaṁ pakkosāpetvā "Samma assâroha sattamaṁ balakoṭṭhakaṁ bhinditvā sattamaṁ rājānaṁ gahetuṁ samattho ṭhapetvā maṁ añño asso nāma natthi, nâhaṁ mayā kata-kammaṁ nāsessāmi, mamañ ñeva uṭṭhapetvā sannyhâ " ti vatvā imaṁ gātham āha:

Api passena semāno sallehi sallalīkato
seyyo va vaḷavā bhojjho, yuñja mañ ñeva sārathî ti. [6]

Assâroho Bodhisattaṁ uṭṭhapetvā vaṇaṁ bandhitvā susannaddhaṁ sannayhitvā tassa piṭṭhiyaṁ nisīditvā sattamaṁ balakoṭṭhakaṁ bhinditvā sattamaṁ rājānaṁ jīva-gāhaṁ gahetvā rāja-balassa niyyādesi. Bodhisattam pi rāja-dvāraṁ ānayiṁsu. [7]

騎士知道牠受攻擊〔受傷〕的狀況，而使辛頭產的駿馬躺在王宮門內，鬆緩武裝，然後開始爲另外的馬裝備，菩薩很舒適地橫臥著睜開眼睛看見騎士之後〔想：〕「這〔騎士〕在爲另外的馬裝備，但這匹馬不能破壞第七陣營之後，捕獲第七國王，由我所作業績將會毀滅，無雙的騎士也將滅亡，國王也將陷入敵手；除了我以外的馬，沒有所謂：可能破壞第七陣營之後捕獲第七國王。」臥著的〔駿馬〕叫騎士過來之後〔說〕:「朋友騎士！除了我以外的馬，沒有所謂：可能破壞第七陣營之後捕獲第七國王。我不要使由我所作業績將會毀滅，即將我扶起然後把我裝備吧！」如此說了之後說此偈：

雖然橫臥著，因受箭貫穿；
駿馬猶勝於驢，即將我束裝吧！調御士！ [6]

騎士將菩薩扶起縛綁傷瘡之後，作完全武裝之後，騎在牠的背上，然後破壞第七陣營而生捕第七國王之後交給王軍。人們也將菩薩帶來王宮門。[7]

Rājā tassa dassanatthāya nikkhami. Mahāsatto rājānaṁ āha: "Mahārāja, satta rājāno mā ghātayittha, sapathaṁ kāretvā vissajjetha, mayhañ ca assârohassa ca dātabbaṁ yasaṁ assârohass'eva detha, satta rājāno gahetvā dinnayodhan nāma nāsetuṁ na vaṭṭati, tumhe pi dānaṁ detha, sīlaṁ rakkhatha dhammena samena rajjaṁ kārethâ " ti. [8]

Evaṁ Bodhisattena rañño ovāde dinne Bodhisattassa sannāhaṁ mocayiṁsu. So sannāhe muñcante muñcante yeva nirujjhi. Rājā tassa sarīra-kiccaṁ kāretvā assârohassa mahantaṁ yasaṁ datvā satta rājāno puna attano adūbhāya-sapathaṁ kāretvā sakaṭṭhānāni pesetvā dhammena samena rajjaṁ kāretvā jīvita-pariyosāne yathā-kammaṁ gato. [9]

Satthā "Evaṁ bhikkhave pubbe paṇḍitā anāyatane pi viriyaṁ akaṁsu, evarūpaṁ pahāraṁ laddhā pi no ossajiṁsu, tvaṁ pana evarūpe niyyānika-sāsane pabbajitvā kasmā viriyaṁ ossajasî ? " ti vatvā cattāri saccāni pakāsesi. Sacca-pariyosāne ossaṭṭha-viriyo bhikkhu arahatta-phale patiṭṭhāsi. Satthā imaṁ dhamma-desanaṁ āharitvā anusandhiṁ ghaṭetvā jātakaṁ samodhānesi: "Tadā rājā Ānando ahosi, assâroho Sāriputto, bhojâjānīya-sindhavo pana aham eva ahosin" ti. [10]

國王爲了見牠而出來。摩訶薩(駿馬)對國王說：「大王！請不要殺七位國王，令宣誓之後放回吧！而應給予我和騎士的名譽，請只給予騎士吧！捕獲七王而給與戰士之名不磨滅，您[10]也行布施、守戒、以正義與公平執行政權吧！」 [8]

如此由菩薩給予國王說法時，人們爲菩薩解除武裝。牠即於正在漸次解除武裝時死亡了。國王令人爲牠舉行葬儀，而給予騎士大名譽，然後令七王宣誓不再對自己叛逆之後，遣返各自的住處，然後以正義與公平執行政權，而命終時隨業去了。 [9]

教主說：「諸比丘！如此，以前的諸賢者雖在非場所也精進，如此已受傷也不廢棄，然而，你已經於解脫之教法中出家，爲何廢棄精進？」然後說明四諦。說完〔四〕諦時，已廢棄精進的比丘住於阿羅漢果。教主引出此法語之後，作連繫而結合本生【前生】即：「那時的王是阿難，騎士是舍利弗，又辛頭產的駿馬就是我。」 [10]

---

[10] 您 原語 tumhe 意爲你們，以複數表示對王的尊敬。

(8) Nanda-jātaka[11]

Atīte Bārāṇasiyaṁ Brahmadatte rajjaṁ kārente Bodhisatto ekasmiṁ kuṭumbiya-kule paṭisandhiṁ gaṇhi. Tass'eko sahāyako kuṭumbiko sayaṁ mahallako, bhariyā pan'assa taruṇī. Sā taṁ nissāya puttaṁ paṭilabhi. [1]

So cintesi: "Ayaṁ itthikā taruṇattā mam'accayena kañcid eva purisaṁ gahetvā imaṁ dhanaṁ vināseyya, puttassa me na dadeyya, yan nūnâhaṁ imaṁ dhanaṁ paṭhavi-gataṁ kareyyan" ti ghare Nandaṁ nāma dāsaṁ gahetvā araññaṁ gantvā ekasmiṁ ṭhāne taṁ dhanaṁ nidahitvā tassa ācikkhitvā "Tāta Nanda, idaṁ dhanaṁ mama accayena mayhaṁ puttassa ācikkheyyāsi, mā vanaṁ pariccajitthâ " ti ovaditvā kālam akāsi. [2]

Putto pi 'ssa anukkamena vayappatto jāto. Atha naṁ mātā āha: "Tāta tava pitā Nandaṁ dāsaṁ gahetvā dhanaṁ nidhesi, taṁ āharāpetvā kuṭumbaṁ saṇṭhapehî " ti. So eka-divasaṁ Nandaṁ āha: "Mātula atthi kiñci mayhaṁ pitarā dhanaṁ nidahitan? " ti. "Āma sāmî " ti. "Kuhiṁ taṁ nidahitan? " ti. "Araññe sāmî " ti. "Tena hi gacchāmâ " ti kuddāla-piṭakaṁ ādāya nidhiṭṭhānaṁ gantvā "Kahaṁ mātula dhanan?" ti āha. [3]

---

[11] J 39, i p.224 ff. 日譯南傳 28 p.435 ff.

(8) 難陀本生譚

過去世，當梵與王於波羅奈治國時，菩薩於一地主家誕生。他的一地主朋友自己是高齡者，但妻卻是年輕。她依他而得一男孩。 [1]

他想:「此女人是年輕，我死後當必取男人，可能花掉我的財產而不給與我的兒子，我想必須把此財物藏在地下」於是，帶家中的名叫難陀的奴僕去閒林，然後將那財物藏在一處之後對他說「難陀！此財物，我死後告訴我的兒子吧！不可將此森林捨棄！」如此教誡之後死亡。 [2]

男孩子也漸漸長大成爲青年。於是母親對他說:「兒子啊！你的父親帶難陀奴僕去把財物藏起來了，令〔他〕取出那〔財物〕來，然後設置資產吧！」他有一天對難陀說:「叔叔！有任何被我的父親藏匿的財物嗎？」「是，主人！」「那〔財物〕被藏在哪裏？」「在森林，主人！」「那麼，我們去吧！」即帶鋤頭與籠而去藏匿的地方，然後說:「叔叔！財物在哪裏？」 [3]

Nando āruyha dhana-matthake ṭhatvā dhanaṁ nissāya mānaṁ uppādetvā "Are dāsi-putta-ceṭaka, kuto te imasmiṁ ṭhāne dhanan" ti kumāraṁ akkosati. Kumāro tassa pharusa-vacanaṁ sutvā asuṇanto viya "Tena hi gacchāmâ " ti taṁ gahetvā paṭinivattitvā puna dve tayo divase atikkamitvā agamāsi. Nando tath'eva akkosati. [4]

Kumāro tena saddhiṁ pharusa-vacanaṁ avatvā va nivattitvā "Ayaṁ dāso 'ito paṭṭhāya dhanaṁ ācikkhissāmî " ti gacchati, gantvā pana akkosati, tattha kāraṇaṁ na jānāmi, atthi kho pana me pitu sahāyo kuṭumbiko, taṁ paṭpucchitvā jānāmî " ti Bodhisattassa santikaṁ gantvā sabbaṁ taṁ pavattiṁ ārocetvā "Kin nu kho tāta kāraṇan?" ti pucchi. [5]

Bodhisatto "Yasmiṁ te tāta ṭhāne ṭhito Nando akkosati tatth'eva te pitu santakaṁ dhanaṁ, tasmā yadā te Nando akkosati tadā naṁ 'Ehi re dāsa, kiṁ akkosatî ?' ti kaḍḍhitvā kuddālaṁ gahetvā taṁ ṭhānaṁ bhinditvā kula-santakaṁ dhanaṁ nīharitvā dāsaṁ ukkhipāpetvā dhanaṁ āharâ " ti vatvā imaṁ gāthaṁ āha:

Maññe sovaṇṇayo rāsi sovaṇṇa-mālā ca Nandako
yattha dāso āmajāto ṭhito thullāni gajjatî ti. [6]

難陀走上財物頂頭站立之後，因財生起傲慢而罵童子：「呸！奴婢的兒子僕童！在這裏哪兒來你的財物！」孩童聽到他的粗惡語之後，如沒聽見那般地〔說〕：「那麼，我們去吧！」就帶他回去，過兩三天再去了。難陀還是如此罵。 [4]

童子不與他說粗惡語而只好回去，然後，心裏想：「此奴僕『以後〔說〕我將告訴財物』如此〔說〕就去，但去了之後又罵，其中的理由我不明白，但我的父親有一朋友是地主，請問他之後我當能明白。」於是去到菩薩面前之後，將其事全部說出之後請問：「伯父！究竟是什麼原因？」。 [5]

菩薩說：「年青人！難陀站著罵你的地方，那裏就是你的父親所有的財物所在地，所以，當難陀罵你的時候，那時對他說：「喂！奴僕來吧！你罵誰？」而拉開他之後，取鋤頭挖掘那地方，取出家傳財物，然後令奴僕舉起帶回。」之後說此偈：

我想有黃金堆，與黃金之華環，
賤生奴僕難陀，立而發粗語處。 [6]

Kumāro Bodhisattaṁ vanditvā gharaṁ gantvā Nandaṁ ādāya nidhiṭṭhānaṁ gantvā yathânusiṭṭhaṁ paṭipajjitvā taṁ dhanaṁ āharitvā kuṭumbaṁ saṇṭhapetvā Bodhisattassa ovāde ṭhito dānādīni puññāni katvā jīvita-pariyosāne yathā-kammaṁ gato. [7]

童子向菩薩行禮之後回家去，然後帶難陀去藏匿的地方，而依照受教那般行動，然後將那財物帶回而設置資產，之後依止於菩薩的教誡行布施等諸福德，命終時隨業而去。 [7]

(9) Nandivisāla-jātaka[12]

Atīte Gandhāra-raṭṭhe Takkasilāyaṁ Gandhāra-rājā rajjaṁ kāresi. Bodhistto go-yoniyaṁ nibbatti. Atha naṁ taruṇa-vacchaka-kāle yeva eko brāhmaṇo go-dakkhiṇā-dāyakānaṁ santikaṁ gantvā goṇaṁ labhitvā Nandivisālo ti nāmaṁ katvā puttaṭṭhāne ṭhapetvā sampiyāyāyamāno yāgu-bhattādīni datvā posesi. [1]

Bodhisatto vayappatto cintesi: "Ahaṁ iminā brāhmaṇena kicchena paṭijaggito, mayā ca saddhiṁ sakala-jambudīpe añño sama-dhuro goṇo nāma natthi, yan nūnâhaṁ attano balaṁ dassetvā brāhmaṇassa posāvaniyaṁ dadeyyan" ti. [2]

So eka-divasaṁ brāhmaṇaṁ āha: "Gaccha brāhmaṇa ekaṁ go-vittakaṁ seṭṭhiṁ upsaṅkamitvā 'Mayhaṁ balivaddo atibaddha-sakaṭa-sataṁ pavattetî' ti vatvā sahassena abbhutaṁ karohî" ti. [3]

So brāhmaṇo seṭṭhissa santikaṁ gantvā kathaṁ samuṭṭhāpesi: "Imasmiṁ nagare kassa goṇā thāma-sampannā ?" ti. Atha naṁ seṭṭhi: "Asukassa asukassa câ" ti vatvā "Sakala-nagare pana amhākaṁ goṇehi sadiso natthî" ti āha. [4]

---

12 J 28, i p.191 ff. 日譯南傳 28 p.368 ff.

(9) 歡喜滿牛本生譚

昔日，犍陀羅國王於犍陀羅國得叉尸羅城統治時。菩薩生於牛胎。那時，牠還是幼犢的時候，一位婆羅門來到許多飼養並施與牛者的地方，得到牛之後命名爲歡喜滿，而置於兒子的地位，喜愛而以乳粥、飯等給與飼養。 [1]

成年的菩薩思考;「我被此婆羅門艱辛地照顧，而全閻浮提中，沒有所謂其他與我同等載重〔力〕的牛，我是否該表現我的力量，然後給與婆羅門的養育料？」 [2]

牠有一天對婆羅門說:「婆羅門！去吧！去到一擁有牛的婆羅門長者那裏說:『我的牛可以拖動連結百部的車。』然後以千金作賭注吧！」 [3]

那婆羅門去到長者面前令生起話〔題〕:「此城市裏誰的牛具有強力？」於是那長者說:「誰的與誰的」之後說:「但全城市裏沒有與我的牛相等的。」 [4]

Brāhmaṇo "Mayhaṁ eko goṇo atibaddhaṁ sakaṭa-sataṁ pavattetuṁ samattho atthî " ti āha. Seṭṭhi gahapati "Kuto evarūpo goṇo ?" ti āha. Brāhmaṇo "Mayhaṁ gehe atthî " ti. "Tena hi abbhutaṁ karohî " ti. "Sādhu karomî " ti sahassena abbhutaṁ akāsi. [5]

So sakaṭa-sataṁ vālika-sakkhara-pāsāṇānaṁ yeva pūretvā paṭipāṭiyā ṭhapetvā sabbāni akkha-bandhana-yottena ekato bandhitvā Nandivisālaṁ nahāpetvā gandhena pañcaṅguliṁ datvā kaṇṭhe mālaṁ pilandhitvā purima-sakaṭa-dhure ekakam eva yojetvā sayaṁ dhure nisīditvā patodaṁ ukkhipitvā "Añja kūṭa! Vahassu kūṭâ " ti āha. [6]

Bodhisatto "Ayaṁ maṁ akūṭaṁ kūṭa-vādena samudācaratî " ti cattāro pāde thambhe viya niccale katvā aṭṭhāsi. Seṭṭhi taṁ khaṇañ ñeva brāhmaṇaṁ sahassaṁ āharāpesi. Brāhmaṇo sahassaṁ parājito goṇaṁ muñcitvā gharaṁ gantvā sokâbhibhūto nipajji. [7]

Nandivisālo caritvā āgato brāhmaṇaṁ sokâbhibhūtaṁ disvā upsaṅkamitvā "Kiṁ brāhmaṇa niddāyasî ?" ti āha. "Kuto me niddā sahassaṁ parājitassâ?" ti. "Brāhmaṇa mayā ettakaṁ kālaṁ tava gehe vasantena atthi kiñci bhājanaṁ vā bhinna-pubbaṁ, koci vā maddita-pubbo, aṭṭhāne vā pana uccāra-passāvo kata-pubbo?" ti. " Natthi tātâ" ti. "Atha maṁ kasmā kūṭa-vādena samudācarasi? Tav' eso doso, mayhaṁ doso natthi, gaccha tena saddhiṁ dvīhi sahassehi abbhutaṁ karohi, kevalaṁ maṁ akūṭaṁ kūṭa-vādena na samudācarâ" ti. [8]

婆羅門說：「我所有一牛可能牽動連結百部的車。」長者家主說：「哪兒有這樣的牛？」婆羅門說：「我的家有」〔長者說：〕「那麼請作賭注！」〔婆羅門說：〕「好，我賭注」而以千金作賭注。 [5]

他就將百部車莊滿沙、礫、石，次第排置之後，全部以結於軛的繩索連結在一起，然後使歡喜滿沐浴之後以香給予五指印，然後於頸部裝飾花環之後，將唯一的〔牛〕繫於最前面的軛，而自己也坐在軛上舉起鞭說：「拖吧！欺瞞者！運行吧！欺瞞者！」 [6]

菩薩〔想〕：「〔我〕非欺瞞者而此〔人〕以欺瞞者之語叫我。」即把四腳作出像柱子那樣不動而站住。長者於其剎那即令婆羅門拿來千金。婆羅門輸掉千金，解放牛而回家之後憂傷臥倒。 [7]

歡喜滿走回來，看見婆羅門陷入憂愁而走近之後說：「婆羅門！你爲什麼睡覺？」「輸掉千金的我，哪兒能睡覺？」「婆羅門！自從我住在你的家這麼多時以來，曾經破壞任何器具，或踏碎什麼，或曾經在非場所[13]放大小便？」「沒有，兒子！」「那麼，你爲何以欺瞞者之語叫我？是你的過失，非我的過失，去吧！與他以兩千金作賭注吧！對完全非欺瞞者的我，不可以欺瞞者之語叫喔！」 [8]

---

[13] Aṭṭhāna(a+ ṭhāna) 非場所，即不適當的處所。

Brāhmaṇo tassa vacanaṁ sutvā gantvā dvīhi sahassehi abbhutaṁ katvā purima-nayen' eva sakaṭa-sataṁ atibandhitvā Nandivisālaṁ maṇḍetvā purima-sakaṭa-dhure yojesi; kathaṁ yojesī ti yugaṁ dhure niccalaṁ bandhitvā ekāya koṭiyā Nandivisālaṁ yojetvā ekaṁ koṭiṁ dhurayottena paliveṭhetvā yuga-koṭiñ ca akkhāni pādañ ca nissāya muṇḍarukkha-daṇḍakaṁ datvā tena yottena niccalaṁ bandhitvā ṭhapesi, evaṁ hi kate yugaṁ etto vā ito vā na gacchati, sakkā hoti eken' eva goṇena ākaḍḍhituṁ. [9]

Ath'assa brāhmaṇo dhure nisīditvā Nandivisālassa piṭṭhiṁ parimajjitvā "Añja bhadra! Vahassu bhadrâ!" ti āha. Bodhisatto atibaddhaṁ sakaṭa-sataṁ eka-vegen'eva ākaḍḍhitvā pacchāṭhitaṁ sakaṭaṁ puratoṭhita-sakaṭassa ṭhāne ṭhapesi. [10]

Govittaka-seṭṭhi parājito brāhmaṇassa dve sahassāni adāsi, aññe pi manussā Bodhisattassa bahuṁ dhanaṁ adaṁsu, sabbaṁ brāhmaṇass' eva ahosi. Evaṁ Bodhisattaṁ nissāya bahuṁ dhanaṁ labhi. [11]

婆羅門聽他的話之後，去而以兩千金作賭注，然後就依最初的方法將百部車堅固地連結起來，把歡喜滿裝飾好繫於最前面的軛；如何繫上呢？即將前頭的軛〔堅固〕不動地繫了之後，於一邊繫於歡喜滿，一邊以前方的繩索圍起來，依於軛的一邊與車軸之間給與光滑的木棍，以其繩索堅固地綁起來而使固定，因為如此作時軛不往這裏或那裏，則一隻牛可能拖拉。[9]

於是，那婆羅門坐在軛上撫摸歡喜滿的背而說：「拖吧！賢者！運行吧！賢者！」菩薩急速地一下子就將綁得很堅固的百部車拖，拖到後方的車放置於曾經放置前方的車的地方。 [10]

擁有牛的長者輸而給婆羅門兩千金，其他的人們也給與菩薩許多財物，但一切都成為婆羅門所有。如此依靠菩薩得到了許多財物。 [11]

(10) Apaṇṇaka-jātaka[14]

Atīte Kāsi-raṭṭhe Bārāṇasi-nagare Brahmadatto nāma rājā ahosi. Tadā Bodhisatto satthavāha-kule paṭisandhiṁ gahetvā anupubbena vayappatto pañcahi sakaṭa-satehi vaṇijjaṁ karonto vicarati. So kadāci pubbantato aparantaṁ gacchati kadāci aparantato pubbantaṁ Bārāṇasiyaṁ yeva añño pi satthavāhana-putto atthi bālo avyatto anupāya-kusalo. [1]

Tadā Bodhisatto Bārāṇasito mahagghaṁ bhaṇḍaṁ gahetvā pañca sakaṭa-satāni pūretvā gamana-sajjāni katvā ṭhapesi. So pi bāla-satthavāhaputto tath'eva pañca sakaṭa-satāni pūretvā gamana-sajjāni katvā ṭhapesi. [2]

Bodhisatto cintesi: "Sace ayaṁ bāla-satthavāhaputto mayā saddhiṁ yeva gamissati sakaṭa-sahasse ca ekato magge gacchante maggo pi nappahessati, manussānaṁ dārûdakādīni pi balivaddānaṁ tiṇāni pi dullabhāni bhavissanti, etena vā mayā vā purato gantuṁ vaṭṭatî" ti so taṁ pakkosāpetvā etam atthaṁ ārocetvā "Dvīhi amhehi ekato gantuṁ na sakkā ti, kiṁ tvaṁ purato gamissasi udāhu pacchato?" ti āha. [3]

So cintesi: "Mayi purato gacchante bahū ānisaṁsā; maggena abhinnen' eva gamissāmi, goṇā anāmaṭṭha-tiṇaṁ khādissnti, manussānaṁ anāmaṭṭhaṁ sūpeyya-paṇṇaṁ bhavissati, pasannaṁ udakaṁ, yathā-ruciṁ agghaṁ ṭhapetvā bhaṇḍaṁ vikkiṇissāmî" ti so "ahaṁ samma purato gamissāmî" ti. [4]

---

[14] J 1, i p.98ff. 日譯南傳 28 p.210 ff.

(10) 無戲論本生譚

昔日，迦尸國波羅奈城有名爲梵與的國王。那時菩薩誕生於隊商主的家，漸漸成長到達青年期，以五百車一邊做生意而一邊遊行。他時而從東往西，時而從西往東。正好波羅奈城也有另一隊商主的兒子，愚笨、無能、無方便善巧。 [1]

那時，菩薩從波羅奈取高價商品之後，裝滿五百車輛而作好了出發的準備。那愚笨的隊商主的兒子也同樣，裝滿五百車輛而作好了出發的準備。[2]

菩薩想：「如果此愚笨的隊商主的兒子與我一起去，千輛車一起行於道路上，則道路不暢通，對於人們而言薪、水〔難得〕，又對於牛而言草也將成爲難得，由他或是我先行較適當。」於是，他令人請他來而告訴此道理，然後說：「我們倆不能一起去，你將先行或後〔行〕如何？」 [3]

他想：「當我先行時有許多利益，我將由未被破壞的路走，諸牛將吃到未被觸摸過的草，人們將有未被觸摸過的煮湯之葉子、清淨的水，我將隨意欲設置價格賣商品。」於是，他即〔說〕：「朋友！我將要先行。」 [4]

Bodhisatto pi pacchato gamane bahū ānisaṁse addasa, evaṁ hi assa ahosi: "Purato gacchantā magge visamaṭṭhānaṁ samaṁ karissanti, ahaṁ tehi gata-maggena gamissāmi, purato gatehi balivaddehi pariṇata-thaddha-tiṇe khādite mama goṇā puna uṭṭhitāni madhura-ṭīṇāni khādissanti, gahita-paṇṇa-ṭṭhānato uṭṭhitaṁ manussānaṁ sūpeyya-paṇṇaṁ madhuraṁ bhavissati, anudake ṭhāne khaṇitvā ete udakaṁ uppādessanti, parehi katesu āvāṭesu mayaṁ udakaṁ pivissāma, agghaṭṭhapanaṁ nāma manussānaṁ jīvitā voropana-sadisaṁ, ahaṁ pacchato gantvā etehi ṭhapitagghen' eva bhaṇḍaṁ vikkiṇissāmî" ti, atha so ettake ānisaṁse disvā "Samma tvaṁ purato gacchâ " ti āha. "Sādhu sammâ" ti bāla-satthavāho sakaṭāni yojetvā nikkhanto anupubbena manussâvāsaṁ atikkamitvā kantāra-mukhaṁ pāpuṇi. [5]

Kantāraṁ nāma cora-kantāraṁ vāḷa-kantāraṁ niruḍaka-kantāraṁ amanussa-kantāraṁ appabhakkha-kantāran ti pañca-vidhaṁ; Tattha corehi adhiṭṭhito maggo cora-kantāraṁ nāma, sīhādīhi adhiṭṭhita-maggo vāḷa-kantāraṁ nāma, yattha nahāyituṁ vā pātuṁ vā udakaṁ natthi idaṁ nirudaka-kantāraṁ nāma, amanussâdhiṭṭhitaṁ amanssa-kantāraṁ nāma, mūla-khādanīyādi-virahitaṁ appabhakkha-kantāraṁ nāma. Imasmiṁ pañca-vidhe kantāre taṁ kantāraṁ nirudaka-kantārañ c'eva amanussa-kantārañ ca. [6]

菩薩也見到了於後行有很多利益，因為他有如此想法：「先行的人們將會把路不平處修平，我將從他們走過的路走；我的牛將吃到，於被先行的諸牛所吃，熟而堅硬的草上，再生的甘美的草；將有從被採過的樹葉處生長的，人們煮湯用的甘美葉子；他們將於無水處挖掘而得到水，我們將飲用到由他人所挖掘井裏的水；所謂設置價格是等於奪人們的命，我後去將依他們所設置價格賣商品。」他見到這些利益之後說：「朋友！你先行吧！」「好，朋友！」愚笨的隊商主把車輛繫好之後出發，依順序經過人類住處之後，到達險難處〔路〕口。 [5]

所謂險難處有：盜賊險難處、猛獸險難處、無水險難處、非人險難處、饑饉險難處五種。其中，盜賊所盤踞之路，稱為盜賊險難處；獅子等所盤踞之路，稱為猛獸險難處；凡是無洗浴或飲用水之處，此稱為無水險難處；非人所居住之路，稱為非人險難處；無主要硬食等之處，稱為饑饉險難處；此五種險難處之中，此處的險難處就是無水險難處與非人險難處。 [6]

Tasmā so satthavāha-putto sakaṭesu mahanta-mahanta-cāṭiyo ṭhapetvā udakassa pūrāpetvā saṭṭhiyojanikaṁ kantāraṁ paṭipajji. Ath' assa kantāra-majjhaṁ gata-kāle kantāre adhivattha-yakkho "Imehi gahita-udakaṁ chaḍḍāpetvā dubbale katvā sabbe va ne khādissāmî " ti. sabbaseta-taruṇa-balivadda-yuttaṁ manoramaṁ yānakam māpetvā dhanu-kalāpa-phalakāvudha-hatthehi dasahi dvādasahi amanussehi parivuto uppala-kumudāni pilandhitvā alla-sīso alla-vattho issara-puriso viya tasmiṁ yānake nisīditvā kaddama-makkhitehi cakkehi paṭipathaṁ agamāsi. Parivāra-manussā pi 'ssa purato ca pacchato ca gacchantā alla-kesā alla-vatthā uppala-kumuda-mālā pilandhitvā paduma-puṇḍarīka-kalāpe gahetvā bhisa-muḷālāni khādantā udaka-bindūhi c' eva kalalena ca paggharantena agamaṁsu. [7]

Satthavāhā ca nāma yadā dhura-vāto vāyati tadā yānake nisīditvā upaṭṭhāka-parivutā rajaṁ pariharantā purato gacchanti, yadā pacchato vāyati tadā ten' eva nayena pacchato gacchanti. Tadā pana dhura-vāto ahosi, tasmā so satthavāha-putto purato agamāsi. [8]

於是那隊商主的兒子，在諸車上放置許多大容器而裝滿水之後，向六十由旬的險難處前進。當他到了險難處中間時，居住在險難處的夜叉〔想〕:「讓這些人捨棄所帶來的水而體力衰弱，然後將他們全部吃掉。」而造作全白年輕的牛所牽之適意的車，被手持弓箭武器的十個二十個非人所圍繞，裝飾青蓮、黃蓮等，像一個濕頭淋衣的自在的人坐在那車上，車輪塗抹泥土而從路的對面進來。走在其前後隨從的人們，也是濕髮淋衣，裝飾著青蓮、黃蓮華鬘，拿著紅蓮、白蓮花束，嚼著蓮的嫩芽，流著水滴與泥而行進。 [7]

所謂隊商主是當風從前面吹起時，就在那時坐在車上，被隨從的人們圍繞著遮蔽塵埃而走在前面，當風從後面吹起時，那時就依那方法走在後面。而那時有從前面的風，所以那隊商主的兒子走在前面。 [8]

Yakkho taṁ āgacchantaṁ disvā attano yānakaṁ maggā okkametvā "kahaṁ gacchathâ " ti tena saddhiṁ paṭisanthāraṁ akāsi. Satthavāho pi attano yānakaṁ maggā okkamāpetvā sakaṭānaṁ gamanokāsaṁ datvā ekamantaṁ ṭhito taṁ yakkhaṁ avoca: "Bho, amhe tāva Bārāṇasito āgacchāma, tumhe pana uppala-kumudāni pilandhitvā paduma-puṇḍarīka-hatthā bhisa-muḷālāni khādantā kaddama-makkhitā udaka-bindūhi paggharantehi āgacchatha, kin nu kho tumhehi āgata-magge devo vassati uppalādi-sañchannāni sarāni atthî ? " ti pucchi. [9]

Yakkho tassa kathaṁ sutvā "Samma, kiṁ nām'etaṁ kathesi? Esā nīla-vana-rāji paññāyati, tato paṭṭhāya sakalaṁ araññaṁ ekodakaṁ, nibaddhaṁ vassati, kandarā pūrā, tasmiṁ tasmiṁ ṭhāne padumādi-sañchannāni sarānî " ti vatvā paṭipāṭiyā gacchantesu sakaṭesu "Imāni sakaṭāni ādāya kahaṁ gacchathâ ? ti pucchi. "Asukaṁ janapadaṁ nāmâ" ti. "Imasmiñ ca imasmiñ ca sakaṭe kiṁ nāma bhaṇḍan?" ti. "Asukañ ca asukañ câ " ti. "Pacchato āgacchantaṁ sakaṭaṁ ativiya garukaṁ hutvā āgacchati, etasmiṁ kiṁ bhaṇḍan?" ti. "Udakaṁ etthâ"ti. "Parato tāva udakaṁ ānentehi vo manāpaṁ kataṁ, ito paṭṭhāya pana udakena kiccaṁ natthi, purato bahuṁ udakaṁ, cāṭiyo bhinditvā udakaṁ chaḍḍetvā sukhena gacchathâ " ti āha, evañ ca pana vatvā "Tumhe gacchatha, amhākaṁ papañco hotî " ti thokaṁ gantvā tesaṁ adassanaṁ patvā attano yakkha-nagaram eva agamāsi. [10]

夜叉看見了他來到之後，使自己的車子進入路邊，然後〔問〕:「你們往那裏去？」如此與他打招呼。隊商主也使自己的車子進入路邊留諸車通行的空間，然後站在一邊向夜叉說:「朋友！我們剛從波羅奈來，你們裝飾著青蓮、黃蓮花，又手持紅蓮、白蓮花，嚼著蓮的嫩芽，塗著泥土、流著水滴而來，究竟是否你們來的路途上有天下雨，有青蓮等所蓋覆的池？」如此詢問。 [9]

夜叉聽了他的話之後說:「朋友！爲何說這樣的〔話〕？那綠林的山脈是人所知，從那裏以後全部是一個水森林，經常下雨，溪谷充滿，到處有蓮花等所蓋覆的池」之後，對於正在順序進行的諸車質問:「帶這許多車往哪兒去？」〔隊商主說〕「名爲某某地方」〔夜叉問〕「這些車上有什麼貨物？」〔隊商主說〕「是什麼與什麼」〔夜叉問〕「正從後面進來的車子成爲很重的樣子而來，這裏面是什麼貨物？」〔商主說〕「這裏面是水」〔夜叉〕說:「從他處帶來水，到此爲止你們所作是適宜，但從此以後不需要帶水，前面很多水，把容器破壞而捨棄水，然後輕鬆地去吧！」如此〔說了之後〕又說:「你們去吧！我們擋路了。」而走了一小路段之後，到達他們見不到時，就進去自己的夜叉城。 [10]

So pi kho bāla-satthavāho attano bālatāya yakkhassa vacanaṁ gahetvā cāṭiyo bhinditvā pasata-mattam pi udakaṁ anavasesetvā sabbaṁ chaḍḍetvā sakaṭāni pājāpesi. Purato appamattakam pi udakaṁ nâhosi. Manussā pānīyaṁ alabhantā kilamiṁsu. Te yāva suriyass' atthagamanā gantvā sakaṭāni mocetvā parivattakena ṭhapetvā goṇe cakkesu bandhiṁsu. N' eva goṇānaṁ udakaṁ ahosi na manussānaṁ yāgubhattaṁ vā. Dubbala-manussaā tattha tattha nipajjitvā sayiṁsu. [11]

Rattibhāga-samanantare yakkhā yakkha-nagarato āgantvā sabbe pi goṇe ca manusse ca jīvitakkhayaṁ pāpetvā maṁsaṁ khāditvā aṭṭhīni avasesetvā agamaṁsu. Evaṁ ekaṁ bāla-satthavāha-puttaṁ nissāya sabbe te vināsaṁ pāpuṇiṁsu, hatthaṭṭhikādīni disāvidisā-vippakiṇṇāni ahesuṁ, pañca sakaṭa-satāni yathāpūritān' eva aṭṭhaṁsu. [12]

Bodhisatto pi kho bāla-satthavāha-puttassa nikkhanta-divasato māsaddhamāsaṁ vītināmetvā pañcahi sakaṭa-satehi nagarā nikkhamma anupubbehi kantāra-mukhaṁ pāpuṇi. So tattha udaka-cāṭiyo pūretvā bahuṁ udakaṁ ādāya khandhāvāre bheriñ carāpetvā manusse sannipātetvā evam āha: "Maṁ anāpucchitvā pasata-mattam pi udakaṁ mā valañjayittha, kantāre visarukkhā nāma honti, pattaṁ vā pupphaṁ vā phalaṁ vā tumhehi pure akhādita-pubbaṁ naṁ anāpucchitvā mā khāditthâ " ti evaṁ manussānaṁ ovādaṁ datvā pañcahi sakaṭa-satehi kantāraṁ paṭipajji. [13]

確實，那愚昧的隊商主因爲自己之愚蠢，也就聽取夜叉的話，而將容器破壞之後，一點水也不留全部捨棄，然後驅使諸車〔前進〕。前面少量的水也沒有。人們得不到可飲的〔水〕而疲憊。當他們行到日沒時之後，將車解開而放置圓形，然後將牛繫於車輪。但是諸牛無水〔可喝〕，人們也沒有粥飯食物〔可吃〕。無力氣的人們到處橫臥而睡著了。 [11]

一到夜分時，夜叉們從夜叉城來而使所有的牛、人達到命盡，然後吃肉留下骨幹而去了。如此，由於一個愚昧的隊商主的兒子而他們全體遭到滅亡。手骨等散佈四方四維，唯有五百輛車仍舊滿載而停立著。 [12]

菩薩也在愚蠢的隊商主兒子出發日之後，經過一個半月，然後帶五百車子從城市出發，次第到達險難處入口。他在那裏將水壺充滿而帶了很多水，於野營地令鳴鼓召集人們，然後說：「沒有徵求我的許可，少量的水也不可浪費，險難處有所謂毒樹，你們於城市未曾吃過的葉或花或果，沒有徵求我的許可，不可吃。」如此對人們教誡之後，與五百輛車走向險難處。

[13]

Tasmiṁ kantāra-majjhaṁ sampatte so yakkho purima-nayen' eva Bodhisattassa paṭipathe attānaṁ dassesi. Bodhisatto taṁ disvā va aññāsi: "Imasmiṁ kantāre udakaṁ natthi, nirûdaka-kantāro nām' esa, ayañ ca nibbhayo rattanetto, chāyā pi 'ssa na paññāyati, nissaṁsayaṁ iminā purato gato bāla-satthavāha-putto sabbaṁ udakaṁ chaḍḍāpetvā kilametvā sapariso khādito bhavissati, mayhaṁ paṇḍita-bhāvaṁ upāya-kosallaṁ na jānāti maññe" ti. [14]

Tato naṁ āha: "gacchatha tumhe, mayaṁ vāṇijā nāma aññaṁ udakaṁ adisvā gahita-udakaṁ na chaḍḍema, diṭṭhaṭṭhāne pana chaḍḍetvā sakaṭāni sallahukāni katvā gamissāmâ" ti. Yakkho thokaṁ gantvā adassanaṁ upagamma attano yakkha-nagaram eva gato. [15]

Yakkhe pana gate manussā Bodhisattaṁ āhaṁsu: "Ayya, ete manussā 'Esā nīla-vana-rāji paññāyati, tato paṭṭhāya devo nibaddhaṁ vassatī' ti vatvā uppala-kumuda-mālamālino paduma-puṇḍarīka-kalāpe ādāya bhisa-muḷālaṁ khādantā alla-vatthā alla-sīsā udaka-bindūhi paggharantehi āgatā, udakaṁ chaḍḍetvā lahukehi sakaṭehi khippaṁ gacchāmâ" ti. [16]

當到達那險難處的中間時，那夜叉就依以前的方法，於菩薩的對面路上，將自己示現。菩薩見到了他之後知道：「此險難處無水，此就是所謂無水險難處，他無恐怖又是紅眼，他的影子也無出現，無可置疑，必定是[15]以此〔方法〕，使前往的愚昧隊商主兒子捨棄所有的水，使疲憊，然後將同行的人眾吃掉，我想，他不知我的賢明善巧。」 [14]

因此對他說：「你們去吧！我們所謂商人是不見到了其他的水，不捨棄已得的水，但我們在見到了水的地方將會捨棄〔水〕，而使諸車子輕便地行駛。」於是，夜叉行了一小路程接近不見時就進夜叉城去了。 [15]

然而，夜叉已去時，人們對菩薩說：「尊者！他們這些人說『那可見到的是綠林山脈，從那裏以後，天常降雨』而裝飾著青蓮、黃蓮花圈，拿著紅蓮、白蓮花束，嚼著蓮的嫩芽，濕衣淋頭，流著水滴而來，我們捨棄水，然後以輕便的車快速地行駛吧！」 [16]

---

15 必定是 原語 bhavissati 可用以表示保證(=mast be)。

Bodhisatto tesaṁ vacanaṁ sutvā sakaṭāni ṭhapāpetvā sabba-manusse sannipātāpetvā "Tumhehi 'imasmiṁ kantāre saro vā pokkharaṇī vā atthî ' ti kassaci suta-pubban?" ti pucchi. "Na ayyā suta-pubban" ti. "Nirūdaka-kantāra nāma eso" ti. "Idāni ekacce manussā 'Etāya nīla-vana-rājiyā parato devo vassatî' ti vadanti, vuṭṭhi-vāto nāma kittakaṁ ṭhānaṁ vāyatî ? ti. "Yojana-mattaṁ ayyâ" ti. "Kacci pana vo ekassâ pi sarīre vuṭṭhi-vāto paharatî ?" ti. "Natthi ayyā" ti. "Megha-sīsaṁ nāma kittake ṭhāne paññāyatî ? ti. "Yojana-matte ayyâ" ti. "Atthi pana vo kenaci ekam pi megha-sīsaṁ diṭṭhan?" ti. "Natthi ayyâ" ti. "Vijjullatā nāma kittake ṭhāne paññāyatî ?" ti. "Catupañca-yojane ayyâ" ti. "Atthi pana vo kenaci vijjullatobhāso diṭṭho?" ti. "Natthi ayyâ" ti "Megha-saddo nāma kittake ṭhāne sūyatî ?" ti. "eka-dvi-yojana-matte ayyā" ti. "Atthi pana vo kenaci megha-saddo suto?" ti. "Natthi ayyâ" ti. [17]

"Na ete manussā, yakkhā ete, amhe udakaṁ chaḍḍāpetvā dubbale katvā 'khādissāmâ' ti āgatā bhavissanti, purato gato bāla-satthavāha-putto na upāya kusalo, addhā so etehi udakaṁ chaḍḍāpetvā kilametvā khādito bhavissati, pañca sakaṭa-satāni yathāpūritān' eva ṭhitāni bhavissanti, ajja mayaṁ tāni passissāma, pasata-mattam pi udakaṁ achaḍḍetvā sīgha-sīghaṁ pājethâ" ti pājāpesi. [18]

菩薩聽到他們的話之後，令車輛停下來，然後令所有的人們集合之後問：「你們有任何人，以前曾經聽過『此險難處有水池或蓮池』嗎？」〔人們答：〕「尊者！以前未曾聽過。」〔菩薩說：〕「所謂無水險難處，是這裏。」〔又說：〕「現在有某些人說『在那綠林山脈的那邊，天降雨』所謂風雨吹多大場地？」〔人們答：〕「尊者！大約一由旬。」〔菩薩說：〕「又你們當中的任何一人的身體，被風雨打到？」〔人們答：〕「沒有，尊者！」〔菩薩說：〕「所謂雲朵，於多大場地內可知？」〔人們答：〕「大約一由旬內，尊者！」〔菩薩說：〕「又有一雲朵，被你們當中的任何人見到了？」〔人們答：〕「沒有，尊者！」〔菩薩說：〕「所謂閃光，於多大場地內可知？」〔人們答：〕「四、五旬內，尊者！」〔菩薩說：〕「又有閃光，被你們當中的任何人見到了？」〔人們答：〕「沒有，尊者！」〔菩薩說：〕「所謂雷聲於多大場地內可聽到？」〔人們答：〕「大約一二旬內，尊者！」〔菩薩說：〕「又有雷聲，被我們當中的任何人聽到了？」〔人們答：〕「沒有，尊者！」 [17]

「他們不是人，他們是夜叉，使我們捨棄水成爲無力，然後想：『我們將吃掉〔他們〕』而來的，先行的愚昧隊商主兒子無方便善巧，他確定是被他們指使而捨棄水，然後疲憊而被吃掉，五百車輛可能是仍舊滿載而停住，今天，我們將見到那些〔車與貨物〕。你們少量的水也不捨棄而快速驅行吧！」如是，使〔他們〕驅趕〔車輛〕。 [18]

So gacchanto yathā-pūritān' eva pañca sakaṭa-satāni goṇa-manussānañ ca hatthaṭṭhikāni disāsu vippakiṇṇāni disvā sakaṭāni mocāpetvā sakaṭa-parivattakena khadhāvāraṁ bandhāpetvā kālass' eva manusse ca goṇe ca sāya-m-āsa-bhattaṁ bhojāpetvā manussānaṁ majjhe goṇe nipajjāpetvā sayaṁ balanāyake gahetvā khagga-hattho tiyāmarattaṁ ārakkhaṁ gahetvā ṭhitako va aruṇaṁ uṭṭhāpesi. [19]

Puna divase pāto va sabba-kiccāni niṭṭhāpetvā goṇe bhojetvā dubbala-sakaṭāni chaḍḍetvā thirāni gāhāpetvā appagghaṁ bhaṇḍaṁ chaḍḍāpetvā mahagghaṁ āropetvā yathâdhippetaṁ ṭhānaṁ gantvā dviguṇa-tiguṇena mūlena bhaṇḍaṁ vikkiṇitvā sabbaṁ parisaṁ ādāya puna attano nagaram eva agamāsi. [20]

正在前進的他，見到仍舊滿載的五百車輛，牛、人們的手骨散佈於四方之後，令解開諸車，然後將車放置圓形而紮營。到時候，令人們與諸牛吃晚餐之後，讓諸牛臥在人們的中間，自己帶了強壯的領導者們持劍，於夜三時分[16]當守衛而站立至明相【陽光】出現。 [19]

於翌日早晨，一切應作令作完之後，讓諸牛吃了，然後，令捨棄不堅固的車而取堅固的，捨棄低價的貨物而堆上高價的，之後往隨所欲的地方，以二倍三倍價錢賣完了貨物，然後帶了所有群眾再回到自己的城市。 [20]

16 夜三時分 原語 tiyāmaratta 指初、中、後夜三時分。

附錄（Ⅰ）語　彙

akaṁsu　*kar*(作、行)的過III複(過去式第三人稱 複數，以下依類推)

a-kammāsa (形容詞)[以下簡稱(形)] 非雜色

akarī *kar* 過III單

a-kasira (形) 不困難

a-kāriya (副詞) [以下簡稱(副)] 不作爲，不被作而…

a-kiccha (形) 不困難，容易

a-kiñcana (形) 無任何物，無一物

a-kubbato a-kubbat [na karoti(不作)的現在分詞] 陽單(陽性單數) D.(與格)、G.(屬格)

ak-kodha (形) 無忿

a-khaṇḍa (形) 不毀壞

agamāsi *gam*(往，行)的過III單

acintayuṁ *cit,cint*(思，考慮)的過III複

a-cira-pakkante (副) 離去不久，出發不久

accagū *ati-gam*(超越)的過III複

accayati *ati-i* 行走超過[目的地]

accuggamma *ati-ud gam*(上昇，拔出)的連續體

ac-chidda (形) 不切斷

Ajāta-sattu (陽性名詞) [以下簡稱(陽)] 阿闍世[王]，未生怨

ajja-t-agge (副) 今日爲始，今日以後

ajjhagamaṁ, ajjhagamā *adhi-gam*(到達)的過1,II,III單

ajjhavāsayi *adhi-vāsa*(忍住)的過III單

ajjhāyin (形) 讀誦者

ajjhupekkhitar (陽) 捨者，成無關心者

a-jhāyato, a-jhāyat [na jhāyati(不禪思)的現在分詞] 陽單 D.G.

aññatra (副) 除…之外，另外

aññâpekha (形) 願望知解

aññāsi *ñā* (知)的過III單

aṭṭha-dhā (副) 八種

aṭṭhāsiṁ *ṭhā* (立，在)的過1單

a-takkâvacara (形) 非思維之所及，非思擇之領域(境界)

a-tandita (形) 不怠慢，勤勉

ati-baddha (形) *ati-bandh* (結得很緊，緊縛)的過去分詞

atta-daṇḍa (形) 執杖

attha-gāmin (形) 走向破滅

adaṁsu, adāsi *dā* (給與)的過III複、單

a-dūbhaya (形) 無二[心]，不謀反

adhipanna (形) *adhi pat* (襲擊)的過去分詞

an-agāriya (形) 無家的，出家的

an-aññathatā (陰性名詞) [以下簡稱(陰)] 非其他樣性

an-attâdhīna (形) 不依靠自己，非獨立

an-anugiddha (形) 不貪求

an-anussuta (形) 未曾聞的，未曾從他聞的

anantaraṁ abāhiraṁ karitvā 無內外隱密的

an-apaloketvā (副) 不告假而…

an-apāyinī, an-apâyin (不離去者) 陰單N.(單數主格)

an-alaṁkaritvā (副) 不作爲十分充足，不滿足而…

an-avajjatā (陰) 無罪性，無罪的

anātha-piṇḍika (陽) 給孤獨 [長者]

an-ādāna (形) 無取，無執取

an-āmaṭṭha =an-āmasita (形) 未觸的，未下手的

an-āmantetvā 不招呼而…

a-nibbisa (形) 非無毒，可惱的

an-aggata (形) 未達頂上，未出上面

an-upagamma 不接近而…

an-upadduta (形) 無惱害

an-upavādaka (形) 不誹謗的，非誹謗者

an-upassaṭṭha (形) 無壓迫，無被害

anupubbi-kathā (陽) 次第說，依順序說的話

anuppacchati 給與，適當地惠施

anubyañana-g-gāhin (形) 執取隨相者

anubrūhaye *anu-brūhe* (令增大，育成)的願III單

Anuruddha (陽) [佛弟子] 阿那律

anusāsiyati *anu-sās* (教授，教誨)的被動

anussarita (形) *anu-sar* (隨念，想起) 的過去分詞

antarā-kathā (陰) 中間的話，那裏爲止的故事

anvāgacchati *anu-ā-gam* 追求，歸來

anvāssavati *anu-ā-sava-* 漏入，流入

a-pañña (形) 無慧

a-parâdhīna (形) 不依他，獨立的

a-parāmaṭṭha (形) 不被執取的

a-parihāniya (形) 不可被損毀的，不衰的

a-p-paññatta (形)未施設的，未被制定的

appa-bhakkha (形) 少食，無食物的

appamaññetha *appa-man* (輕視)的願望式反照態III單

appossukkatā [appa-ussukka-tā] (陰性名詞) 無熱心，少努力性

abbhaññaṁsu, abbhaññāsi *abhi-ñā* (很明瞭，證知)的過III複、單

a-byayena =avyayena (副) 無損害

a-byāpanna =avyāpanna (形) 不瞋恚，無害意

a-byositta =avyosita (形) 未達終局，未達目的

abhāsiṁ *bhās* (說，談)的過I單

abhinandinī abhinandin(大歡喜)的陰單N.

abhininnāmeti *abhi-ni-nāma* 極傾向

abhinna (形) 不被破壞

abhippamodayaṁ *abhi-pa-mode* (令大歡喜)的現在分詞 陽單N.

abhiranta (形) *abhi-ram* (好樂)的過去分詞

abhisandeti 令大流入，令流入

arahataṁ arahat (阿羅漢) 的陽複D.G.

alattha *labh* (得)的過III單

a-vañjha (形) 非荒地，非徒然，不唐捐

avadhi *vadh* (害，殺) 的過III單

avasesati 殘留

a-vicāra (形) 無伺，無精細思維

a-vijānataṁ a-vijānat [na vijānāti (不識知) 的現在分詞] 的陽複D.G.

a-vitakka (形) 無尋，無粗略思考

a-vitatha-tā (陰) 不異如性，不違反真理的 [事或道理]

a-vinipāta (形) 不墮 [惡趣]

a-visārada (形) 無自信，有怖畏

a-vihaññamāna na vihaññati (不受惱害) 的現在分詞

a-saṁhīra =a-saṁhāriya (形) 不動的，難勝的

asakkhiṁ, a-sakkhiṁsu *sak,* sakoti (能)的過I單,III複

a-saṅkuppa (形) 難動的，不動搖的

a-sajjhāya (形) 不讀誦

a-sataṁ a-sat (不善者)的陽性名詞 複D.G.

a-sati a-sat [na atthi(無)的現在分詞]的陽、中(中性名詞) 單L.

a-sabala (形) 無斑點

a-sabbhā a-sat (不善者)的陽複Ab.

a-sallīna (形) 非怠惰的，活動性的

a-sassata (形) 非永遠的

a-sādhu (形) 不善的

assavanatā =assvanatāya 由於不聞，不聞故

assâroha (陽) 馬兵，騎士

as-sutāvin (形) 未聞的

assosuṁ *su* (聞)的過III複

ahāsi *har* (持去，奪)的過III單

ahū, ahuvattha *hī* (有) 的過III單，II複

a-heṭhayaṁ na heṭhayati(不害)的現在分詞 陽單 N.

āgañchiṁ, āgañchuṁ *ā-gam* (來)的過I單，III複

ācariyaka (形) 教師的，師傅的

ācinaṁ *ā-ci* (集，積) 的現在分詞 陽單 N.

ādibrahmacariyikā (陰) 初步梵行的

ādise =ādiseyya *ā-dis* (獻，告)的願望式[以下簡稱願] III單

ānejja =āneñja, āniñja (中) 不動

ābhicetasika (形) 精神上的

āmajāta (形) 女奴隸生的

āhañhi =āhanissāmi *ā-han* (攻擊，伐)的未來式 [以下簡稱未] I單

icchaṁ icchat [*is*(欲望)的現在分詞] 陽單 N.

iti-bhavâbhava-kathā (陰) 有無論

iddhika (形) 有神通，有威力

ucchecchāmi =ucchindissāmi *ud-chid* (擊破) 的未 I單

uṭṭhehi =uṭṭhāhi *ud-thā* (起來) 的命令式[以下簡稱命] II單

uttara-sīsaka (形) 頭在北方，北枕

uttarâsaṅga (中) 上衣，鬱多羅僧

upaparikkhin (形) 觀察者

upasaṁharanti *ua-sam har* (準備，照顧)的現在分詞 陰單 N.

upādāya rūpa (中) 所造色

upāsare *upa-ās* (侍候，尊敬)的現在反照態III複

uḷumpa (陽) 筏，浮標

ekaja (形) 一生者，生一次的

ekajjhaṁ (副) 一起，共同

okamokata =oka-m-okato 從各各的住處

okampeti 令向下動，令點頭

okassa *o-kas* (拉倒，掠奪)的連續體

okkameti 令脫離，令避開

odaka =udaka (中) 水

ovadiyati *o-vad* (訓誡，教訓)的被動

ohara (陽) 取去者，搬下者

ohāreti *o-har* (卸下，剃除)的使役動詞

Kapila-vatthu (陽) 迦毘羅[城]

kayirā, kayirātha *kar* (行，作)的願III單

karaṁ *kar* 的現在分詞 陽單 N.

karaṇa (陽) karaṇī (陰) 作者，作爲

kāca =kāja (陽) 扁擔，擔棒

kāraka (陽) kārikā (陰) 所作

kāruñña-tā (陰) 悲愍性，憐憫

kāhasi =karissasi *kar* (作) 的未 II單

kiṁkusala (形) 甚麼善

kiṁsu (副) 究竟對甚麼 su 爲強調

kiñca (副) 何況

kiñcikkha (形) 些少的

kin ti (副) 1.如何 2.無論如何

kin nu (副) 是否，豈非…

kissassu (副) 究竟爲何 su 是強調

kissa hetu (副) 因爲甚麼，何故

kubbato *kar* (作)的現在分詞 陽單 D.G.

kusalânvesin =kusalagavesin (形) 求善者

kusalī (陰) 善女人，母

Kusinārā (陰) 拘尸那羅[城]

Kūṭâgāra-sālā (陰) 重閣講堂

keḷimaṇḍala (陽) 遊樂場，賭博場

kevalin (形) 完全者

ko pana vādo …尙且…何況

khatya =khattiya (陽) 王族，刹帝利

khamanīya (形) *kham* (堪忍)的未來被動分詞

khāyita =khādita (形) *khād* (嚼食)的過去分詞

Gandhāra (陽) 犍陀羅[國]

Gayā (陰) 伽耶[城]

Gayāsīsa (陽) 象頭[山]

gāmin (陽) gāminī (陰) 往者

Gijjhakūṭa (陽) 靈鷲[山]，耆闍堀[山]

ghosayiṁsu *ghose* (令響，佈告)的過III複

caturo =cattāro (陽) 四

candanī (陰) 旃檀香

cammaṇḍa (陽) 革袋

caraṁ *car* (行，往)的現在分詞 陽單 N.

carahi (副) 今，現在

cujjati =codiyati codeti *cud* (叱責)的被動

chadana (中) 覆，覆面，假面

chabbagga =cha vagga (陽) 六群

chiddavat (形) 有缺點

jaññā =jāneyya *ñā* (知) 的願III單

janatā (陰) 人們

Jambudīpa (陽) 閻浮提，印度 [地域]

jamma (陽) jammī (陰) ←gamma 卑鄙

jayaṁ jayati *ji* (勝)的現在分詞 陽單 N.

jāgarato *jāgar* (醒，不眠)的現在分詞 陽單 D.G.

jānaṁ *ñā* (知)的現在分詞 陽單 N.

jine =jineyya *ji*(打勝，征服)的願III單

jīva-gāha (陽) 生捕，捕擄

jīve =jīveyya *jīv* (生，活)的願III單

Jetavana (中) 祇樹 [給孤獨園] ，祇陀林

ṭhassati *thā* (立，在)的未來式

Takkasilā (陰) 德叉尸羅[城]

tama-t-agge (副) 在黑闇(輪迴界)的彼方(頂上)

tāpaye *tāpe* -(令苦，令惱)的願III單

tāvataka (陽) tāvatikā (陰) 只有那些，只那程度

tiṭṭhantu (副) …則不用說

tyâhaṁ =te ahaṁ 我是你的…

dakkhinti *das* (見)的未III複

dajjā *dā* (給與)的願III單

dassayati =dasseti *das* (見)的使役

dassāma *dā* (給與)未I複

dassin (形) 見者

dāsabya =dāsavya (中) 奴隸的狀態

ducchanna (形) 修葺不好，蓋覆不好

dunnivāraya (形) 難防

dūrakkha (形) 難守

dūsin (形) 污染的人

deyya (形) *dā* (給與)的未來被動分詞

dhāraṇa (陽，中) 保持，持物，裝飾品

dhāreti 認爲，允許

dheyya (形) 領域，支配範圍

nijigiṁsāna =nijigiṁsamāna nijigiṁsati(貪求)的現在分詞

nipannaka (陽) 臥者

nibaddhaṁ (副) 不斷絕，連續

nibbindaṁ nibbindati(厭惡)的現在分詞 陽單 N.

nibbedhaka (陽) nibbedhikā (陰) 貫通，具觀察力，敏銳

nivāta (形)卑鄙的，謙遜的，順從的

nissuta (形) 流失的，滅除的

no (1) (副) 無 ，(2) (副) =nu 是否，(3) (代名詞) ahaṁ (我)的複 N.I.D.G.

pakkosāpitar (陽) 令招呼者，傳達

pakkosāpeti pakkosati(招呼)的使役

pakkhāyati 成爲明瞭

paccaññāsiṁ *pati-ñā* (宣言)的過I單

paccabhāsiṁ *pati-bhās* (答應)的過I單

paccāvamati *pati-ā-vam* 再吐出，食言

paccuttarati *pati-ud-tar* 再上升

paccudāvattati *pati-ud-ā-vat* 還來

pañcaṅguli 五指 gandhena ~ṁ datvā 以香水浸泡足，付給足跡(爲祔祓惡魔

paṭippaṇāmeti 再次趕走 卻去

paṭibhaṁsu *paṭi-bhā* (顯現，浮現於心)的過III複

paṭiyādāpeti paṭiyādeti (準備)的使役

paṭisaṁvediyati 接受，感受

paṭisañcikkhato paṭisañcikkhati(思維)的現在分詞 陽單 D.G.

paṭihaṅkhāmi =patihanissāmi *pati-han* (防止，止滅)的未I單

padumini (陰) 有紅蓮的池

padesa-vattin (形) 活躍諸地方者

pabbata-saṁkhepa (陽) 山群

pabbājayaṁ pabbājeti (排斥，追趕)的現在分詞 陽單 N.

payrupāsati *pari-upa-ās* 奉承，親近

parappavāda (陽) 與其他的議論

parikkhare =parikkhante *pari-ikh* (觀察，省察)的現在反照態III複

parināmin (形) 趣向，志向

parippharati 周遍

paribbāja = paribbājaka (陽) 遍歷者，普行者

parirundhati 包圍，掠奪

parivīmaṁsā (陰) 審思，熟慮

parisandeti *pari-sand* (遍流)的使役

paliguṇṭhita (形) 被包，被覆

paloka (形) 破壞

pavattar [pa-vac-tar] (陽) 告者，通知者

pavicarato pavicarati (考究，調查)的現在分詞 陽單 D.G.

pavicinato pavicināti (簡擇，研究)的現在分詞 陽單 D.G.

pavivekiya (形) 已遠離的

pavissa *pa-vis* (入)的連續體

passam, passato *pas* (見)的現在分詞 陽單 N., D.G.

passmbhayaṁ passambheti (令安靜)的現在分詞 陽單 N.

pahātave =pahātuṁ *pa-hī* (捨棄)的不定體

pahitatta [pahita-atta] (形) 自勵
pahessati pahoti(能)的未來
pāṇupetaṁ (副) 至命終，一生涯
Pātaliputta (陰) 華氏城
pāvisi *pa-vis* (入)的過III單
pittivisaya =petti-visaya (陽) 餓鬼界
puṇḍarīkinī (陰) 白蓮池
pubbāpayati 如前作，令乾
pubbârāma (陽) 東園
pūrati 充滿
posāniya =posāvanika (中) 養育料
posin (陽) posinī (陰) 正在被養育者

phāliphulla (形) 滿開
phāsu-vihāra (陽) 安樂住，樂住
byanti karoti [vi-anta karoti] 作終止，滅除
byāpāda =vyāpāda (陽)瞋恚，害意

bhūta-pubba (1) (中) 以前的事實，(2) ~ṁ (副) 往昔
bhojâjāniya (陽) 駿馬，良馬
Magadha (陽) 摩揭陀[國]
macchika (陽) 漁夫
matin (形) 有考慮，思考者
matti-sambhava (形) 由母生起，母所生
madhuraka (形) 醉者，已失意識的
mayika =maya (形) …所成的，…所製造的
maraṇiya (形) 有死的
māraṇantika (形) 終於死亡，頻臨死亡
miga-bandhaka =miga-luddaka (陽) 獵人
Migāramātu pāsāda (陽) 鹿母講堂
mūlajāta (形) 已生根的，堅固的
mohanin (形) 令愚昧的

yatra hi nāma (連接詞)[以下作(接)] 因爲…所以，爲了…
yatvâdhikaraṇaṁ [yato-adhikaraṇaṁ] (副，接) 關於…，…的緣故
yamaka-sāla (陽) 雙生的娑羅樹，娑羅雙樹
yamāmase *yam* (抑制，自制)的命令式反照態 I複
yasmiṁ vā tasmiṁ vā (副) 於任何時，於任何時任何場合
yāva kīvaṁ (副，接) 只要是… 範圍，kīvaṁ 是強調
yāvataka (形) 僅有這些
yena-kammaṁ (副) 向有業之處，隨業
yena-kāmaṅgama (形) 隨所欲往任何

處，自由往

rakkhato *rakh* (守，護)的現在分詞 陽單 D.G.

Rājagaha (陽) 王舍城

rāma (形) 喜

rodaṁ rodati(泣)的現在分詞 陽單 N.

ropana (中) 育成，植林

rohiṇi (形) 赤

labhataṁ *labh*(得)的命令式反照態III單

lahuṭṭhāna (形) 輕快地起立，起居輕安

lāpana (中) 饒舌

Licchavi (陰) 離車[種族]

līḷhā (陰) 優美，雄大

lokakkhāyikā [loka-akkhāyikā] (陰) 世俗哲學

Vajjī (陰) 跋耆[國]

vajjeti =vādiyati vādeti (演奏)的被動

vajjha-ghātar (陽) 死刑執行者

vasala (陽) vasalī (陰) 賤民，卑賤的人

vasalaka =vasala

vavassagga [vi-ava-sagga] (形) 放出，決意

vassika, vassikī (陰) 大輪茉莉花

vahato *vah* (運)的現在分詞 陽單 D.G.

vāta-gatiyā (副) 以風的速度，如風那般的迅速

vāreti (1) 防，妨 (2) 選擇 [結婚的對象]

vitiṇṇa (形) 棄置，放棄，忽視

vimocayaṁ vimoceti(解脫)的現在分詞 陽單 N.

visaṅkhita =visaṅkhata (形) 被破壞的

visajja =vissajja *vi-saj* (捨，放棄)的連續體

visaṭṭhi =visatti (陰) 愛著，好感

vihāsi viharati(住)的過III單

vihessati =viharissati *vi-har* (住)的未來

vegha-missaka (形) 補強工作

vedanīya (形) vedeti(知，覺知)的未來被動分詞

Vedehi-putta (陽) 韋提希[夫人]的兒子

Vesāli (陰) 毘舍離 [城]

Vosāna (中) 終局，最後的目的

saṁyujjhati 共戰，爭

saṁvaṭṭa (形) 壞，破壞

saṁhāni (陰) 損毀

Sakka devānaṁ inda (陽) 諸天王的釋[氏]，帝釋，釋提桓因

sakkhimha sakkoti(能)的過I複

Sakya (陽) 釋迦[種族]

saṅgati (陰) 和合，結合

saṅgara (陽，中) 戰，契約

saññata =saṁyata (形) *sam-yam* (抑制，自制)的過去分詞

saññama =saṁyama (陽) 抑制，自制

sataṁ sat [*as* (有)的現在分詞，善人]的(陽)複 D.G.

sati (1) (陰) 念，憶念； (2) *as* (有)的現在分詞 (中)單 L.

satthuka (形) 師的，佛的

sadvāra [saha-dvāra] (形) 有戶口的，有門戶的

sante *as*(有)的現在分詞 (陽，中)單 L.

santo sat [*as*(有)的現在分詞，善人]的(陽)單複 N.

sandhāvissaṁ =sandhāvisaṁ *sam-dhvī* (一起跑)的過I單

saparisa [saha-parisa] (形) 與眾共同的

sabbāvato sabbāvat (擁有一切，普遍)的(陽)單 D.G.

sabhoga [saha-bhoga] (形) 有財的，富裕

samaṇaka (陽) 假沙門

samasama (形) 等等，完全同等

samāna (1) (形) 同等；(2) *as* (有)的現在分詞

samiñjita (形) samiñjati (彎曲，委屈)的過去分詞

samuddakkhāyikā [samudda-akkhāyikā] (陰) 海洋的話，宇宙發生論

samodakaṁ [sama-udakaṁ] (副) 與水同等

samodahaṁ samodahat[*sam-ava-dhā* (統合)的現在分詞]的(陽)單 N.

sampavāreti 令飽食

sampiya (形) 相愛，合意

sambodha (陽) 正覺

sallalīkata (形) 被射中

sāmaññattha [sāmañña-attha] (陽) 欲求沙門義

sāmaññatthika (形) 有欲求沙門義的

sāmukkaṁsika (形) 最勝的

sāyamāsabhatta [sāyam-āsa-bhatta] (中) 晚餐

Sāvatthī (陰) 舍衛[城]

saippi-sambuka (陰) 牡蠣與貝殼

sukhallika (形) 享樂的，快樂的

Subhadda (陽) 須跋陀羅 [人名]

sūra-kathā (陰) 英雄論

sena (1) =sayena 由自己；(2) =sayana (中) 臥所，臥具

Senāni gāma (陽) 將軍村

sottiya, sotthiya (陽) 博識的人，婆羅門

svâhaṁ =so ahaṁ 那個我

huveyya =bhaveyya *bhū, ḥū* (有)的願III單

附錄(II) 索 引

各項目的數字中，黑體字是表示本文的章數，其後的數字係表示每章的段落(節)的數字。唯有法句經 **33** 與偈頌 **34** 的(4)長老偈、(5)長老偈後的數字，是表示偈的號碼。又大般涅槃經 **27** 與本生經 **35** 後的數字，是表示其章的節數。

國家圖書館出版品預行編目資料

巴利語佛典精選／水野弘元著；釋達和譯
-- 初版. -- 臺北市：法鼓文化，2004[民93]
面；公分. --（中華佛學研究所論叢；41）
參考書目：面
ISBN 957-598-310-6（平裝）

1.小乘經典

221.8　　93021268

巴利語佛典精選
中華佛學研究所論叢 41

著者／水野弘元
譯者／釋達和
出版／法鼓文化
總監／釋果賢
總編輯／陳重光
責任編輯／蔡佩熒
地址／臺北市北投區公館路186號5樓
電話／(02)2893-4646　傳真／(02)2896-0731
網址／http://www.ddc.com.tw
E-mail／market@ddc.com.tw
讀者服務專線／(02)2896-1600
初版一刷／2005年1月
初版三刷／2020年3月
建議售價／新臺幣420元
劃撥帳號／50013371
戶名／財團法人法鼓山文教基金會—法鼓文化
北美經銷處／紐約東初禪寺
Chan Meditation Center(New York,USA)
Tel／(718)592-6593　Fax／(718)592-0717

法鼓文化